"一带一路"沿线国家教育政策法规研究丛书

爱沙尼亚、拉脱维亚、立陶宛 教育政策法规

主编 / 张德祥 李枭鹰

编译 / 王玉平 耿宁荷 刘勉 刘玥 李彤

大连理工大学出版社
Dalian University of Technology Press

图书在版编目(CIP)数据

爱沙尼亚、拉脱维亚、立陶宛教育政策法规 / 王玉平等编译. —— 大连：大连理工大学出版社，2020.11
（"一带一路"沿线国家教育政策法规研究丛书 / 张德祥，李枭鹰主编）
ISBN 978-7-5685-2581-7

Ⅰ.①爱… Ⅱ.①王… Ⅲ.①教育政策—爱沙尼亚②教育法—爱沙尼亚③教育政策—拉脱维亚④教育法—拉脱维亚⑤教育政策—立陶宛⑥教育法—立陶宛　Ⅳ.①D951.162.16②D951.172.16③D951.182.16

中国版本图书馆CIP数据核字(2020)第109983号

AISHANIYA LATUOWEIYA LITAOWAN
JIAOYU ZHENGCE FAGUI

大连理工大学出版社出版

地址：大连市软件园路80号　　邮政编码：116023
发行：0411-84708842　邮购：0411-84708943　传真：0411-84701466
E-mail：dutp@dutp.cn　　URL：http://dutp.dlut.edu.cn
上海利丰雅高印刷有限公司印刷　　大连理工大学出版社发行

幅面尺寸：185mm×260mm	印张：13	字数：272千字
2020年11月第1版		2020年11月第1次印刷
责任编辑：董歆菲		责任校对：王凌翀
	封面设计：奇景创意	

ISBN 978-7-5685-2581-7　　　　　　　　　　定　价：96.00元

本书如有印装质量问题，请与我社发行部联系更换。

总 序

共建"一带一路"是中国提出的伟大倡议,也是中国与"一带一路"沿线国家的共同愿望。"一带一路"倡议出自中国,却不只属于中国,而属于"一带一路"沿线所有国家,乃至全世界。中国是"一带一路"的倡导者和推动者,沿线所有国家是"一带一路"的共商者、共建者和共享者。

为推进共建"一带一路"伟大倡议,让古丝绸之路焕发新的生机与活力,以新的形式使亚欧非各国联系更加紧密,互利合作迈向新的历史高度,中国政府于2015年3月28日发布了《推动共建丝绸之路经济带和21世纪海上丝绸之路的愿景与行动》,强调"一带一路"是促进共同发展、实现共同繁荣的合作共赢之路,是增进理解信任、加强全方位交流的和平友谊之路。中国政府倡议,秉持和平合作、开放包容、相互借鉴、互利共赢的理念,全方位推进务实合作,打造政治互信、经济融合、文化包容的利益共同体、命运共同体和责任共同体。

为贯彻落实《推动共建丝绸之路经济带和21世纪海上丝绸之路的愿景与行动》,2016年7月13日中华人民共和国教育部牵头制定了《推进共建"一带一路"教育行动》。该文件指出,推进共建"丝绸之路经济带"和"21世纪海上丝绸之路",为推动区域教育大开放、大交流、大融合提供了大契机。"一带一路"沿线国家教育加强合作、共同行动,既是共建"一带一路"的重要组成部分,又为共建"一带一路"提供人才支撑。中国愿与沿线国家一道,扩大人文交流,加强人才培养,共同开创教育的美好明天。

自共建"一带一路"倡议提出至2019年8月底,已有136个国家和30个国际组织与中国签署了195份共建"一带一路"合作文件。"一带一路"是一个多极的和多文化的世界,无论是政治、经济、文化、教育、生态还是种族、民族、宗教、习俗等,不同国家或地区之间存在这样或那样的差异。因此,只有全面了解民间需求与广泛民意、消除误解误判,只有国家的学者、企业家、政府部门、民间组织和民众充分理解各国的国际关系、宗教信仰、历史文化、风俗习惯、法律法规和民心社情,才能更好地推动"一带一路"建设。也就是说,"一带一路"沿线国家建立政治互信、经济融合、文化包容的利益共同体、命运共同体和责任共同体,必须根基于沿线国家间的"文化理解或认同",而这又与教育尤其是高等教育的交流合作密切相关。

教育政策法规是了解一个国家教育发展状况和治理水平的重要窗口，是各国之间教育合作交流的基本依据。为此，教育部牵头制定的《推进共建"一带一路"教育行动》呼吁沿线国家"加强教育政策沟通"，即通过开展"一带一路"教育法律、政策协同研究，构建沿线各国教育政策信息交流通报机制，为沿线各国政府推进教育政策互通提供依据与建议，为沿线各国学校和社会力量开展教育合作交流提供政策咨询；积极签署双边、多边和次区域教育合作框架协议，制定沿线各国教育合作交流国际公约，逐步疏通教育合作交流政策性瓶颈，实现学分互认、学位互授联授，协力推进教育共同体建设。

大连理工大学切实贯彻《推进共建"一带一路"教育行动》的精神，精心谋划和大力支持"一带一路"教育研究。该校原党委书记张德祥教授带领课题组成员克服文本搜集、组建团队、筹措经费等多重困难，充分发挥学校高等教育研究院、"一带一路"高等教育研究中心、中俄暨独联体合作研究中心以及教育部国别和区域研究中心"独联体国家研究中心"的优势和特色，积极参与和服务于"一带一路"的推进和共建，编译"一带一路"沿线国家教育政策法规，并在国内率先开展"一带一路"沿线国家教育政策法规研究，具有很好的教育发展战略意识和强烈的服务国家发展战略的责任感和使命感。中国高等教育学会大力支持这项工作，将"'一带一路'国家高等教育政策法规研究"立项为2016年高等教育科学研究"十三五"规划重大攻关课题，并建议课题组首先聚焦于编译"一带一路"沿线国家的教育法、高等教育法以及教育中长期发展规划等，及时为国家推进共建"一带一路"教育行动搭建教育政策沟通桥梁。该课题组根据中国高等教育学会专家组的意见，组织力量，编译了这套《"一带一路"沿线国家教育政策法规研究丛书》。作为中国高等教育学界的一名老兵，看到自己的学生们带领国内一批青年学者甘于奉献、不辞辛劳、不畏艰难，率先耕耘在"一带一路"沿线国家教育研究这片土地上，我由衷地感到欣慰。同时，大连理工大学出版社全力支持这套丛书的出版，不遗余力地为丛书的出版工作提供支持，使这套丛书能及时出版发行。最后，我真诚地希望参与这项工作的师生们努力工作，高质量、高水平地把编译成果呈现给"一带一路"的教育工作者。

是为序。

潘懋元于厦门大学高等教育研究中心
2019年9月10日

前　言

2015年3月28日《推动共建丝绸之路经济带和21世纪海上丝绸之路的愿景与行动》和2016年7月13日《推进共建"一带一路"教育行动》的相继颁布，将"政策沟通"置于"五通"之首，让我们意识到编译《"一带一路"沿线国家教育政策法规研究丛书》的重要性和紧迫性。对我们来说，承担这一艰巨任务是一种考验，更是一种使命。

2016年中国高等教育学会组织申报高等教育科学研究"十三五"规划课题，将"'一带一路'背景下我国高等教育国际化研究"列入重大攻关课题指南。我们在这个框架之下组织申报的"'一带一路'国家高等教育政策法规研究"，获得了中国高等教育学会专家组的认可和支持，这对我们是极大的鞭策和鼓励。2016年11月，我们认真筹备和精心谋划，参加了中国高等教育学会组织的开题论证工作，汇报了课题的研究设想。听取了专家组的宝贵意见后，我们及时调整了课题研究重心。我们考虑首先要聚焦于编译"一带一路"沿线国家教育政策法规，因为，我们对许多国家的高等教育政策法规还不了解，国内也缺乏这方面的资料。编译这些资料既可以为我们日后的研究打下基础，也可以为其他研究者和部门进行相关研究、制定政策提供基础性的资料和参考。于是，我们调整了工作思路，即先编译，然后再进行研究。同时，考虑到许多国家的高等教育法规常常包括在教育政策法规中，我们的编译从"高等教育政策法规"拓展到"教育政策法规"，这种转变正好呼应了《推进共建"一带一路"教育行动》中的"政策沟通"。

主编《"一带一路"沿线国家教育政策法规研究丛书》，是一项相当繁重和极其艰辛的工作，其中的酸甜苦辣只有经历了才能体会到。第一，参与共建"一带一路"的国家相当多，截至2019年8月底，已有136个国家和30个国际组织与中国签署了共建"一带一路"合作文件。这套教育政策法规研究丛书虽然只涉及其中的69个国家，但即使是选择性地编译这些国家的教育法、高等教育法以及中长期教育发展规划等，也需要大量的人力、财力等的支持。第二，不少"一带一路"沿线国家的教育本身不够发达，与之密切关联的教育政策法规通常还在制定和健全之中，我们只能找到和编译那些现已出台的政策法规文本，抑或某些不属于政策法规却比较重要的文献。编译这类教育政策法规时，我们根据实际需要对某些文本进行了适当删减。由于编译这套丛书的工作量很大、历时较长，我们经常刚编译完某些国家旧有的教育政策法规，新的教育政策法规又出台了，我们不得不再次翻译最新的文本而舍弃旧有的文本。如此反反复复，做了不少"无用功"。即便如此，我们依然不敢担保所编译的教育政策法规是最新的。第三，"一带一路"沿线国家或地区的官方语言有 80 多种，涉及非通用语种 70 种（这套教育政策法规研究丛书涉及的 69 个国家，官方语言有 50 多种），我们竭尽全力邀请谙熟非通用语种的人士加盟，但依然还很不够。由于缺乏足够的谙熟非通用语种的人士加盟，很多教育政策法规被迫采用英文文本。在编译过程中，我们发现那些非英语国家的英文文本的表达方式与标准英文经常存在很大的出入，而且经常夹杂着这样或那样的"官方语言"或"民族语言"。这对编译工作是一个极大的挑战和考验，我们做到了尽最大努力去克服和处理。譬如，新西兰是一个特别注重原住民及其文化的国家，其教育政策法规设有专门的毛利语教育板块，因而文本中存有大量的毛利语。为了翻译这些毛利语，编译者查阅了大量有关毛利文化的书籍和文献，有时译准一个毛利语词语要花上数十天甚至更长的时间。类似的情况经常碰到，编译者们付出了难以计量的劳动，真诚地希望这套丛书的出版能给他们带来足够的精神上的慰藉。

为了顺利推进研究工作，我们围绕研究目标和研究重点，竭尽全力组建结构合理的研究团队，制订详尽的研究计划，规划时间表和线路图，及时启动研究工作，进入研究状态。大连理工大学积极参与"一带一路"建设，高度重视"一带一路"沿线国家教育研究工作，成立了"'一带一路'高等教育研究中心"、"中俄暨独联体合作研究中心"和教育部国别和区域研究中心"独联体国家研究中心"。大连理工大学、大连外国语大学、大连民族大学、杭州师范大学、广西民族大学、广西财经学院、广西职业技术学院、广西桂林市委党校、南开大学、海南大学、重庆大学、赤峰学院、天津市教育科学研究院等单位的有关专家、学者、教师、学生积极参与此项工作，没有他们的艰辛付出和辛勤劳动，编译工作将举步维艰。这项工作得到了大连理工大学出版社的大力支持，出版社的同志们不畏艰辛、不厌其烦、不计回报，为这套丛书的出版付出了难以想象的汗水和精力。对此，课题组由衷地表示感谢。

张德祥　李枭鹰
2019 年 9 月 8 日

目录

爱沙尼亚 / 1

爱沙尼亚教育法 / 3

爱沙尼亚高等教育发展战略(2006—2015年) / 13

拉脱维亚 / 25

拉脱维亚教育法 / 27

拉脱维亚高等教育法 / 56

立陶宛 / 97

立陶宛教育法(修订) / 99

立陶宛高等教育与研究法 / 135

附 录 / 181

附录一 推动共建丝绸之路经济带和21世纪海上丝绸之路的愿景与行动 / 183

附录二 教育部关于印发《推进共建"一带一路"教育行动》的通知 / 191

后 记 / 197

爱沙尼亚

爱沙尼亚，全称爱沙尼亚共和国，位于波罗的海东岸，东与俄罗斯接壤，南与拉脱维亚相邻，北邻芬兰湾，与芬兰隔海相望，西南濒里加湾。

爱沙尼亚面积为 45 339 平方千米，人口约 132.9 万（2019 年 12 月），主要民族有爱沙尼亚族、俄罗斯族、乌克兰族和白俄罗斯族。官方语言为爱沙尼亚语，英语、俄语亦被广泛使用。主要信奉基督教路德宗、东正教和天主教。

爱沙尼亚实行 9 年制义务教育。2018 年，共有学前教育机构 627 所，各类中小学校 518 所，各类技术职业学校 38 所，高等教育机构 20 所，其中大学 7 所（6 所国立，1 所私立），各类职业高等教育机构 13 所。

2018 年，共有 22.6 万人在各类学校学习，中小学学生 15.67 万人，各类技校及职业学校学生 2.34 万人，大学学生 4.58 万人。2018 年，共有各类公共图书馆 528 个（含各类学校图书馆及农村图书馆），各类博物馆 249 个。

著名高等学校塔尔图大学建于 1632 年瑞典国王阿道夫·古斯塔夫二世统治时期，1919 年由古斯塔夫学院改称塔尔图大学。塔尔图大学设有神学、法律、医学、哲学、生物和地理、物理和化学、教育、体育、经商管理、数学和信息科学、社会学等 11 个学科，下属 13 个系和研究所，被尊为"爱沙尼亚的启蒙圣母"，爱沙尼亚许多政要和知名人士均毕业或曾任教于该校。该校师资人员约 1 800 名，其中教授 190 名，学生约 17 000 人。

注：以上资料参考依据为中国外交部官方网站爱沙尼亚国家概况（2020 年 5 月更新）。

爱沙尼亚教育法

(1992年3月23日颁布)

第一章 总 则

第一条 目 的

为了给教育制度的制定、运行和发展提供法律依据,制定本法。

适用的诉讼法律:《行政诉讼法》。

《行政诉讼法》的规定适用于本法规定的行政诉讼,包括本法中的各项细则。

第二条 教育的定义、宗旨和层次

1. 根据本法,教育是一种包含知识、技能、经验、价值观的体系,是由学习模式决定的、社会认可的行为规范,接受教育应纳入社会管理体系。

2. 对民族价值观、个人独立、宗教自由以及道德的认同构成教育的基本原则。

3. 教育的宗旨:

(1)在全球经济、文化的大背景下,为个人、家庭、包括少数民族在内的全民发展,为爱沙尼亚全社会的经济、政治、文化生活的发展,以及自然环境的保护创造有利条件;

(2)培养敬畏法律、遵守法律的公民;

(3)为每一个人创造机会,持续学习。

4. 根据教育的宗旨,教育分为普通教育、职业教育和兴趣教育。

5. 教育的层次:

(1)学前教育;

(2)基础教育(一级教育);

(3)中等教育(二级教育);

(4)高等教育(三级教育)。

6. 教育层次制定的各项教育规定称为国家教育标准。国家教育标准要体现在国家课程体系中。课程体系应包含义务教育内容的学习模块、规定的学制,以及义务教育应取得的知识、技能、经验和行为规范的内容说明。

第三条 教育体系

1. 教育体系包含两个层级系统:

(1)基于教育目的和教育层次设计的教育系统；

(2)作为实现教育目标的组织，即教育机构。

2.教育机构包括学前教育机构、中小学和高中、职业教育机构、专业高等教育机构、大学、兴趣学校、继续教育机构等，以及向教育机构提供服务的教学研究机构。

3.州和市级教育机构称为公共教育机构，大学除外。

第四条　教育制度的组织原则

1.国家和地方政府应当确保爱沙尼亚公民有机会获得义务教育，并在法律规定的条件和程序下获得继续教育的机会。

2.在爱沙尼亚境内，国家和地方政府应确保公民在公共教育机构和大学的各级教育机构中都有接受教育的机会。

3.爱沙尼亚应确保在所有使用非爱沙尼亚语进行教学的公共教育机构和教学组织中，教授爱沙尼亚语。

4.宗教的学习和教学应采取自愿的原则。

5.教育体系的各级机构以及国家教育标准，应为每位公民提供从低一级教育上升到高一级教育的机会。

6.教育机构的财务管理应当独立于教学的监管。

7.公立教育机构提供的中等教育应免除学费。

8.教育机构的学习形式应根据法律和教育机构的规章制度确定。

9.教育系统在合理权力下放的基础上进行管理。

10.在教育机构管理中，负责人的个人责任应与大学决策和公共监督相结合。

第二章　教育体制管理

第五条　立法权与行政权的使用权限

1.议会可行使的独有权力包括：

(1)决定教育体系的制定、运行、发展原则；

(2)在公共法律中确定公共教育机构以及大学的学费标准；

(3)决定公共法律中大学活动的设立、合并、拆分和终止。

2.政府可行使的权力包括：

(1)采纳国家教育发展方案，并为方案的实施提供保障；

(2)制定公立教育机构建立和重组程序，以及活动终止程序，批准国家专业性高等教育机构章程；

(3)确定公共教育机构和大学的学费、薪酬等发放程序；

(4)确定国家保障的助学贷款最高利率，确定准予、偿还及免除助学贷款的条件和程序；

(5)为所有学生和教育工作者建立国家优惠和福利政策，包括信贷优惠政策；

(6)建立国家学前班(隶属于小学)、小学、初中和高中教师薪酬基数;

(7)确立高等教育标准;

(8)设立高等教育质量评估委员会,批准其成员名单,制定委员会设立的程序及议事规则。

第六条 教育研究部可行使的权力[①]

1.教育研究部应组织制订和实施国家教育发展方案。

2.教育研究部应当:

(1)此条已废止;

(2)此条已废止;

(3)协调和监督地方政府和其他部委组织教育工作,并按照立法规定的程序,批准设立、重组或关停公立教育机构;

(4)建立、重组和关停国家教育机构,大学和专业高等院校除外;

(5)指导组织公共教育机构(大学除外)准备学习计划、学习模块、教科书、教学工具和教学材料,确保此类材料的出版发行及使用;

(6)确保为公共教育机构及教师提供教学法服务体系,协调教学法服务机构的运行;

(7)注册国家认可的毕业文件;

(8)制定教师水平认证及专业技能拓展程序,组织教师培训和继续教育;

(9)参与国家教育研究政策的实施,颁布教育研究计划;

(10)参与对专家及技术工人需求的调查预测,接受委托参与制定国家教育规定;

(11)协调组织专业性高等教育机构和职业教育机构中的专家和技术工人的培训及继续教育以及针对他们进行的继续教育和再培训;

(12)此条已废止;

(13)与其他国家和国际组织的教育研究机构合作;

(14)制定国家教育融资规则;

(15)为私立学校和从事培训的法人签发和吊销办学许可证(活动许可证);

(16)任免国家教育机构负责人;

(17)注册登记大学信息和毕业文件;

(18)为各级教育机构设立统一的评分系统;

(19)此条已废止。

第七条 地方政府可行使的权力

1.地方政府的权力由本法、《地方政府法》和其他法律文件赋予。地方各级政府之间的权限划分,由法律规定。

[①] 2002年10月16日起生效。

2.地方政府应当:

(1)在辖区内制订并实施教育发展规划方案;

(2)依照法定程序,建立、重组和关停市级教育机构,并就辖区内的教育机构进行登记注册;

(3)为辖区内市级教育机构提供融资帮助和经济支持;

(4)任免下属教育机构的领导;

(5)研究、预测教师的需求,协助教育机构聘用员工;

(6)确保教师住所和其他法定的福利待遇;

(7)依照法定程序,利用现有条件保护儿童行使权利;

(8)建立档案记录,义务教育适龄儿童,监测义务教育学校的学生出勤情况,为儿童接受教育提供物质材料和其他帮助,组织解决学生上学和放学的交通问题,保障学生在学校期间的医疗和就餐服务;

(9)为教育机构提供教学服务,并就组织学习的有关问题向教育机构负责人和教师提出建议;

(10)为儿童和青年提供职业信息,并为他们提出适当的建议;

(11)建立档案登记残疾人士信息,并为他们组织教学。

3.为在辖区内制订和实施教育发展规划方案,地方政府应在其行政权力的机构中设立负责此事的组织并委任相应的官员。

第三章 义务教育

第八条 义务教育及其实施

1.适龄儿童必须依法接受义务教育。

2.在10月1日前,年满7岁的儿童应接受义务教育。学生必须接受义务教育,直到其完成基础教育或年满17岁。

3.此条已废止。

4.义务教育也可以依照教育研究部规定的程序通过家庭教育的方式来完成。

5.立法机构管理规范学校义务教育的实施程序和学龄儿童的档案记录程序。

6.外国公民以及居住在爱沙尼亚的无国籍人士的子女,除外国大使的子女外,都应履行接受教育的义务。

第九条 孤儿和无父母照顾的儿童学习机会的保障

根据《爱沙尼亚儿童保护法》,国家和地方政府应向孤儿和无父母照顾的儿童提供全部生活费用,以及接受教育的机会。

第十条 有特殊需求儿童的教育

1.地方政府应当为有身体残疾、语言障碍、感觉障碍、学习障碍的人或需要特殊帮助的人提供在当地学校学习的机会。如果当地学校条件不允许,那么国家和地方政府应根据法律规定的程序和条件,建立专门教育机构为此类人群提供学习机会。

2.对于因行为能力问题而需要特殊对待的儿童,国家和地方政府须在专门设立的教育机构中为其提供学习机会,并应按照法律规定的程序和条件确保这些儿童的全部生活费。

3.对有特殊需求的儿童,应根据其身体、心理和教学评估的状况,为他们确定教育机构的类型和学习的形式。

第四章 基于目标的教育分类

第十一条 普通教育

普通教育是一种包含知识、技能、经验、价值观和行为规范的教育体系,能够使受教育者成为人格不断发展,有能力,有尊严,尊重自己、尊重他人、尊重自然,能够选择并获得适合的职业,成为具有创造力、责任心的公民。

第十二条 职业教育

职业教育是提供某一专业领域、获取某种资格认证、申请某一职位所需的包含知识、技能、经验、价值观和行为规范的教育体系。职业教育的获取和发展为学员成功地开展职业活动提供了前提。

第十三条 兴趣教育

兴趣教育是一种包含知识、技能、经验、价值观和行为规范的教育体系;兴趣教育与普通教育和职业教育相结合,共同为公民的个性化发展、帮助个人更好地应对生活和工作创造先决条件。

第五章 基于层次的教育分类

第十四条 学前教育

学前教育是提供一系列知识、技能、经验和行为规范的教育层次,为学生日常生活和顺利学习创造先决条件。

第十五条 基础教育

基础教育是国家教育标准规定的义务教育的最低水平。基础教育为学生接受中等教育提供前提条件,同时赋予学生接受中等教育的权利。

第十六条 中等教育

1.中等教育是基础教育之上的教育层次。中等教育分为普通中等教育和职业中等教育。

2.普通中等教育是根据国家基础学校和高中学校课程的一系列要求设置的教育层

次。完成普通中等教育是接受高等教育的前提条件,并赋予学生继续学习、接受高等教育的权利。

3.职业中等教育是根据职业教育标准和国家职业、专业课程的一系列要求所设置的教育层次。

职业中等教育是在基础教育或普通中等教育的基础上接受的教育。职业中等教育为学生开始工作或获得高等教育提供前提条件,赋予学生进入所学专业领域工作或继续学习、接受高等教育的权利。

第十七条 高等教育

1.此条已废止。

2.此条已废止。

3.以普通中等教育为基础但未被国家承认为高等教育,且被认为处于普通中等教育和高等教育之间,这种教育被称为职业中等教育。

4.此条已废止。

5.此条已废止。

6.此条已废止。

7.若教育机构的学习模块及其实施条件符合国家教育标准,并得到国家的承认,则应授予教育机构高等教育的资质。

第十八条 继续教育

继续教育包含符合专业要求的普通教育知识和专业知识、技能和经验,以及行为规范和价值观,是保持和扩大现有知识、技能、经验和行为规范以及价值观的必要条件。

第六章 教育机构

第十九条 教育机构的定义与分类

1.教育机构是根据课程进行教学和学习的教育组织机构。

2.教育机构按照教育的目标和层次进行分类。

第二十条 教育机构的名称

1.教育机构应根据其目标、活动、所有者或法律形式确定名称,不得使用具有误导性的名称。

2.取得教育研究部签发的教育执照的教育机构,组织开展非正式教育或为成人提供业余教育,可在其名称中使用"民办高中"字样。

第二十一条 学前教育机构

1.学前教育主要在家庭中完成,父母或监护人负责儿童的学前教育。学前教育机构应对家庭教育起到支持和补充作用。

2.学前教育机构的法律地位应由《学前教育机构法》和学前教育机构的章程规定。

第二十二条　中小学和高中

1. 学员在中小学接受基础教育。
2. 学员在高中接受普通中等教育。
3. 中小学和高中的活动基地应由《中小学和高中教育法》确定。

第二十三条　职业教育机构

1. 在职业教育机构，学员可以学习职业或专业技术行业的知识、技能和应具备的态度。
2. 职业教育机构的活动基地应当依据《职业教育机构法》建立。

第二十四条　专业高等教育机构

1. 学员在专业高等教育机构中接受高等教育。
2. 专业高等教育机构的法律地位应由《专业高等教育机构法》和专业高等教育机构章程规定。

第二十五条　大学

1. 学生在大学接受高等教育。
2. 大学的法律地位应由《大学法》和大学章程规定。

第二十六条　兴趣学校

1. 在兴趣学校，学生可以接受兴趣教育。兴趣学校包括儿童和青少年特别兴趣中心、音乐学校、美术学校和体育学校。
2. 兴趣教育还可在兴趣小组、俱乐部、由代理机构主持的主日学校、由法人或自然人创办的企业和组织中开展。

第二十七条　继续教育机构

实施继续教育的机构包括：大学、专业高等教育机构、职业教育机构、夜校、社区文化中心、图书馆以及组织继续教育的其他文化场所；语言学校、民办高中和学习发展中心；提供培训并将其写入章程或规定的企业、社团、协会。

第七章　教育水平证明文件

第二十八条　教育水平证明文件的类型及格式

受教育者的教育水平、职业和专业领域，以及从教育机构毕业的资格，应由证书或文凭证明，其格式和章程应由政府批准。

第二十九条　颁发教育水平证明文件的权利

1. 教育研究部应赋予教育机构颁发教育水平证明文件的权利。
2. 爱沙尼亚承认教育机构按照规定和程序签发的证书和文凭，也承认国外签发的教育证明文件。

（1）教育机构颁发的学位名录，应按照政府相关规定确定；

（2）政府应当确定爱沙尼亚资格证书与1991年8月20日以前的苏联资格证书是否一致。

3.本法生效之前在爱沙尼亚和其他国家取得的证书、文凭仍可作为有效的教育水平证明文件。

4.爱沙尼亚教育水平证明文件的颁发应由教育研究部监管。

第三十条　学术认定

1.在国外完成的教育水平证明文件的评估和学术认定应符合国际协定《欧洲地区高等教育资格认定公约》（以下简称《公约》），这些证明文件按照本法规定受政府的规定和《公约》条款共同约束。

2.在国外完成的教育水平证明文件的评估和学术认定，以及在国外教育系统中取得的资格证书的使用条件和程序，应由政府规定。

第八章　教育机构活动的法律依据

第三十一条　教育机构的法律地位

1.教育机构的法律地位应由立法机构和教育机构的章程确定。

2.教育机构应当独立开展教学活动，并在法定的范围内自主使用经费和资产。

第三十二条　教育机构的隶属关系

1.国家教育机构隶属于教育研究部或另一个行政权力机构，市级教育机构隶属于地方政府。

2.私立学校隶属于建立学校的法人或自然人。

第三十三条　教育机构的经费

1.公共教育机构和公立高校的经费来源是公共资金、市政基金和自有资金。

2.教育机构应根据国家预算法和政府规定的程序，从公共资金中筹措资金。

3.属于法人或自然人所有并由国家提供部分教育经费的教育机构，由教育研究部、国家审计局和地方政府根据其职权进行监督。

4.教育机构的自有资金来自服务收费、生产和研究活动收入、合同制员工培训计划收入、赞助者和个人的捐款以及其他收入。公共教育机构使用自有资金的程序应当由教育研究部制定。

第三十四条　教育机构的管理

1.教育机构由负责人、主任或校长管理。除教育机构章程另有规定外，教育机构的负责人应由其所有者委任。

2.教育机构负责人的权利和义务应由相应的立法和教育机构的章程规定。

3.教育机构的董事会、理事会、委员会、教师委员会或研究委员会应根据教育机构的章程开展工作。

4.学生自管会应依照教育机构章程规定的程序,参与解决教育机构的问题。

第三十五条　学生的法律地位

1.学生的权利和义务应当由相应的立法和教育机构的章程规定。

2.大、中、小学生在学习材料、膳食、医疗、学生住宿和公共交通的使用以及发放贷款和奖学金等方面的国家优惠和福利政策,应通过立法予以规定。

3.公共教育机构应当允许学生免费使用教室、教具和体育、文化设施。

4.地方政府、法人和自然人可以向学生提供援助或额外的优惠或福利。

第三十六条　教师的法律地位

1.根据本法,受聘于学校或教育领域的人员以及教育机构负责人均被视为教师。在大学里,教师也同时从事科研工作。

2.《劳动法》规定了教育机构教师的聘用关系,其他法律的相关细则也同时管辖此类聘用关系。

3.地方政府可以为教师提供额外的优惠或福利。

第三十七条　官方语言教师

为确保爱沙尼亚语在非使用爱沙尼亚语作为教学语言的所有公共教育机构和教学组织中的讲授,爱沙尼亚政府应确立官方语言教师的地位和授予该地位的程序。

第三十八条　教育机构的资产

1.为了组织学校教育和其他教育形式,教育机构需要拥有一定的资产,这些资产包括土地、建筑物、设备、装置及其他实物资产。资产可以为教育机构所有,也可以是其所有人为特定目的交给教育机构并将使用权转让给教育机构。大学资产的法律地位应由《大学法》和《塔尔图大学法》规定。

2.高等教育机构的教育和研究活动所需的物质基础,由教育研究部规定建立。

第九章　外国公民在爱沙尼亚接受教育的权利

第三十九条　外国公民受教育权

外国公民按照本法规定的程序、爱沙尼亚签署的国际协定和爱沙尼亚教育机构的章程,可以在爱沙尼亚接受教育。

第四十条　爱沙尼亚教育信息系统

1.爱沙尼亚教育信息系统是《数据库法》中定义的国家登记注册档案系统,它将教育系统的数据库统一为一个体系。

2.教育研究部行使管理爱沙尼亚教育信息系统总处理器的权力。

3.下列分册档案库属于爱沙尼亚教育信息系统：

(1)教育水平证明文件分册档案库；

(2)教师和教学人员分册档案库；

(3)大、中、小学生和住院医师分册档案库；

(4)教育机构分册档案库；

(5)教学计划和教育许可证分册档案库。

4.爱沙尼亚教育信息系统以及登记注册档案系统维护章程应由政府设立并批准。

第十章　教育法的实施

第四十一条　实施

1.《爱沙尼亚教育法》于1992年3月30日制定。

2.下列法规同时废止：

(1)1974年4月26日出台的《爱沙尼亚苏维埃社会主义共和国教育法》及其后续的修正案；

(2)1974年4月26日出台的爱沙尼亚苏维埃社会主义共和国最高苏维埃"关于确立《爱沙尼亚苏维埃社会主义共和国教育法》"的决议；

(3)1986年9月25日出台的爱沙尼亚苏维埃社会主义共和国最高苏维埃主席团"关于《爱沙尼亚苏维埃社会主义共和国教育法》第23、25和29条的适用程序"的决议。

3.政府和教育研究部有权依据本法颁布实施细则。

爱沙尼亚高等教育发展战略(2006—2015年)

简 介

本文件的目的是明确未来十年(2006—2015年)爱沙尼亚高等教育的发展战略。经由议会批准的发展战略将为爱沙尼亚政府、政府各部委以及各高等教育机构的未来活动提供指导方针。战略发展细则的制定充分考虑了影响当今爱沙尼亚乃至全世界高等教育的因素或发展状态,这些因素包括:

1. 现代社会的社会与经济发展在很大程度上取决于其创新能力,以及应对全球化风险的能力。自由且受教育的个体是现代社会的核心,现代社会和经济组织以知识为基础,遵循人权和社会公正原则。

2. 构建知识型社会的前提是拥有公平、高效的教育体系,而教育体系中一个至关重要且先进的组成部分便是高等教育。高等教育正逐步成为大众化的教育层次,而绝大多数人渴望通过传统方式或日益增长且多样的终身学习方式来接受高等教育。高等教育体系与研发创新体系日益重叠、融合。

3. 教育质量是一个国家的核心竞争力,依靠国际劳动力分工来提升教育质量不可避免。爱沙尼亚致力于在欧洲高等教育的各个领域都能够提供有竞争力的高等教育,且在主要活动领域达到国际尖端水平。

4. 开展高等教育的前提是具有一个全球开放性的教育市场及由此产生的竞争环境,这对社会各组织、阶层中个人和机构的灵活适应性提出了必然的要求。因此,教育,尤其是高等教育,既有公共产品的属性,也有私人产品的属性。

5. 高等教育是社会发展的动力,而教育体系的创新则是社会革新的前提。公共部门必须保障个人依据自己的能力拥有公平接受高质量高等教育的权利。

6. 高等教育机构日益以学生为本——学生的期望、需求以及偏好已经在很大程度上成为影响高等教育体系优劣的重要因素。

7. 私营组织越来越多地参与高等教育的融资。许多国家已经将学费支付方式多样化,包括从象征性支付学费到根据收入分几十年偿还的延期支付等方式。

8. 国家对高等教育管理的手段主要包括设定国家质量要求、组织合规性监督、评估教育机构绩效和设立国家高等教育资助政策等。教育机构在教学与研究的组织活动中,享有自治权。

一、战略性决策的必要性

回顾爱沙尼亚高等教育体系的发展历史,在爱沙尼亚恢复独立后,爱沙尼亚高等教育体系主要以自由发展与量化增长为特点。在社会转型期,与国际教育形势相比,发展的结果虽然较好,但是也存在不均衡的现象。就战略目标的选择而言,专家组将主要发展问题界定如下:

1. 高等教育机构数量过多,专业设置没有充分考虑就业市场需求。
2. 不同教育机构和专业领域的高等教育质量参差不齐。
3. 博士生培养数量不能满足社会需求。
4. 国际合作和学术交流不足。
5. 高等教育经费投入不足,不能和学生数量、教学项目数量以及生活成本的上涨保持同步增长。
6. 高等教育的组织实施混乱不清,不同层次的教育机构和专业的教学目标及地位界定不明晰。
7. 缺少系统的高等教育政策,因此发展现状不能令人满意。

二、战略行动原则

本高等教育发展战略为规划 2006～2015 年高等教育政策发展的基本性文件,包括国家发展计划准备文件和 2007～2013 年高等教育相关的部分。本高等教育发展战略及其随后修正案的编制充分考虑了三个原则:

1. 爱沙尼亚作为欧盟一员,有责任调整其(高等)教育体系结构布局,实施本国高等教育发展战略时有责任与欧盟其他成员国合作协调,适度考虑欧盟委员会和其他欧盟组织的立场以及国际发展趋势。
2. 爱沙尼亚高等教育体制的发展基于全国高等教育体制的持续性,设立目标时,应考虑欧盟共同政策,主要包括里斯本战略和在创建博洛尼亚进程以及欧洲研究领域中形成的欧洲高等教育区一体化。
3. 爱沙尼亚高等教育体制必须支持爱沙尼亚的社会经济发展和提升其竞争力及国际合作能力,同时保证爱沙尼亚持续的民族生存能力。爱沙尼亚高等教育发展战略支持国家其他发展计划,特别是"知识型爱沙尼亚"战略发展计划。

本高等教育发展战略实施所需的资金将由议会和政府颁布的法律、基于立法与协商的合作以及绩效管理原则等措施充分保障。本战略的实施过程将与其他主要伙伴、独立的公立大学、私立和公立高等教育机构、学生组织、用人单位和非营利部门的代表合作。为了组织各方合作实施教育战略,将成立高等教育咨询委员会。

三、战略目标

根据爱沙尼亚国内外的现状和发展状况,爱沙尼亚高等教育未来 10 年(2006—2015 年)的战略目标确定如下:

1. 充分考虑社会对高等教育的需求,保障与之相适应的高等教育,使学生的个人兴趣更接近社会需求。
2. 保证高等教育质量可与欧盟水平相当。

3. 能够作为平等的伙伴参与地区和欧洲范围的学术合作。

4. 充分考虑爱沙尼亚经济与北欧经济相融合的状况,优先开展自然科学、精密科学与技术方面的研究,满足爱沙尼亚社会对高素质人才的需求。

5. 确保爱沙尼亚高等教育在欧洲开放教育领域的延续和发展。

6. 确保生均经费接近经济合作与发展组织的水平,同时保证接受高等教育的机会与经济合作与发展组织国家持平。

高等教育战略规划按结构将分为四项基本活动,这四项基本活动与相关配套政策措施将共同确保六大战略目标的实现。四项基本活动如下:

1. 保障高等教育质量。
2. 高等教育与人才市场需求结合。
3. 高等教育与研发活动和创新体系结合。
4. 保障高等教育经费。

国家将于 2008 年、2011 年和 2014 年对上述四项活动展开周期性评估。如有必要,每次评估完成后将对活动做出修改并制订和批准更详尽的行动计划。

(一)行动一:保障高等教育质量

指标:爱沙尼亚高等教育机构及其教学计划质量的评估由已在欧洲高等教育质量保证机构登记的机构实施。

1. 国家高等教育质量要求

(1)国家将组织修订、更新《高等教育标准》,保证满足高等教育机构运营人员、研究环境、教学人员和教学计划的需求。

(2)《大学法》将规定大学所承诺教学质量的基本要点,制定教授和副教授职称的评定要求,实施教育项目的条件,规定答辩程序的相关要求。

(3)教育研究部将组织开展国家层面的监管,确定教学质量是否符合法定标准。

2. 高等教育机构和高等教育网络

(1)高等教育可在高等教育机构中实施,高等教育机构也是唯一具有颁发相关教育等级证书的机构。高等教育机构将分为专业高等教育机构、大学、学院等。如有不同,须在相关法案中予以规定。高等教育机构的名称不得对其提供的教育产生误导作用。

(2)若教育机构经批准形成研究团队并至少在若干研究领域实施博士研究项目,则该机构名称中可以使用"大学"字样。对于更为专业的高等教育机构,若其至少在某一研究领域开展一项已经评估认定的研究工作,则也可归入大学的范畴,但在名称中不得使用"大学"字样。

(3)大学可以开展不同层次的大学教育。大学里学院的基本活动将是根据专业性高等教育和教师培训的教学计划开展教学。

(4)私立专业高等教育机构和私立大学在爱沙尼亚将以注册法人的形式运营,且一个法人只能运营一个高等教育机构。除高等教育条款规定的范围和与其直接相关并在其章程中规定的活动(教育研究活动、文化活动等)外,该法人不得开展其他与教育无关的活动。

3. 教育机构的批准许可

(1)高等教育条款约定的活动需得到批准方可执行。

(2)现有高等教育机构的初次办学许可证(许可证详细规定专业领域和高等教育层次)由爱沙尼亚政府提议、议会签发给各大学;专业高等教育机构的办学许可证由爱沙尼亚政府签发。政府、社会和个人不得因为高等教育机构所有权形式的不同而对其区别对待。

(3)学员已经完成了其学习领域内和许可证所载学习水平的教育项目,拥有办学许可证的高等教育机构有权力为其颁发正式文件(文凭)证明其所取得的教育水平。

(4)对于已经取得教育许可证的高等教育机构,教育研究部依据高等教育质量评估委员会关于教学计划和教学环境质量的评估结果,对持证机构在相关领域实施的教育项目实施登记注册。教育项目必须符合《高等教育标准》的要求。

(5)首次签发办学许可证的基本要求是教育项目符合《高等教育标准》,符合大学和高等专业教育机构的要求(源自认证教育机构的规定要求)。独立专家委员会(改组的高等教育质量评估委员会)通过教育研究部分别向议会或爱沙尼亚政府提交其对大学和高等专业教育机构的相关意见。对首次取得的教育许可证要设置固定的有效期限。高等教育机构取得博士教育项目许可证,其相关领域的先前评估结果须为肯定性评价。

(6)教育机构申请开设新的专业学习领域(包括申请成立新的教育机构),必须相应地向议会或者爱沙尼亚政府申请许可证。开设新的专业学习领域或者新的教育标准的条件:高等教育质量评估委员会对教育机构提供教育项目能力的肯定性评价,教育研究部认定的该专业学习领域在公立大学或者国家专业高等教育机构的作用以及国家财政预算对经费的持续性支持。若私立高等教育机构欲增加专业设置、拓宽学习领域,但不申请国家财政预算资助,则将不适用上述有用性原则。

(7)现有大学和专业高等教育机构将在《大学法》和《专业高等教育机构法》(于2008年颁布)的规定期限内重新取得办学许可证。教育机构重组时,教职员工的登记注册需重新录入爱沙尼亚教育信息系统,以便系统确认每个教育机构的教职员工。各类教育机构中从事教学活动的教职员工的工作量必须能够保证其同时参与研发活动。

4. 评估体系的改革

(1)评估认证程序中,毕业文凭将不再需要提供国家认可授予的证明文件。认证活动将成为高等教育机构活动的国际性统一评估的一部分。这样,高等教育机构某一专业学习领域的标准可以比照其他类似高等教育机构已认证的标准。评估后,关于规划未来发展的建设性反馈意见将由评估机构提供给接受评估的教育机构。

(2)高等教育质量评估委员会进行组织认证活动,同时就教育质量做出最终评估结果。评估中如果发现严重问题,高等教育质量评估委员会有权向教育研究部提议启动撤销教育机构相关专业设置领域许可证的程序。

(3)评估认证通常会根据专业学习领域进行。专业学习领域评估将在专业高等教育、本科和硕士的层次开展,且每七年必须接受一轮评估。首次取得的专业设置许可证,按照教育项目进行评估。如果教育项目在其专业领域已经具备完整、无附加条件的认证结果,该教育项目不必再接受评估。

(4)本科与硕士层次的教学项目可以同时接受评估。博士研究项目的评估将与相关研究领域的评估相结合,同时,科学竞争委员会也将参与决策活动。

(5)教育机构的评估认证是强制性的。机构认证包括教育机构任务、目标、能力、自我评估规划、组织和管理、教育项目、研究、教育机构职工、学生组织活动、现有教学资料、物质资源、融资手段、质量保证反馈与组织等方面。

(6)教育研究部和高等教育质量评估委员会将有权发起高等教育机构教育项目评估认证,但是通常由基于学科领域的机构开展。

(7)爱沙尼亚高等教育评估认证中心参照国际性原则、标准和说明开展工作。此中心将在欧洲高等教育质量保证登记处注册。

(8)为了提高评估教育项目、学科领域学习环境和教育层次的组织能力,使高等教育质量评估委员会成员能够代表专业协会、学生社团和大学代表,在签发办学许可证之前,高等教育质量评估委员会和认证中心的活动将进行重组。重组的基本程序将按照高等教育质量评估委员会的决定确定。

5. 高等教育机构的质量保证

(1)教育机构将创建适合其业务及其范围的质量保证体系。《大学法》和《专业高等教育机构法》将规定其相关义务。该质量保证体系需要符合专业相关领域优良的习惯做法。

(2)大学将制定博士学位论文的质量标准,并保证遵循质量标准。

(3)高等教育机构有权接受在欧洲高等教育质量保证登记处注册的认证机构提供的服务。

6. 教学资料与教学方法的更新

(1)根据《爱沙尼亚语言发展战略(2004—2010年)》,利用爱沙尼亚语编辑出版高等教育教材和教学资料应当得到支持。教育研究部也将启动关于爱沙尼亚语版高等教育教材与专业词典的国家项目(2006年)。

(2)有关单位应当组织研发爱沙尼亚语教学软件,支持为教育工作者提供教育技术培训和在线学习机会。

(二)行动二:高等教育与人才市场需求结合

指标:接受高等教育人数的比例,受过高等教育者的失业率,25~64岁终身学习者的比例,辍学者的比例。

1. 专业教育项目的开发

(1)正规高等教育学习应当在科学结构的基础上,在各教育层次至少开展关于科学方法论和科学世界观最基本原则的学习。所有教育项目(包括本科学习)都具有独立性,也就是它们应与就业市场对接。高等教育第二和第三层次的教育项目须包括独立研究和创造性工作的教学内容。

(2)大学和专业高等教育机构的教育项目侧重点不同——大学的学习侧重于理论基础,从理论原则中获得应用技巧;专业高等教育机构的教育项目以实践训练为中心,理论知识主要是按照实际需求来安排教学,在实践中逐步掌握。大学和专业高等教育机构教育项目在制定过程中应充分考虑研究与就业状况的变化。

(3)鉴于欧洲高等教育的发展情况,为保障爱沙尼亚教育在国外的认可度与可比性,有必要构建统一的资质评价框架。受教育者在已完成教育项目中关于个人所获能力的描述是教育项目中必要的组成部分。教育项目的具体内容将分阶段实施。立法部门制定的新的要求生效后,可以安排一个过渡阶段,以便调整教育项目中的内容。

(4)旨在提高能力的教育项目的过渡需要信息和培训方面的支持。培训的对象是教育工作者,涉及现代教学方法和评估(着重评估所获能力)等内容。

(5)在教育项目开发过程(包括在职培训)中,应充分考虑高等教育层次发展起来的专业标准和在职培训的必要性。

(6)实践教学的组织形式将不断更新(包括更加明晰界定实践教学组织活动中各方的职责,制订包含企业在内的经费计划等)。在实施教育项目过程中,实践教学与能力获得之间的关系将有更为明显的体现。

(7)为了提升爱沙尼亚语言专业技能,爱沙尼亚语将作为学生的选修科目,且至少占一个学分。

(8)为了加强国际合作、扩大学生选择专业的机会,国家将制定法律以允许颁发联合学位证书和文凭。

2. 就业市场反馈

(1)建立将就业市场变化的反馈纳入教育过程的引入机制,组织专业团队和经济部门编撰关于普通就业市场概述和基于人口变化趋势的人才需求预测报告。

(2)邀请用人单位参与教育项目的开发和质量保证体系。

3. 就业指导

(1)建立就业指导系统,此系统按共同原则运行并使所有适龄青年能找到适合其兴趣与天赋的教育项目。该系统将使得专业选择更加简单,促使整个教育系统节约资源。

(2)通过联系经济部门、专业团队,经过专业学习,将工资标准和失业率联系起来,国家对高校毕业生进入就业市场的执行情况做定期分析。

(3)为培训学生的教师和在职教师提供就业指导培训机会。

4. 终身学习和受教育机会

(1) 为了扩大高等教育实施范围,并将非传统学习者纳入高等教育系统中,教育管理部门将采取措施,使受教育者能够统筹学习、工作和家庭生活,并将曾经接受的教育和工作经验作为教育项目的重要组成部分。大学可以自主决定入学和毕业条件。

(2) 支持有特殊需要的学员接受高等教育。

(3) 为了提高年轻人的沟通能力,利用欧洲社会基金(ESF)的可用资源,启动语言学习项目计划。母语为非爱沙尼亚语的年轻人将有机会获得国家支持,在其教育项目中可以有长达一年的爱沙尼亚语学习时间。若年轻人爱沙尼亚语技能在国家语言测试中分数达到60%~80%,则除利用国家预算手段获得支持外,他们还可以利用欧洲社会基金。

(4) 年轻人在试点项目的框架内,无须参加国家考试,在完成基于基础教育的中等职业教育后,就可以获得接受专业高等教育的机会。国家在积累一定经验并对经验进行分析之后,再决定是否需要制定规则来规范此类教育机会。

(5) 教育研究部将与高等教育机构合作,制定国家层面的一般原则,以便在各个层次的学习(和就业指导)过程中认定先前的学习与工作经验。

(6) 设置终身学习目标,即确保25~64岁的人口中有12.5%的人能够接受在职培训和再培训,并接受成人正规教育(包括职业教育),同时创建相应资助计划。为了实现这一目标,将取消正规教育的特别福利税;制定国家支持成人在职培训的原则;确保在国家考试实施前已经获得中等教育的成人有获得国家委托教育的机会;拥有高等教育学历有望利用国家急需重点专业的国家委托教育项目中的学员名额利用业余时间完成学业。

(7) 为在各县增加接受高等教育的机会,国家将积极利用在线学习机会,发展基于公立大学学院的高等教育机构共同的在线学习中心和电子大学项目的在线学习中心。在各中心,学生可以学习任何已加入电子大学的高等教育机构的课程。若能满足上述条件,则国家将保证对教育专家和教师的支持。

5. 国家委托教育

(1) 在高等教育的第一阶段为至少50%获得普通中等教育证书的学生创造由国家预算资助的学生名额,确保大约6 300名年轻人取得国家支持(2005—2008年),在高等教育的第一阶段开始学习。为了更好地将基于基础教育的中等职业教育与专业高等教育相结合,将10%名额分配给职业教育机构的毕业生,侧重于来自专业高等教育机构的毕业生。

(2) 2005~2008年,在国家委托教育份额中,专业学习领域间的比例分配将保持稳定。如果追加经费,资金将被分配到国家优先发展的专业领域。

(3) 在教育机构间分配国家委托教育的资源时,教育研究部将主要依据专业培养的质量和国家发展需求进行分配。在配置国家委托教育资源时,将尽量避免在某些学术能力与质量低于标准水平的专业中设置重复项目。

（4）在高等教育区域规划中，充分考虑国家委托教育所属的教育机构和大学培训中心。国家委托教育资源分配合同主要考虑的因素有：学生规模、与区域特性相关的正式教育、向具有高等教育学历的专家提供各层次合理的在职培训、对本地区至关重要的专业领域教育项目的启动和位于该区域的独立教育评估单位。为此，在帕努、纳尔瓦、科赫特拉-耶尔韦、沃鲁和维良等地的教育机构将被视为国家委托教育的试点单位。

（5）在人口比较集中的中心地区，高等教育项目实施的前提是为本地区利益服务提供高等正规教育或在职培训，具体表现为支付教育机构的部分基础设施或运行的费用。

（三）行动三：高等教育与研发活动和创新体系结合

指标：每年博士论文答辩数，国家优先发展专业领域的博士生和硕士生中的外国留学生的比例，自然科学和精密科学技术领域增加的毕业生人数。

1. 高等教育体系中的博士研习

（1）根据《研究与发展组织法》，博士研习以在教育研究部注册的教育项目为基础，可以在大学内开展。但是对于该大学研究工作的定期评估结果应当适合博士培养的整体规划；该大学的相关研究领域在最近一次的评估中得到肯定的评价结果。在评估要求生效之前，将设立一个为期三年的过渡期。在此期间，先前已经开始的博士培养项目必须符合评估要求。大学将负责博士项目研究的质量和效果，同时负责授予相应的博士学位。

（2）为了提高博士研习项目的效果和质量，制定和实施以下措施：

①在对博士研习的评估中，应考虑博士研习项目的有效性和参与度。

②使博士能更有效地参与研究机构、其他大学（主要是卓越中心、研究和发展中心及博士研究生院）和非大学合作伙伴（包括企业）的博士研习项目。

③在分析博士研究生院的试点项目后，引入博士研究生院。

④规定博士生在研究资助计划中的角色和资助内容。

⑤在博士研习项目发展和实施中引入欧盟结构基金资源。

⑥为没有教育津贴的博士生提供社会保障（例如：父母金、生育福利等，由政府提供）。

2. 决定研究领域博士生的名额分配

（1）根据大学三年绩效合同的一般原则，国家委托的教育将与现行有效性挂钩，并将得到资助。截至 2008 年底，博士研习项目的经费包括研究成本，研究成本最多可以达到人均经费的一半。绩效合同还必须涵盖通过合作取得的成果，以便保证合作各方的权益。

（2）在绩效合同中单独设置国家委托教育中博士研习项目的增加比例（增加 10% 以上，或开辟一个新的专业研究领域）。每一个研究领域都将设有增加的比例。项目计划将有充分的实施时间，之后将就其实施情况展开评估。博士项目的目标是到 2013 年底,博士论文答辩率达到欧盟平均论文答辩率,每年至少300篇。因此,在大学法中的质量合同条款生效以及博士培养项目执行质量提升后,将增加国家委托的博士研习项目。

(3)截止到2013年底,由国家根据研究领域确定的国家委托教育项目将控制在50%以下,这部分国家委托教育的份额将直接分配给大学。对于国家委托教育的其余部分,在确定专业领域的比例时,主要依据将是社会需要和国际趋势。在这一原则的初步实施中,主要依据将是每所大学分配现状的均衡性。根据实施的结果,这种计算方法可以在2013年后进行修改。在确定国家委托教育时,将尽量避免产生不成规模、重复的专业研究项目。

(4)为博士研习项目兼职研究生设立教育津贴制度。

3. 国际化

(1)为了实现国际化发展,国家将通过实施国家计划,建议创建新机制,为爱沙尼亚引进高素质专家(教学人员、某一行业的顶尖专家),支持教师和学生的流动,启动专业研究项目、与外国高等教育机构在硕士和博士项目方面的合作,大幅度增加爱沙尼亚高等教育机构的外国留学生人数。

(2)2014年的目标:3%永久教师职位留给外国学者;提供所有爱沙尼亚博士生在外国大学至少一学期的奖学金;爱沙尼亚大学中有10%的外国博士生和博士后研究者;5%的硕士研究生获得国家奖学金去外国大学学习;国家支持3%的一级学生参加欧盟机动项目;外国留学生人数达到3 000人。

(3)为了促进语言发展和人才流动,同时为爱沙尼亚引入外国博士生,将开展英语博士研究项目。在为期两年的项目中,制订和实施一项计划,要求每一名在爱沙尼亚大学攻读学位的博士生必须在国外的专业领域工作一定的时间,最长可达一个学期。博士生短期出国留学费用将从分配给博士研究项目的资金中拨出,支付给大学。

(4)支持外国博士生赴爱沙尼亚就读,向外国学生开放国家委托教育项目的学生名额、条件(教育津贴和其他社会福利)等同于爱沙尼亚居民。

(5)从增加合格的顶尖专家的数量和保持高等教育教学人员的数量出发,考虑人力资源必要的岗位,审视克里斯蒂安·奥库奖学金计划的结果和影响。根据评估结果,为该奖学金计划决定未来奖学金数量和组织计划方案。

(6)扩大现有手段的影响力,实施更为广泛的、同时为外国人开放的博士后体系。

4. 确保社会的创新能力

(1)为了使研究事业得到社会重视,在支持现有方法的基础上,开发新的激励措施,增加有效学位论文答辩的数量,努力提高年轻人对研究工作的兴趣。

(2)提供专业高等教育研究的高等教育机构将积极开展应用研究,勇于创新。

5. 鼓励年轻人积极参与自然科学、精密科学以及工程学的学习和研究

国家将采取系统措施提高年轻人在自然科学、精密科学以及工程学等领域的学习兴趣,同时提高毕业率。这些措施可以包括:向学生提供国家奖学金,在中等职业学校和职业教育机构中提供创新课程作为选修科目,作为进入高等教育机构相关专业学习,以及高等教育机构教学人员在相关领域的教学培训的有利条件。

(四)行动四:保障高等教育经费

指标:生均经费水平,具有国际竞争性学习环境的高等教育机构数量,现代研究和信息系统的获得。

1. 融资原则

爱沙尼亚在欧洲高等教育领域的实际竞争力越来越依赖于在高等教育和研究方面的投资,这也是国家创新和发展的基础。随着国家财富的增加,对高等教育的投入也必须不断增加。公立部门和私营机构都需要对教育投入,但私人资本的投入不能减少公立部门在教育方面的支付额度,而应当作为国家经费投入基础之上的额外投资。具体在以下方面进行落实:

(1)到2008年底,公共部门的投入在高等教育经费中所占的比例应达到爱沙尼亚国内生产总值的1.3%,不包括国家支付的补贴。

(2)到2008年底,来自公有资金和私人资金的生均经费水平应达到经济合作与发展组织国家的平均水平,同时保持经济合作与发展组织国家水平的高等教育入学机会。截至2007年底,作为高等教育经费的一个重要组成部分——基于国家委托教育的学生的基本经费,将保证与国内生产总值增长成正比,进一步重视高等教育投资、研究工作和创新投资。

(3)通过质量控制和融资原则,支持各机构和研究领域之间的资源分配,以此确保资源的集中优势,避免低效率重复投入。由于各机构对其可持续性发展负有共同责任,每个机构都有责任评估其资源使用的效果,以及在现有预算内履行义务,对一般总体结构和基础设施以及研究领域进行结构重组。

(4)国家高等教育支出中用于教育补助金的比例将至少保持在当前水平,同时设定目标,分析学生的社会经济状况,评估经费支持体系的效果。经费支持体系的运营基础是在教育项目中创造平等机会让学生接受高等教育。

(5)截至2007年底,国家将计划继续投入基本资产的必要资源,按国家教育规划,并保障资源用于支持教育机构开展的活动中。2006年,国家将准备和批准关于高等教育基础设施更新额外的国家项目,在10年内每年计划批准约4亿克朗①。

(6)为了提高人力资源开发措施框架内的欧洲社会基金的资源利用率,国家将通过启动中央项目和聘用相关项目经理来加强执行,加大支持的力度。在欧洲区域发展基金的基础设施发展措施框架内,国家将保障共同资金。

(7)国家将支持开发科研图书馆活动基地、数据库联合供应基地、信息系统和在线

---

① 2011年1月1日,爱沙尼亚加入欧元区。2011年1月15日,爱沙尼亚克朗停止流通。

学习平台等基地的建设,最晚于2008年完成;加强国家对信息材料供应及信息和通信技术发展的支持。继续支持泰格大学(Tiger University)教育项目的实施。

(8)通过国家专项计划向高等教育拨款的比例将保持在国家高等教育总支出的10%～20%。

(9)为了进一步明确高等教育支出,根据国际统计方法,不属于教育支出的部分,将最迟于2007年从教育研究部的预算转移至社会事务部的预算。

(10)在分析私营机构资助教育支出额的基础上,将在2006年提出关于鼓励私人资本进入教育领域的提议。分析实施替代融资模式的可能性和其他国家的运营效果,包括欧盟各国在相关领域的活动内容。

2. 国家教育委托

(1)通过采纳三年期绩效合同,从国家预算(2008年)中获得高等教育机构的融资,拓宽国家委托教育体系。在此过程中同时考虑毕业生实际数量、学习质量和效果,同时兼顾筹资模式内容和逻辑结构必须反映《高等教育发展战略》中的目标和数值。

(2)国家委托教育中大学的地方学院及对本地区发展的义务,将分别在教育研究部和大学所签订的合同附件中做出规定。在新的三年期绩效合同的过渡期内,国家将必要地保障国家委托教育资源配置的稳定性。

拉 脱 维 亚

拉脱维亚,全称拉脱维亚共和国,位于波罗的海东岸,北与爱沙尼亚,南与立陶宛,东与俄罗斯,东南与白俄罗斯接壤。

拉脱维亚面积为64 589平方千米,人口191.9万。拉脱维亚族占62%,俄罗斯族占25.4%,白俄罗斯族占3.3%,乌克兰族占2.2%,波兰族占2.1%,此外还有犹太、爱沙尼亚等民族。官方语言为拉脱维亚语,通用俄语。主要信奉基督教路德教派和东正教。

2019年,拉脱维亚人均税前工资1 076欧元/月,同比增长7.2%。2018年1月1日起,拉脱维亚月最低工资标准上调至430欧元。拉脱维亚医疗条件较好。世界卫生组织2018年发布的数据显示,拉脱维亚平均预期寿命为:男性70.0岁,女性79.6岁。

拉脱维亚实行九年义务教育,允许私人办学校。大学实行公费和自费两种制度。截至2018年,拉脱维亚在校学生为42.1万人。其中学前班人数为9.9万,职业学校为2.35万,高等院校为8.03万人。主要高等院校有:拉脱维亚大学、里加工业大学、拉脱维亚农业大学、波罗的海俄罗斯学院、拉脱维亚医学院、拉脱维亚海洋学院、拉脱维亚音乐学院、拉脱维亚艺术学院等。创办于1919年的拉脱维亚大学是拉脱维亚建校最早的大学。

截至2018年,拉脱维亚共有115所博物馆、20家电影院、556个文化中心、1 597所图书馆和9家剧院。

注:以上资料参考依据为中国外交部官方网站拉脱维亚国家概况(2020年5月更新)。

拉脱维亚教育法

（1999年6月1日颁布）

第一章　总　则

第一条　本法所用的法律术语

1.学术教育:科学理论基础的学习及其成果研究。

2.高等教育:中等教育基础上进行的教育层次;立足于特定学术或科学艺术专业领域的个人发展,学术或专业领域的自我提升;是科学性专业活动的前期准备阶段。

3.正规教育:由基础教育、中等教育和高等教育组成的教育体系,毕业后颁发国家认可的学历或职业资格证书。

4.兴趣教育:实现个人教育需求和教育愿望的教育方式,不限年龄和学历背景。

5.教育:系统地获取知识和技能、培养正确的处世态度的过程和结果。教育过程包括教学和育人。教育结果由一个人的知识、技能和个人对于事物的态度三部分构成。

6.教育支持机构:由国家、地方政府、其他法人或自然人设立,旨在向教师、受教育者及其父母、教育机构等提供教学、心理、科学、信息以及其他智力支持服务的机构。

7.教育资格证书:证明个人已经取得或部分取得某种教育程度、教育方式或教育项目的文件。

8.教育机构:由国家、地方政府、其他法人或自然人建立,旨在实施教育项目的机构;或开展教育项目的商业公司。

9.教育层次:一个完整的教育阶段,包括有组织地取得的相应教育结果。

10.教育行政机关:履行教育管理职能的国家或地方政府机构;或地方政府机构内部行使教育监管的组织单位。

11.教育方案认定:本法规定的教育机构和其他机构通过本法取得颁发国家承认的学历文件,以证明受教育者完成特定教育项目而取得相应的学历。在认证过程中,有关机构应对相关教育项目的实施质量进行评估。

12.教育项目的许可:授予本法规定的教育机构或其他机构实施特定教育项目的权利。

13.受教育者:在教育机构或有教师参与的私人教育机构参与教育项目的受训学员、学生、实习生或旁听生。

14.职业:教育、工作和个人生活的相互作用。

15.职业教育:教育过程中保证受教育者获得和发展职业管理技能的综合措施,包括了解个人兴趣,选择继续教育和职业发展方向的能力及机会的把握。

16.职业发展支持:包括为受教育者获取信息,提供职业教育以及个人咨询在内的一系列措施,以便受教育者规划和制定职业目标,在教育和工作中做出选择。

17.教育材料:下列材料将用于实施教育项目和获取教育内容,包括电子材料:

(1)印刷材料(教科书,包含等同于国家学前教育指导纲要学习内容的练习册及其他版本,或包含国家基础教育、普通中等教育、专业中等教育和实业教育标准所列内容的材料)。

(2)教学辅助教具(教师工作需要的教学法建议和其他学习资料)。

(3)附加材料(实施教育项目需要的各类参考资料,如地图、音乐、小说、儿童文学和其他期刊和非期刊类材料)。

(4)可视教具(插入图形或文字信息的图表、文本、视觉材料、供自然研究的物体、实物模型和其他模型等)。

(5)教学游戏设备(在学习过程中进行的游戏,包括掌握学习内容的任务或检验学习成果的要素)。

(6)数码教具资源(电子资源版本,包括开展教育项目所必需的内容)。

(7)讲义(使学习过程个性化的材料,包括向每一个受教育者提供的练习、学习计划、工作表、案例、样例等其他材料)。

(8)辅助教育技术(学习过程中使用的技术设备和装置,包括向有特殊需求的受教育者提供的技术设备和装置)。

(9)教学材料(用于掌握学习内容,开展实践任务所需的原料和物品)。

(10)设施和装备(符合安全要求和卫生要求的器材、工具、仪器、物品和附件,包括保障学习内容的体育器材)。

(11)个人学习附属用品。

18.科目及课程计划:教育项目的组成部分,包括课程目标、课程内容、课程计划、课程标准、评估过程以及其他开展教学计划的方法和资源。

19.课程标准:国家教育标准的组成部分,确定学科或课程的主要目标和具体目标,确定学科或课程的强制性内容,以及评价教育成果的形式和程序。

20.非正规教育:正规教育以外,满足兴趣和需求的教育活动。

21.基础教育:为中等教育或专业活动做准备的教育层次,获取个人和社会生活需要的基本知识和技能,形成个人价值取向,参与社会生活。

22.自我教育:在教育机构以外获得的教育。

23.教师:具有本法或其他教育法所规定的教育职业资格,在教育机构或注册的私人教育机构中参与教育项目实施的自然人。

24.成人教育:保证个人发展、提高个人能力以适应职场竞争的多元教育过程。

25.学前教育:实现儿童个人多元发展、增强健康、为小学教育做准备的教育层次。

26.民办教育机构:由法人或自然人创立的教育机构,不包括国家或地方政府教育机关创办的教育机构,也不包括有国家或地方政府持有资本股份的商业公司建立的教育机构。在这些公司,实施教育项目是公司业务的一部分商业活动。

27.职业教育:为从事特定行业所做的理论和实践教育。获得职业资格、提升职业竞争力的教育。

28.职业定向教育:获取系统的知识和技能,在艺术、文化、体育等领域培养形成价值取向的同时接受的基础教育或中等教育,为学员在特定的就业方向获取职业教育做准备。

29.职业资格:对某一职业的教育和职业技能教育的评估,并颁发证书。

30.已于2013年7月9日废除。

31.职业资格证:证明某人具有某项职业资格的文件,并赋予个人一定资格申请职位,从事证书所规定级别的具体职业,或者申请相关就业资格证以便在私营领域就职。

32.特殊教育:适用于有特殊需求的人群或有健康问题人群的普通教育和专业教育。

33.继续教育:对业已获得的教育和职业技能的后续教育,以满足特定的职业要求。

34.远程教育:运用多种技术和电子交流媒介的校外教育方式,具有教学材料特殊、学习进度个性化、有专门的学习效果评估体系等特点。

35.国家教育信息系统:包含教育机构、授权和认可的教育项目、受教育者、教师、高等教育机构的教学科研人员、教育文件和国家统计数据等一系列信息的数据库。

36.国家教育标准:根据教育的层次和类型、教育项目的主要目标和具体目标、教育要求的基本内容,决定教育的基本评价标准和一般程序的文件。

37.中等教育:为实现个人多元化成长,在选定的普通教育和专业教育领域的发展成长而实施的教育;或者为更高层次的教育、从事专业活动和投身于公共事务做准备的普通教育和专业教育。

38.通识教育:了解自然、人类和社会多元一体化的认知过程;培养高尚、自由、有责任心的人的教育过程。

第二条 本法的目的

本法旨在确保每一名拉脱维亚公民都享有发展其身心潜能的机会,成为人格独立、发展全面的国家和社会的一员。

根据受教育者的年龄和需求,公民享有以下机会:

1.获取人文、社会、自然、科学技术知识与技能的机会。

2.在人际关系中获得知识、技能和经验,参与国家和社会生活的机会。

3.通过提升知识、技能和社会化的个人发展,实现道德、美学、智能和体能发展的机会。

第三条　教育权利

1. 以下人员享有教育权利：

(1) 拉脱维亚公民；

(2) 欧盟成员国、欧洲经济区成员国或瑞士联邦公民。

(3) 持有拉脱维亚有效居住证的欧洲共同体永久居民。

(4) 持有拉脱维亚签发的有效旅行证件的无国籍人员。

(5) 欧盟成员国、欧洲经济区成员国、瑞士联邦以外（以下简称第三国）的其他国家公民或持有拉脱维亚有效居住证的无国籍人员。

(6) 难民或获得可转换身份的人员。

(7) 受到拉脱维亚临时庇护的人员。

2. 寻求庇护者和寻求庇护者的未成年子女有权接受基础教育和中等教育，并享有适龄后继续接受教育的权利。

3. 第三国未成年人或在拉脱维亚没有合法住所的无国籍人士，有权在规定的自愿出境期限内、驱逐出境令暂缓执行的期限内以及拘留期间接受基础教育。

第四条　禁止差别待遇

1. 本法第三条涉及的人员不论其物质和社会地位、种族、国籍、民族、性别、宗教信仰、政治面貌、健康状况、职业和居住地，都享有接受教育的权利。

2. 如果出于法律目的且为了客观条件需要，则允许本条第1款提到的差别待遇。

3. 由宗教组织建立的教育机构有权基于个人宗教信仰、个人意愿和能力按照特定宗教教义的规定开展教育活动，由此设置一套道德行为规范、原则和目标，形成信徒的信仰基础。

4. 禁止对维护自身无差别待遇的个人造成直接或间接的不利后果。

5. 发生纠纷时，若个人指出本条第1款中涉及的客观因素直接或间接受到了歧视，则教育项目的实施机构有义务证明其没有违反禁止差别待遇的规定。

6. 若违反了差别待遇的禁止条款或违反了导致不利因素的禁止条款，则个人有权要求停止违法行为，根据《监察法》的规定获得司法救助并向法院提起诉讼。个人有权要求对财产损失和名誉损害进行赔偿。纠纷中的赔偿金额由法院决定。

7. 禁止在教育体系中聘用教师和其他人员时实行差别对待，本款适用于其他法律规定。

8. 本条中"歧视"一词应与《消费者权益保护法》中所使用该词表意一致。

第五条　义务教育

儿童自5岁起进入义务教育阶段，接受学前教育、基础教育，直至年满18岁。

第六条　教育层次

1. 教育层次划分为：

(1) 学前教育。

(2)基础教育。

(3)中等教育。

(4)高等教育。

2.受教育者有权接受从一个层次到另一个层次的连续教育。

第七条　教育类型

1.通识教育。

2.职业教育。

3.学历教育。

第八条　教育的目标群体

教育的目标群体是指具有相似需要、兴趣和能力,且希望接受教育或法律规定的义务教育的受教育者集体。初等教育目标群体如下:

1.学龄前儿童。

2.义务教育阶段的儿童和青少年。

3.青少年。

4.有特殊需求的人员。

5.成年人。

第九条　受教育方式

1.受教育方式有:

(1)全日制。

(2)校外教育(远程教育是校外教育的一个分支)。

(3)自我教育。

(4)家庭教育。

2.教育机构有权以全日制和校外教育两种形式开展教育项目。

3.受教育者可以通过自学获得知识,这种形式的教育评估可以通过在开展相关教育项目的教育机构参加考试进行。

4.本条第3款不适用于高等教育。

第十条　教学语言

1.在国家和地方政府的教育机构,教学语言须为官方语言。

2.其他教学语言适用于:

(1)私立教育机构。

(2)国家和地方政府建立的教育机构依据本法第四十三条开展少数民族教育。

(3)其他法律规定的教育机构。

3.根据内阁规定,受教育者应学习官方语言并且参加考试测试其掌握程度,以便接受基础教育或中等教育。

4.国家在高等教育机构中设立的教育项目采用官方语言。只有在下列情况下,才可以使用外语开展教育项目:

(1)在留学生教育项目,或依据欧盟成员国间的协议或欧盟合作框架下的教育项目,可采用欧盟官方语言教学。若留学生在拉脱维亚学习时间超过6个月或获得超过20学分,则其必修课程须包含官方语言学习。

(2)使用欧盟官方语言教学的课程不超过教育项目课程总学分的五分之一,鉴于结业考试、国家考试和质量的发展,学士、硕士论文不适用本条款。

(3)按照拉脱维亚的教育划分而设定的教育项目,使用外语开展教学对实现教育目标十分必要,包括:语言与文化研究,语言项目。教育项目批准委员会决定教育项目是否符合本国教育项目的划分。

5.专业资格考试应使用官方语言。

6.申请学术(学士或硕士学位)或科学(博士)学位所需的教育及其论文答辩应使用官方语言,其他法律规定的情形除外。

7.由国家预算或者地方政府预算资助的资质提升和审定使用官方语言实施。

第十一条 教育和宗教

1.教育制度应保障宗教信仰自由。受教育者有权选择学习基督教课程或行为准则,或同时学习两者。

2.宗教组织法管理教育机构和宗教组织之间的关系。

第十二条 教育文件

1.受教育者完成一定教育层次(学前教育除外)或类型的学习,应当授予其结业证书、证明文件或文凭等相应的教育文书。

2.受教育者完成官方认可的教育项目将获得国家认可的教育证明文件。

3.教育机构可以向完成部分教育项目的受教育者颁发证明文件。

第十三条 拉脱维亚对外国教育证书的认定

1.国外授予的学历和学位证书,须由持证人提出申请,由相关的教育机构、国家机关、用人单位或专业机构进行专家审核。国外签发的学历证书和国外授予的学位证书及其相关证明文件,应由国家学术信息中心进行专业审查。

2.申请人提交的教育证书的专业审查结果应确定:

(1)国外的学历或学位证书等同于拉脱维亚颁发的何等学历证书或授予的学位证书;国外的学历或学位证书可以被认定为等同于拉脱维亚颁发的何等学历证书或授予的学位证书。

(2)如果国外取得的学历或学位证书不符合拉脱维亚任何一种学历或学位证书,为了认定这些学历或学位证书等同于拉脱维亚的相应证书而需要满足的其他条件。

3.相关机构进行学历证书的专业审核后,将结果通知申请人。通知将说明拉脱维亚颁发的何种学历或学位证书等同于或可以被视为等同于国外颁发的学历或学位证书。

4.国家学术信息中心承担学历、学位证书认定书的签发职能,途径如下:

(1)关于继续教育,即持证人希望继续学习的高等教育机构。高等教育机构可以进行再次审查并提出附加条件。

(2)在需要专业活动或一定的教育背景的专业领域聘用员工,不受法律或者其他法规的约束,由聘用方自主决定。

(3)在需要专业活动或一定教育背景的专业领域执业由法律以及其他相关法规管辖,由这些法律以及其他相关法规确认的相关机构决定。

(4)关于继续接受基础教育或中等教育,由教育科学部决定。

5.国家学术信息中心隶属教育科学部,行使审查、认证国外取得的学历或学位证书以及国际信息交流的职能。

第十四条　教育费用

1.根据内阁相关程序,国家或由地方政府建立的教育机构中,学前教育、基础教育和中等教育费用纳入国家或地方政府财政预算支出。私立教育机构可自行决定教育费用。

2.对于高等教育项目,国家为一定数量的学生按照相关年份的国家预算提供教育经费;其他学生的学费由高等教育机构自行安排。

3.按照联合共建条例,对于地方政府设立的专业定向教育机构,地方政府可以支付部分教育经费。

4.高等教育项目中,学生可以接受国家贷款,并按照内阁相关条例偿还或者减免。

5.外国人或者无国籍人员应当按照其与有关教育机构签订的合同,支付高等教育项目的费用。

6.本法第三条第1款第(3)～第(7)项和第2、第3款中涉及的相关人员的基础、中等教育费用参照拉脱维亚相关教育费用标准决定并执行。

第十五条　国际教育合作

1.拉脱维亚与其他国家和国际组织在教育领域的合作参照国际协定执行。

2.教育机构有权与外国教育机构和国际组织合作。

第二章　教育组织

第十六条　内阁的教育职能

1.确定国家认可的教育文件的形式及签发的标准和程序。

2.已于2001年7月5日废除。

3.确定国家对民办教育机构实施的基础教育和中等教育项目的资助程序。

4.确定教育机构实施的高等教育项目中接收、偿还和减免贷款的金额和程序。

5.确定已达到义务教育年龄儿童的登记程序。

6. 批准拉脱维亚国防学院章程，批准私立高等教育机构章程。

7. 建立、重组和解散国家教育机构以及教育科学部和其他部委提议设立的教育支持机构。

8. 确定教育机构和本法涉及的其他机构的注册和认证程序。

9. 已于2009年6月16日废除。

10. 管理高等教育机构认证的规则和程序。

11. 确定教育项目的批准和认定程序。

12. 确定教育职业和岗位的范围。

13. 确定国家和地方政府教育机构负责人专业活动的标准和程序（高等教育机构除外）。

14. 确定国家和地方政府教育机构领导候选人的评估标准和程序（高等教育机构除外）。

15. 根据教育职业要求，确定对教师教育背景要求和职业资格要求。

16. 已于2001年7月5日废除。

17. 确定国家和地方政府组织和资助的教育机构发行和获得教具的程序。

18. 确定教育资料符合国家基础教育和普通中等教育标准的评估和审批程序。

19. 确定教师工资和工资的支付程序。

20. 确定特殊教育机构、一般教育机构的特殊班级和寄宿制学校特殊教育项目的融资程序。

21. 确定国家教育政策和战略的基本方针，提交未来七年教育发展规划，提请议会批准。

22. 确定国家学前教育的指导方针，包括与指导方针要求相适应的示范性教育方案。

23. 设定国家教育标准，其中包括与此类标准要求相适应的示范性教育方案，示范性职业教育项目和示范性学术教育项目除外。

24. 详细说明受教育者参加教育项目的人均最低费用。

25. 确定教育机构（高等教育机构除外）保障图书馆和信息服务的程序。

26. 确定预防性医疗保健、紧急医疗救助获取、教育机构内受教育者安全保障的程序；确定此类教育机构组织的各项活动的安全保障程序。

27. 确定教师的工作量。

28. 依据国家财政支持区域、通过竞争性程序选拔注册的学生数量，确定高等教育项目中此类学生获得奖学金的程序以及奖学金的最低数额；依据国家财政或地方政府支持区域注册的学生数量，确定高等教育项目中此类学生获得奖学金的程序以及奖学金的最低数额。

29. 确定对兴趣教育项目的资助程序。

30. 管理儿童营地的组织和活动规则。

31. 确定国家资助职业导向教育项目的程序。

32. 确定教师和教育项目注册登记的权威部门。

33. 确定教育项目的授权部门。

34. 确定教育项目和教育机构认定的权威部门。

35. 确定国家教育信息系统数据内容及其维护和更新的程序。

36. 确定国家对成人非正规教育项目、继续教育项目和职业能力教育的资助程序以及接受相关资助的标准。

37. 确定教师职业技能提升的程序。

38. 确定在认证的教育项目（高等教育项目除外）中采取国家考试的程序。

39. 确定聘方对员工进行额外教育的支持措施，包括接受此类支持的标准和实施的程序。

40. 确定受教育者无故不参加教育机构的活动时，教育机构告知其家长（监护人）、地方政府和国家机构的程序。

41. 依据当地政府教育机构确定的受教育者平均费用，确定地方政府向本法第十九条第3款所指的提供学前教育的私人机构支付学前教育（年龄从18个月到开始接受基础教育为止）费用的程序。

42. 确定对教师职业活动质量评估的标准和程序及其上交的评估文件；确定教师职业活动质量水平评定所需的教学经验，以及证明教师职业活动质量水平的样本文件。

第十七条 教育科学部的教育职能

1. 实施国家统一的教育政策和发展战略。

2. 草拟教育政策规划文件和监管法规。

3. 保证国家教育信息系统的维护和更新。

4. 已于2009年6月16日废除。

5. 已于2009年6月16日废除。

6. 组织教师提升教育职业技能，协调研究和教学工作。

7. 制定国家学前教育指导方针、国家教育标准，并制订与该方针和标准要求相适应的示范教育方案。

8. 按规定程序拟订草案，在教育、科学、体育和官方语言发展等领域分配国家财政预算资源。

9. 管控下级教育机构，依法使用国家财政资源。

10. 协调国家教育机构与外国和国际组织的教育合作。

11. 根据国家教育标准的要求，草拟学科学习和课程（高等教育项目除外）的示范性课程方案。

12. 为教育机构和教育支持机构制定示范性章程。

13. 根据基础教育项目，组织政府采购和发行教学材料。

14. 制订和协调教师接受教育和提升专业技能的计划。

15. 已于2009年6月16日废除。

16. 已于 2010 年 3 月 4 日废除。

17. 依据教育标准组织开发电子教学资源和教学材料。

18. 监督国家资助的教育机构的教育结果,编制和实施提高教育过程质量的措施。

19. 已于 2010 年 3 月 4 日废除。

20. 已于 2000 年 5 月 11 日废除。

21. 已于 2012 年 3 月 15 日废除。

22. 批准教育机构、教育项目和教师的分类注册。

23. 向内阁提交建立、重组和解散国家教育机构和教育支持机构的建议,并与相关地方政府协调合作。

24. 批准教育科学部下属教育机构(高等教育机构和大学除外)章程。

25. 任免教育科学部下属教育机构(高等教育机构除外)负责人。

26. 提案撤销地方政府教育机构负责人,协调地方政府教育机构负责人的任免。

27. 管理教育机构中的图书馆和信息服务。

第十八条　其他部委的教育职能

1. 与教育科学部协调,向内阁提交有关国家教育机构的建立、重组或解散的提案。

2. 编写学习专业科目的教育内容和标准,并监督所辖教育机构遵照实施。

3. 已于 2000 年 5 月 11 日废除。

4. 保障下级教育机构的活动,按照专业学习标准组织和资助教学材料的发行和采购。

5. 调控下级教育机构的财务和经济活动。

6. 已于 2010 年 3 月 4 日废除。

7. 批准下级教育机构(高等教育机构和大学除外)章程。

第十九条　地方政府的教育职能

1. 各级地方政府有责任确保在其辖区内生活的儿童有机会就近接受采用官方语言实施的学前教育和基础教育,确保青少年有机会接受中等教育,保证开展兴趣教育并支持诸如儿童营等课外活动。

2. 为了确保在某一地方政府辖区内居住的儿童有机会自由选择其他地方政府辖区内的教育机构,地方政府有义务根据内阁颁布的地方政府参与资助下级教育机构的程序与相关地方政府达成一致协议。

3. 若地方政府不能确保辖区内居住(从 18 个月到开始接受基础教育的年龄在此居住)的年满 18 个月的儿童参加政府实施的学前教育,并且该儿童已经在其他私立教育机构参加学前教育,则地方政府应根据内阁颁布的相关程序向该私立教育机构支付这一部分教育费用。这一教育费用应与受教育者参加政府教育机构学前教育所必需的人均教育费用金额一致。如受教育者在地方政府根据《公共采购法》所规定的特定教育机构接受学前教育,则这一教育费用依照公共采购原则计算。

4.地方政府确定受教育者在相应的地方政府教育机构中接受学前教育所必需的人均费用,并将该费用及其计算方法在其政府网站进行公示。

5.市地方政府和直辖市地方政府应当:

(1)在教育科学部的统一协调下,建立、重组和解散一般性教育机构,包括寄宿制学校、特殊教育机构和特殊教育班级以及为有特殊需求的儿童提供的学前教育机构和兴趣教育机构;协调相关部委与教育科学部,建立、重组和解散专业教育机构。

(2)与教育科学部协调配合,任免下属一般教育机构负责人,包括寄宿制学校、特殊教育机构、职业教育机构、兴趣教育机构、体育专业导向的职业教育机构等;和其他相关部委协调配合,任免专业导向的艺术和文化教育机构负责人。

(3)在地方政府预算中确定下属教育机构经费资助程序。

(4)在相互协商的基础上,参与国家和其他地方政府对教育机构的融资。

(5)可以在相互协商的基础上,参与对私立教育机构的融资。

(6)向教育机构分配地方财政资金并调控其使用。

(7)维持所辖教育机构的正常运转,不包括一般教育机构中的特殊教育机构、特殊班级和群体、寄宿学校以及国家财政支持的教育机构,这些教育机构获得的财政支持不少于内阁规定的额度;监管这些财政资源的利用。

(8)向所辖教育机构提供支持,以便这些教育机构对于在评估过程中发现的项目进行必要的改进。

(9)确保国家预算资源分配给所辖教育机构和教育支持机构的教师工资发放到机构账户。

(10)保障所辖教育机构设备维护费用、技术和医疗工作人员的薪酬;不包括一般教育机构中的特殊教育机构、特殊班级和群体、寄宿学校等机构的设备维护费用、技术和医疗工作人员的薪酬,这些机构由国家财政支持。

(11)根据内阁规定的程序,保证所辖教育机构的受教育者享受预防性卫生保健和紧急医疗救助等,确定地方政府支付受教育者的膳食费用。

(12)根据内阁的规定及数量限制,保证有特殊需求的受教育者在特殊教育机构、为有特殊需求的儿童开设的学前教育机构、特殊教育班级以及寄宿制学校等机构接受教育。

(13)根据内阁的规定及数量限制,在特殊教育机构、为有特殊需求的儿童开设的学前教育机构、特殊教育班级以及寄宿制学校等机构中保证为有特殊需求的受教育者提供饮食服务。

(14)为无法乘坐公共交通工具的受教育者提供从住地到教育机构的通勤保障。

(15)保证儿童和青少年接受职业教育。

(16)确保儿童及青少年接受兴趣教育,为兴趣教育项目的执行签发许可证。

(17)保护儿童的受教育权利。

(18)就子女抚养问题为家庭提供咨询帮助。

(19)确保地方政府教育医疗委员会的正常运转并保证向有特殊需求的儿童开放。

(20)按照内阁规定的程序对义务教育学龄儿童进行登记。

(21)确定所辖教育机构中受教育者的其他福利和物质支持,以及提供的程序。

(22)实施成人教育政策,确保财政拨款的分配和对财政资源利用的监督。

(23)按照国家关于学前教育、基础教育、普通中等教育、专业中等教育和实业教育等指导方针,从预算中安排资金为所辖教育机构购买印刷材料、视听设备材料、教学游戏程序、数字教学工具和资源、讲义等教学用具。

(24)推进教育机构利用统一的图书馆信息系统。

(25)组织教师提升专业技能,协调和保证教学方法的实施。

(26)确定由地方政府财政支持的高等教育机构中的岗位数量。

(27)根据内阁规定的程序,保障国家考试的组织和正常进行,包括全国统一考试。

(28)支持受教育者参加奥林匹克运动会,参加竞赛或演出,参与项目,以及参加其他体育赛事。

(29)落实其他法规中规定的地方政府的教育职能。

6.已于 2008 年 11 月 13 日废除。

7.已于 2008 年 11 月 13 日废除。

第二十条　保障城市和直辖市地方政府的教育职能

1.地方政府应当至少设立一个教育专家岗位或一处教育管理机构,以行使其教育职能。教育专家或教育管理机构负责人必须具有学历教育或二级专业高等教育学历以及三年及以上教育工作管理经验。

2.地方政府教育专家、地方政府教育行政机构的劳动报酬,由地方政府财政预算拨付。

3.在融资程序达成一致意见的基础上,地方政府可以参与行使一项或多项教育职能。

第二十一条　教育支持机构

1.教育支持机构是由国家、地方政府、其他法人或自然人建立,旨在向受教育者及其家长(监护人)、教师以及教育机构提供教学方法、科学支持、信息支持以及其他智力支持的机构。

2.教育支持也可以由法人提供,此类法人将教育支持条款作为其活动的一种类型纳入其章程(组织章程)。

第二十二条　国家教育质量服务中心

1.根据本法规定,《普通教育法》《职业教育法》《高等教育法》及其他教育法规应受到国家教育质量服务中心的约束。

2.国家教育质量服务中心隶属于教育科学部,其职能由内阁批准的章程规定。

3.国家教育质量服务中心应当:

(1)审查约束教育过程符合本法和其他法律,以及政府的教育法规。

(2)分析教育机构的教育活动,制定教育法规的修订意见,提出改善教育机构工作的建议。

(3)如果发现教育机构负责人或教师有确定违反法律或监管规定的行为,建议聘方对其给予行政处分或解除聘用合同。

(4)依照程序和法律规定的情形实施行政处分。

(5)如果受教育者的健康或者生命受到威胁,或遭遇其他违法行为,而教育机构的创办人没有核查该行为并采取措施,中心可以发出暂时中止行政人员工作的命令并解除其行使职责的权力。

(6)颁发私人办学执业证书。

4.国家教育质量服务中心负责人及其授权的服务人员拥有如下权力:

(1)要求教育机构提交服务证明文件,无须预先通知便可造访教育机构的任何业务场所和其他与教育过程相关的场所。

(2)要求任何法人或自然人对服务能力问题进行书面或口头解释。

(3)要求和接收来自法人和自然人证明服务职责所需的信息和有关服务能力问题的证明文件的副本。

(4)履行检查职责,必要时可以在职能范围内请执法人员或其他专家进行拍照、录音、录像等。

(5)起草检查报告,责令当事人改正核查过程中发现的违反教育法规的行为。

第二十三条　民众教育参与

1.民众应当通过各种方式参与教育组织和发展;提升教育水平,创建教育活动,保护受教育者和教师在接受教育和工作中的权利和利益;发展教育机构、教育支持机构和公共组织。

2.国家和地方政府教育管理机构应当确保提供履行本条第1款提到的任务所必要的信息、咨询途径和教学法。

3.为了确保教育管理和教育支持职能的体现,教育科学部可以通过委托合同将相关任务(包括高等教育项目的组织认证和高等教育机构及高等院校的审核认定)的履行授权给个人。

4.本条第3款所指的委托合同包括发布行政管理行为的权力。

第三章　教育机构

第二十四条　教育机构活动的法律基础

1.除私营商业公司和高等教育机构外,国家、地方政府和私有教育机构,应当在遵守本法和其他法规的基础上行使职能,并且遵守由机构创建者批准的相关教育机构的章程。

2.除高等教育机构外,国家、地方政府和私有商业公司,应当在遵守本法和其他法规的基础上开展教育活动,并遵守由机构创建者批准的相关教育机构的章程。

3.高等教育机构应当在遵守本法、《高等教育法》和其他监管法规的基础上行使其职能,并遵守有关高等教育机构的章程。高等学校章程应当依照高等教育法规定的程序予以批准。

4.高等院校应当在遵守本法、《高等教育法》和其他监管法规的基础上开展教育活动,同时需要遵守相关学院的章程。高等院校的章程依照《高等教育法》规定的程序发布。

第二十五条 教育机构的设立、重组和解散程序

1.教育机构应由内阁按照教育科学部或其他部委的提案设立、重组或解散。

2.地方政府教育机构应在教育科学部协调下或教育科学部会同其他部委的协调下由地方政府设立、重组或解散。

3.私立教育机构应由法人或自然人设立、重组或解散。国家和地方政府可以参与私营商业公司的设立。

4.外籍法人可在遵守本法和其他法律以及国际协定的前提下设立、重组或解散教育机构。

5.教育机构清算、重组的相关事宜应至少提前6个月告知相关机构、法人或自然人。

第二十六条 教育机构注册及必需的文件

1.任何教育机构都应自成立之日起1个月内,就注册事宜向教育机构登记中心提出申请。教育机构登记中心是国家教育信息系统的一个组成部分,由内阁决定的权威部门负责运行。根据《高等教育法》的规定,高等教育机构应当到教育机构登记中心进行注册。

2.机构创始人应当保证教育机构进行注册。创始人委派的个人应当提交注册申请,申请主要包括如下信息:

(1)教育机构名称及法定地址。

(2)教育机构创始人及其法律地位。

(3)创建教育机构的决定。

(4)教育机构所在地及技术设备。

(5)资金的来源及筹措办法。

(6)被授权人住址、电话、传真及电子信箱。

3.教育机构应当随注册申请附上其运作的章程,并得到创始人的批准,证明其申请信息。申请注册的高等院校应当另附文件,证明其办学资源(如财政资源、物质技术和信息库、学术人员)符合内阁规定的学院创办运行标准。

4.自本条第2款和第3款所提述的文件提交之日起1个月内,教育机构应当进入教育机构登记中心的注册程序,符合条件将予以签发注册证书。

5.已于 2009 年 6 月 16 日废除。

6.有关教育机构重组或解散决定的通知,须在做出决定 10 日内提供给教育机构登记中心。

7.任何人都可以无偿获得教育机构登记中心的信息。

第二十七条 教育机构活动的启动

1.教育机构自登记注册之日起,有权根据监管法规开始实施教育项目。行政机构通知准予登记的日期将被视为教育机构的注册日期。

2.教育机构实施本法许可的教育项目,只有在收到教育项目实施许可后才可以招生。本条款不适用于本法第四十九条第 2 款所指的教育机构。

第二十八条 教育机构的名称

1.教育机构的名称和教育机构内部组织的名称应当符合本法所规定的教育层次和类型的名称。

2.教育机构的名称应当与已在教育机构登记中心注册的其他教育机构明确区分。

3.教育机构的名称中只能使用拉脱维亚语字母或拉丁语字母。

4.经教育科学部同意,教育机构有权根据历史传统采用不违反本法及其他监管法规的名称。

第二十九条 教育机构的认证

教育机构应当根据内阁制定的程序进行认证,仅开展兴趣教育项目的教育机构除外。开展基础教育和中等教育的机构根据内阁制定的程序应当获得 6 年期认证。认证应在教育活动开始之日起 5 年内进行。

第三十条 教育机构的独立自主性

教育机构根据本法、其他法律和监管法规细则以及教育机构章程可以独立开展和实施教育项目、选拔员工、财务活动和经济活动等其他活动。

第三十一条 教育机构创办人的职能

教育机构的创办人应当为教育机构的持续经营提供必要的财力和物力,遵守内阁制定的条例,为教育机构提供财力和物力支持。

第三十二条 教育机构负责人

1.教育机构负责人应当负责教育机构的正常运转,遵守本法及其他管辖教育机构运转的法规,合理利用智力、财力和物力资源。

2.教育机构负责人在其职权范围内,可以自行决定智力、财力和物力资源的利用,可以决定职工薪酬,但不得低于内阁指定的薪酬标准。

3.教育机构负责人有义务为所在机构设立联合管理委员会并保障其正常运转。教育机构负责人应向该委员会就教育环节和成果提交年度报告,并汇报该机构的组织工作情况。本条款不适用于高等教育机构。

4. 教育机构负责人有责任确保教育机构获得图书馆、信息和职业发展的支持服务。

5. 只有具备相关教育水平和必需专业资格的人员才有资格成为教育机构的负责人。普通基础教育或中等教育机构的负责人须受过高等师范教育或受过包含教育学的高等教育,方有资格担任该职务。

6. 国家或地方政府教育机构(高等教育机构和院校除外)负责人进行的职业活动应根据内阁规定的程序进行评估。评估结果可作为基础标准衡量负责人的工作是否符合所在岗位的要求,也可以作为对其绩效奖励的依据。

7. 教育机构负责人名称如下:

(1)园长——学前教育机构负责人。

(2)主任——基础教育机构、中等教育机构、学院、定向职业教育机构、兴趣教育机构负责人。

(3)校长——高等教育机构负责人。

第三十三条 教育机构联合委员会

1. 教育机构联合委员会是学前教育机构、基础教育机构、中等教育机构或定向职业教育机构中的联合委员会,由如下人员组成:

(1)受教育者代表,学前教育机构的受教育者除外。

(2)受教育者家长(监护人)代表。

(3)教育机构教职员工代表。

2. 家长(监护人)代表应在教育机构联合委员会中占多数。本条款不适用于中等夜校(包括轮班夜校)联合委员会。家长(监护人)代表经家长会议获得半数以上投票产生。教育机构职工不得当选联合委员会家长(监护人)代表。教育机构的联合委员会负责人从家长(监护人)代表中选举产生。教育机构负责人和教育机构创始人代表可以作为联合委员会成员。

3. 教育机构的联合委员会:

(1)为教育机构的发展建言献策。

(2)参与教育机构的教育过程和成果讨论,为提高教育质量出谋划策。

(3)就受教育者和员工的权利与义务问题提出议案。

(4)可以就教育机构的工作安排、预算分配、教育项目实施等问题,向负责人提出建议。

(5)可以决定家长(监护人)是否为受教育者保障了本法第一条第17款第(4)项和第(11)项所指的个人学习附属用品的供给。

(6)可以在其职权范围内解决组织问题,包括和教育机构举办的活动有关的问题。

(7)应当保证教育机构与社会合作。

(8)联合委员会应当根据监管教育机构联合委员会工作的法规所确定的程序通报其开展的各项活动及所做的各项决议。

(9)有权力创建由受教育者和家长(监护人)组成的兴趣小组或其他组织。

(10)应当履行监管教育机构联合委员会工作的法规所确定的其他义务,以及其他法律法规确定的义务。

4.联合委员会应按照自身的规定开展工作,与教育机构负责人和谐共建教育事业。

第四章 国家教育标准、教育项目等

第三十四条 国家教育标准

1.国家教育标准是依据教育层次、教育类型和目标受教育者群体制定的文件,它决定了:

(1)教育项目的战略目标和主要任务。

(2)义务教育内容。

(3)评价受教育者教育结果的基本原则和程序。

2.发展和实施相关教育项目的法人和自然人必须遵守国家教育标准。

3.国家教育标准应当包括与之相适应的示范性教育方案,示范性职业教育项目和示范性学术教育项目除外。

第三十五条 教育项目

1.教育项目是管理本法规定的教育机构或其他教育机构的教育活动的文件。教育项目根据教育层次、教育类型、目标群体、教育标准或国家学前教育规划,决定了:

(1)教育项目的目标、任务和预期成果。

(2)受教育者曾经接受的教育要求(学前教育课程除外)。

(3)统一的学习科目的教育内容或课程内容(学前教育课程除外)。

(4)教育项目实施计划。

(5)依据内阁关于实施教育项目的人均最低成本条例,评估实施教育项目必需的人力资源、资金和物质资源。

2.教育项目应当根据国家学前教育指导方针或国家教育标准及规范,协同教育机构的创始人,共同发展。

3.教育机构应当自教育项目实施之日起2年内根据内阁程序进行认证,认证次数不得少于每6年一次。

第三十六条 学习科目或课程项目

1.学习科目或课程项目应由授课教师根据教育项目进行开发或选择。

2.学习科目或课程项目应得到教育机构负责人的批准。

第三十七条 教学评估

1.国家学前教育指导方针规定教学评估的基本原则,国家教育标准设定评估的基本标准和程序。

2.教育机构开展已获批准的教育项目,结束时受教育者应当参加国家考试。

3.《职业教育法》和《高等教育法》规定职业资格的评估程序。

4.学术教育的教学评估应当依照《高等教育法》的规定进行。

第五章 教育项目的实施、开展时间、类型及注册

第三十八条 教育项目的实施

1.教育项目可在教育机构、社团、基金会、工匠作坊、工作室以及国家军队实施,其任务包括开展成人教育项目。教育项目须于教育机构收到执照后1年内开始实施。

2.一个教育机构有权开展多项教育项目。

第三十九条 开展教育项目的时间

1.教育项目应当设定其实施期限。

2.教学工作的实施时间应以学年、学期、学习周、学习日和课时(学时)为单位。

第四十条 教育项目的类型

1.教育项目的类型如下:

(1)一般性教育项目。

(2)职业教育项目。

(3)学历教育项目。

(4)继续教育项目。

(5)兴趣教育项目。

2.教育项目的特定类型有:

(1)少数民族教育项目。

(2)特殊教育项目。

(3)社会矫正教育项目。

(4)成人教育项目。

(5)职业定向教育项目。

3.教育项目的详细分类由教育科学部制订的教育方案分类表规定。

第四十一条 教育项目的注册

1.教育项目注册中心是国家教育信息系统的组成部分,有关教育项目执照和认证的全部数据应当在获得执照或认证1个月内到教育计划注册中心登记。

2.教育项目注册信息应向所有人免费开放(同时于网络发布)。获得许可或认证的教育机构名单应在每年3月1日前发布。

第四十二条 一般性教育项目

1.一般性教育项目应当保证受教育者身心全面发展,并且为其继续接受教育、工作及社会生活做准备。

2.《普通教育法》规定一般教育项目的实施程序。实施一般教育项目和特定类型的课程,须取得相关执照。

第四十三条 少数民族教育项目

1.少数民族教育项目应当由教育机构根据国家学前教育指导方针或相应的国家教育标准选择拟定。

2.少数民族教育项目应当包括有关民族文化和拉脱维亚少数民族融合等必要内容。

3.已于2012年3月15日废除。

第四十四条 特殊教育项目

1.如果可以确定一个社会成员有机会能够获得与其健康状况和发展障碍类型相适应的教育,该成员则可以在教育机构接受特殊教育。

2.实施特殊教育应当考虑受教育者的健康状况。

3.《普通教育法》和《职业教育法》及其他法律应当规定实施特殊教育的程序。

第四十五条 社会矫正教育项目

1.具有不良社会行为的社会成员可以接受社会矫正教育。

2.社会矫正教育项目可以在社会矫正教育机构实施,也可以在一般教育机构开设的社会矫正课堂进行。

第四十六条 职业教育项目

1.职业教育项目应确保受教育者身心健康发展,为一定的职业发展和社会生活做好理论和实践准备。

2.《职业教育法》和《高等教育法》应当决定职业教育项目的实施程序。实施职业教育项目须取得相关执照。

第四十七条 学历教育项目

1.学历教育项目应当由高等教育机构实施。

2.实施学历教育项目的程序由《高等教育法》规定。实施学历教育项目须取得相关执照。

第四十八条 成人教育项目

1.成人教育项目可以通过正规及非正规教育项目实施。

2.正规成人教育项目的实施程序由本法、《职业教育法》、《高等教育法》及其他监管法规管辖。

3.非正规成人教育的内容应当符合国家利益、聘用方的利益,并符合个人发展的需要。成人有权利在任何年龄阶段参加此计划,无论其以前接受过什么教育。

4.已于2010年3月4日废除。

5.实施成人教育项目是各教育机构和国家武装部队各机构的职责之一。这些机构有资格实施非正式成人教育,无须取得主管部门的许可。没有在教育机构注册中心登记的其他法人和自然人需要先取得当地政府的许可后方可实施非正式成人教育。

6.成人教育经费来源如下:

(1)国家和地方政府预算。

(2)雇主基金会。

(3)受教育者基金会。

(4)捐款和馈赠。

(5)其他基金会。

第四十九条　兴趣教育项目

1.自愿参加兴趣教育,同时无起始学历要求。

2.教育机构可以开展兴趣教育,无须取得执照。

3.未在教育机构注册中心登记的其他法人和自然人,在取得当地政府相关执照后,即有权开展兴趣教育项目。

4.已于2000年5月11日废除。

第五十条　职业定向教育项目

1.自愿参加职业定向教育。教育机构应当积极开展职业定向教育项目。

2.职业定向教育实施程序由《职业教育法》规定。开展职业定向教育应取得相关执照。

第六章　教师和受教育者

第五十一条　教师工作资格

1.接受过师范教育或获得与内阁规定的职业资格要求相符的师范教育人员,有资格成为教师。此要求不适用于非正规成人教育。

2.教师从事私人教育活动应取得由国家教育质量服务中心签发的证书。

3.在教育机构和私人机构工作的所有教师应在教师登记处注册。教师登记处是国家教育信息系统的组成部门。

4.高等教育机构对教师教育程度和从业资格的要求由《高等教育法》规定。

第五十二条　教育和职业资格的获得与教师专业能力的提高

1.从事教师行业所必需的学历要求可以在开展相关职业认证和实施学历教育项目的教育机构取得。

2.教师职业资格须有高等师范教育文凭或相关证书证明。

3.提升教师专业能力可以通过自我教育和在教育机构进行继续教育项目来实现。

4.已于2000年5月11日废除。

第五十三条　教师职业活动的质量评估

1. 具有 1 年以上教学经验的教师,参与开展一般性教育项目,包括一般性学前教育、职业教育阶段的基础教育和中等教育以及职业定向教育或兴趣教育,至少每 5 年需接受一次教师职业活动质量评估。

2. 在教师职业活动质量评估的基础上,教师的职业活动分为五个质量等级,取得程序如下:

(1)教师职业活动质量第一、二、三级,由教育机构协同其所在行政区域的地方政府授予。

(2)教师职业活动质量第四级,由教育机构所在行政区域的地方政府协同教育科学部授予。

(3)教师职业活动质量第五级,由教育科学部授予。

3. 本条第 2 款涉及的相关机构应在教师提交申请之日起 1 年内决定授予何种等级。

4. 本条所规定的条件不适用于参加高等教育机构教育项目的教师。

第五十四条　教师工作限制条件

以下人员不得从事教师行业:

1. 因犯故意刑事罪受到惩处的人员(无论犯罪记录是否消除)。撤销或消除犯罪记录后,由内阁确定的机构评估其是否在不损害受教育者的利益的前提下,允许已经因犯故意刑事罪或较轻犯罪受到惩罚的人担任教师。

2. 监管法规程序规定的限制行为能力的人。

3. 在国家或地方政府建立的教育机构,没有依据内阁规定的程序签发的文件可以证明其对官方语言的掌握达到最高级别的人员(高等院校学术人员除外);按照国际协定开展某项教育项目的其他国家公民或无国籍人士,以及在外国建立的教育机构或其分支机构工作的教师。

4. 被依法判处剥夺监护权的人员。

第五十五条　教师的一般职责

1. 教师在教育过程中的一般教育职责如下:

(1)具有一定的责任心、创造性地参与相关教育项目的实施。

(2)培养受教育者对待自身、他人、工作、自然、文化、社会和国家的正确态度。培养正直、高尚、有责任感的爱国公民。

(3)遵守教师职业道德规范。

(4)提升职业能力。

(5)尊重受教育者的权利。

(6)在教育问题上和受教育者的家庭进行合作。

(7)参与教学过程改进工作,参加教育机构联合委员会。

(8)履行监管法规规定的其他义务。

2.教育机构的教师应当对教学方法、教学技能和教学结果负责。

第五十六条 教师的权利

1.参加教育机构联合委员会。

2.享受国家保证的每年8周带薪休假。

3.根据合同编写教材。按照内阁程序,教师为了准备创造性的工作可享有最多3个月带薪休假或最多6个月无薪休假。

4.年内可利用30日历天提升专业技能水平,教师供职的教育机构应当保留其基本工资。

5.接收和利用开展教育项目必需的信息和资料。

6.接受公众支持以开展教育项目。

第五十七条 教师的工作报酬

1.教师的工作报酬应根据教师的职业资格、工作年限和工作量决定。

2.教师教学活动的质量依据本法第五十三条第1款规定的程序评估后,其工作报酬依据本条第1款的标准和教师教学质量等级进行确定。

3.具有相应职业资格的全职教师,其工作报酬增长不得低于内阁批准的同期增长标准。

第五十八条 受教育者的义务

1.接受基础教育项目。

2.遵守教育机构的细则、章程和内部程序规则,其行为不应损害所在教育机构的名誉。

3.尊重《拉脱维亚宪法》、历史、社会、国家象征标志和语言。

4.尊重教师、受教育者和其他人的合法权益。

5.不允许实施情感和身体暴力。

6.不得危及自己、他人的健康、安全和生命。

7.校内、校外文明礼让。

8.着装应符合教育机构内部规定。

9.参加教育机构的卫生清扫和环境保护活动。

第五十九条 受教育者的权利

1.接受国家或地方政府资助的学前教育、基础教育和中等教育。

2.在受教育过程中可自由发表自己的观点并为此辩护,但不得侮辱他人的荣誉和尊严。

3.根据教育机构内部原则和程序,可使用教室、实验室、设备设施,文化、体育、医疗物品,教科书以及其他必需的教育材料、教学资源;同时在接受教育的过程中可接受图书、信息、职业发展等支持服务。

4.根据管理法规,可接受奖学金、学分、福利、优惠政策、公共交通补助以及其他物质帮助。

5.在教育机构接受预防性医疗服务和紧急医疗救助。根据关于卫生保健和相关融资的医疗管理法规已经纳入预防性检查计划中的检查项目除外。

6.参与教学水平的提升活动和教育机构联合委员会的活动。

7.在教育机构保护个人物品。

8.在教育机构及其组织的活动中享有健康生活和安全环境。

9.享有法规赋予的其他权利。

第六十条　孤儿及无父母照顾儿童的教育权利

1.孤儿及无父母照顾的儿童有权利在任何国家或地方政府的教育机构接受教育。

2.孤儿及无父母照顾的儿童应接受官方语言教育。孤儿及无父母照顾的儿童应继续以官方语言或地方政府教育机构使用的语言接受教育。

3.孤儿及无父母照顾的儿童以及同一家庭的成员应在同一普通教育机构接受教育,不得分开。有需要接受特殊教育或社会矫正教育的情况除外。

第六十一条　家长(监护人)教育儿童的权利

1.选择儿童接受教育的教育机构。

2.参加教育机构联合委员会,参与改进教学过程。

3.与教育机构就子女的教育和监护问题达成协议。

4.提供和接收有关子女的教育信息。

5.提议监督教育机构的工作。

6.行使监管法规赋予的有关子女教育的其他权利。

第六十二条　家长(监护人)的义务

1.家长(监护人)应履行以下义务:

(1)在其能力和财力范围内,保证教育所必要的家庭环境,保障子女的健康、发展和社会生活。

(2)与子女所在的教育机构、教师以及子女教育过程相关的其他人员合作。

(3)尊重子女、教师以及其他人员的合法权益。

(4)告知教育机构有关子女健康状况等其他对教学有重要影响的情况。

2.家长(监护人)有义务确保子女接受义务教育。

3.家长(监护人)有义务为子女的教育在其财力范围内保障本法第一条第17款第(4)项和第(11)项细则所列个人附属用品的供给。

4.本法第三十三条第3款第(5)项所指的教育机构联合委员会的决定,对家长(监护人)有约束力。

第七章　教育机构的资金、物质资源

第六十三条　教育机构的资金来源

1.国家教育机构的资金应当根据《年度国家预算法》从国家财政预算中拨付。地方政府教育机构的资金应由地方政府预算支付。国家应当依据本法的规定,参与教育事业单位的筹资活动。

2.民办教育机构由创办人提供资金。若民办教育机构为5岁以下儿童提供学前教育项目直至接受基础教育并实施批准的基础教育和普通中等教育项目,则国家应根据内阁规定的程序参与这些民办教育机构的筹资,安排教师工作酬金。经批准实施职业教育的私人教育机构在实施职业教育项目时,国家将参与这些教育机构的筹资,安排教师工作酬金。地方政府也可以参与私人教育机构的筹资,解决教师工作酬金问题。

3.根据国家学前教育指导方针、基础教育和普通中等教育标准,民办教育机构购买学习资料、教具、其他参考资料、数字辅助教具、电子资源等,应由国家预算或国家预算专项拨款支付。

4.特殊教育机构、一般教育机构中的特殊教育班级和群体以及寄宿学校,根据内阁规定,由国家财政预算资助。

5.教育机构可以接收其他渠道的融资和赞助:

(1)以捐赠或馈赠的形式。

(2)按照教育机构的章程或细则规定,提供有偿服务。

(3)其他收入。

6.教育支持机构由创办人资助。

7.国家和地方政府,根据规定的标准和程序,可通过资助非正规成人教育项目来支持成人教育,也可通过资助聘方为员工提供进一步教育。

第六十四条　教育机构融资程序

1.教育机构创办人应保证该机构的资金,同时考虑下列因素:

(1)内阁规定的受教育者参加教育项目所需的人均最低费用。

(2)教育机构正常运转所需的开销,包括支付一般员工的工资以及相关国际合作费用的支出。

(3)受教育者在教育机构接受教育所需的费用。

2.对于某些行政区域内受教育者接受教育项目的人均最低费用,内阁可能做出不同规定。

3.教育机构实施教育项目的总花费包括教师酬金支出、教学材料和其他必要支出。国家和地方政府教育机构的教师酬金,包括从事5岁以上儿童教育的教师,由国家预算和国际预算专项拨款保证。地方教育机构从事学前教育的教师酬金,若无其他法律规定保障,则由地方财政支出。地方政府可以参与国家和地方政府教育机构实施教育项目中的教师工作酬金的筹资工作。按照国家学前教育指导方针和国家教育标准编制和出版教材,经费从年度国家预算拨付的资金中安排。

4. 根据国家学前教育指导方针、基础教育和普通中等教育的标准和规划,国家和地方政府教育机构购买学习资料、教具、额外文献(参考文献)、数字学习辅助资源和其他电子资源等资金由国家预算经费和预算专项资金拨付。

5. 若教育机构开展多项教育项目,则每个教育项目所需的经费应单独规划。一个教育机构可以实施多个教育项目,并且可以接受国家、地方政府以及法人和自然人等多方资助。

6. 国家预算和地方政府预算用于教育机构活动的拨款,应按照教育机构提交的预算请求做出计划,并按计划核定预算使用。教育机构的融资规划应当根据受教育者的数量以及教育项目实施中受教育者人均最低成本来制订。

7. 由教育机构的经济活动和有偿服务以及其他方式获得的收入,不影响国家财政拨款和地方政府年度预算拨款的数额。

8. 本法第六十三条第 5 款所指的融资应当拨入相关教育机构的相应预算账户,并且只能用于以下目的:

(1)发展教育机构。

(2)购买教学资料。

(3)购买设备。

(4)向国家和地方政府教育机构的教师和受教育者提供物质奖励,包括向实施专业基础教育、中等专业教育的教师,向参与体育、音乐、艺术等方面定向专业教育的教师和受教育者提供的激励措施。

9. 由国家和地方政府教育机构的经济活动和有偿服务收入以及其他方式获得的收入可用于向教师和其他工作人员提供物质奖励、教育机构的发展以及日常运行费用。在财政年度结束时,有偿服务和其他类型收入的余额,在下一财政年度依然由这些教育机构支配,不得用于其他目的。

10. 高等教育和高等院校的经费筹措办法,应由《高等教育法》规定。

第六十五条　预算教育经费和捐赠的管理

国家财政预算和地方政府财政预算的积累、管理、监督和分配以及拉脱维亚和其他国家法人或自然人的赞助、捐赠等对实施教育项目的支持程序应根据本法进行。

第六十六条　教育机构和教育支持机构的物质资源

1. 教育机构和教育支持机构的物质资源指这些机构拥有、管理或者使用的不动产和动产。国家教育机构,国家高等教育机构除外,若选址在国有土地,则该土地不动产由教育科学部代表以国家名义到土地登记机构登记。向国家高等教育行政部门移交的国家财产,应当以国家名义,由有关高等教育机构代为登记。

2.教育机构的财产应当按照教育方案的要求组织,用于实施教育方案和维护教育机构运行。

3.教育机构和教育支持机构分配所得资源和其他补充资金来源,构成这些机构的物质资源,上述机构应当发展此类物质资源。

4.国家和地方政府管理或使用的建筑和土地应当用于教育过程或本法规定的其他用途。向第三方转移教育机构管理或使用的建筑和土地时,不得损害受教育者的生命、健康和安全,不得违背道德和伦理,不得妨碍教育过程以及本法规定的其他活动。转移时应签订书面合同并到教育科学部、其他部委或相关地方政府备案。

5.教育机构与法人或自然人签订的有关使用已转移到教育机构管理或使用的土地、建筑或其他部分的合同应包括下属条款:若使用对象(土地、建筑)为教育机构开展教育活动所必需,或该对象的使用危害受教育者的生命、健康和安全,违背道德伦理,则教育机构可提前1个月通知使用人解除合同。

第八章 附　则

第六十七条　本法自1999年6月1日起生效。

第六十八条　本法生效后,《拉脱维亚教育法》随即废止。

第六十九条　1999年9月1日前,教育科学部应确保草拟完成本法有关的监管规定并提交给内阁批准。

第七十条　本法第五十七条自2004年9月1日起施行。到2004年9月1日为止,教师的工作报酬应根据2000年2月15日第73号内阁条例、教师工作报酬条例确定。

第七十一条　本法第五十一条第1款生效日期:

1.2004年9月1日:

(1)2000—2001学年度已经参加一般性教育项目的高等教育教师,在本补充条例生效前其薪酬标准仍沿用本法。

(2)对于持有国家机构或职业中等教育机构颁发的中等师范教育证书的教师,或在2000—2001学年度参加实施学前教育或基础教育项目的教师,本补充条例生效前仍然沿用此法,本附则第七十二条中涉及的教师除外。

2.2002年9月1日:参加其他教育项目的教师,其教学要求在本条例生效前,由教育科学部规定。

第七十二条　不符合本法第五十一条第1款要求,但持有国家教育机构或职业中等教育机构颁发的相关科目中等师范教育证书的教师,到2004年9月1日,若其距离法定退休时间为五年或在五年以内,则可继续工作至达到法定退休年龄年份的学年度末。

第七十三条　国家或地方政府教育机构在本法生效前已经开始实施符合该机构类型与特点的教育项目的,三年内获得相关教育项目营业执照,可继续实施这些项目。

第七十四条　本法生效之前,已经获得开办资格的私立教育机构,有权在执照有效期内继续开展教育项目。

第七十五条　本法生效之前已经认证的教育机构未开设认证教育项目的,依然有权根据教育项目签发国家承认的教育证书,直至认证期结束。

第七十六条　本法第十条第1款、第2款第(2)项将逐步生效:

1. 1999年9月1日,关于高等教育机构的内容生效。

2. 1999年9月1日,国家和地方政府普通教育机构中使用其他语言开展的教育将开始实施少数民族教育项目;或者向使用官方语言开展教育活动过渡。

3. 2004年9月1日起,在实施少数民族教育项目的国家和地方政府普通中等教育机构,自十年级开始,根据国家普通中等教育标准采用官方语言开展教育活动;在国家和地方政府职业教育机构,根据国家职业标准和国家职业中等教育标准,自第一学年起采用官方语言教学;国家普通中等教育标准、国家职业标准和国家职业中学教育标准应明确官方语言教学时间不得低于学年总学时的五分之三,包括外语在内,并应明确少数民族语言的学习内容,包括身份认同和文化。

第七十七条　自本法生效之日起一年内,所有教育机构和开展教育项目的其他机构都应向教育科学部上报教育项目登记和教师登记所需的全部数据,并应使教育机构的名称与教育项目登记册和教育机构登记册分类一致。

第七十八条　本法生效前设立的校外机构,应保持现状,教育活动应在一年内根据第四十九条中有关兴趣教育的条款进行协调。

第七十九条　在本法生效之日前成立并继续存立的教育机构,应遵守本法第二十六条和第四十一条相关规定,于1999年3月1日前在教育机构登记处注册后继续运行。

第八十条　针对本法第六十三条第2款有关私人教育机构(已经批准的以官方语言实施的基础教育和中等教育项目)融资问题的修正案,根据内阁制定的实施教育项目的受教育者人均最低费用的规定,于2001年9月1日起生效。

第八十一条　内阁应在2001年12月31日前制定相关程序保证受教育者的预防性保健和获得教育机构急救医疗救助的机会。

第八十二条　针对本法第五条有关五、六周岁儿童获得基础教育的修正案,以及针对本法第六十四条第3款关于确保教授五、六周岁儿童的教师,其工资由国家财政、国家财政专项资金或地方政府财政出资的修正案将于2001年9月1日起生效。

第八十三条　2001年9月1日已经在当地政府教育机构(音乐、艺术学校和体育教育机构)实施的兴趣教育项目,自2002年1月1日起应纳入定向专业教育项目,并自该日起由政府预算专项资金开支教师工资。本条款不适用于开设赛前身体训练和戏剧兴趣教育项目的教育机构。

第八十四条　本法第五十条第2款关于取得职业定向教育方案许可证的规定,将于2002年3月1日起生效。专业定向教育方案许可证必须于2002年9月1日前取得,以便2003年继续实施专业定向教育项目、获得对于教师报酬的政府预算专项资金的支持。

第八十五条 专业定向教育项目的样本须于 2002 年 3 月 1 日前经教育科学部批准。

第八十六条 经认证的音乐艺术学校，2001 年 9 月 1 日前已实施的兴趣教育项目，自 2002 年 1 月 1 日起变更为专业定向教育项目，该机构应被视为已经认证的教育机构，直至期满结束。

第八十七条 针对本法第三十二条第 5 款关于教育机构、国家和当地政府基础、中等教育机构负责人同时认证的修正案于 2003 年 9 月 1 日起生效。

第八十八条 2001 年 9 月 1 日前受教育者开始学习的兴趣教育项目，自 2002 年 1 月 1 日起变更为专业教育项目，毕业后受教育者可获得专业教育项目证书。

第八十九条 本法第一条第 10 款（关于用"教育行政机关"一词补充"组织单元"）、第十九条第 3 款（对于城市地方政府和直辖市地方政府职能的确定）以及第二十条的新措辞（关于确保地方政府在教育领域的职能）的修正案将于 2009 年 7 月 1 日起生效。

第九十条 2009 年度工资（劳动报酬、奖金、货币形式的奖项、福利等）由国家和地方政府当局根据本法及 2009 年《国家及地方政府员工工资法》确定。

第九十一条 内阁应在 2010 年 1 月 1 日前发布本法第十六条第 22 款中规定的国家学前教育指导方针。

第九十二条 国家或地方政府设立的教育机构的教师奖金在 2011 年度不再发放，但应按照《国家及地方政府员工工资法》的规定发放物质奖励与福利。

第九十三条 内阁应颁布本法修正案规定的条例，该条例自 2010 年 3 月 26 日起生效，直至 2010 年 8 月 31 日。

第九十四条 内阁就本附则第二十六条的规定从签署到 2010 年 8 月 31 日前，如果不与本法抵触，下列内阁规定适用于：

1.2005 年 10 月 18 日关于从事职业教育的教师获取教育或专业提升程序的第 773 号内阁条例。

2.2007 年 8 月 28 日关于从事普通教育和兴趣教育的教师专业提升程序的第 570 号内阁条例。

3.2008 年 4 月 15 日关于已经批准的教育项目参加全国考试程序的第 264 号内阁条例。

第九十五条 本法第十六条关于国家资助职业定向教育项目的程序的修正案将于 2012 年 1 月 1 日起生效。

第九十六条 本法第二十九条对实施基础教育和中等教育方案的教育机构六年认证的修正案将于 2012 年 1 月 1 日起生效。

第九十七条 本法第六十三条第 6 款关于地方政府对成人教育的财政支持的规定，将于 2013 年 1 月 1 日起生效，但国家对成人教育的财政支持有关规定于 2015 年 1 月 1 日起生效。

第九十八条 2012 年不再向在国家和地方政府建立的教育机构工作的教师发放

奖金,但应当按照《国家及地方政府员工工资法》给予教师经济激励,发放福利。

第九十九条　本法第十六条第21款(关于未来七年教育事业发展的指导方针)的修正案生效后,内阁应向议会提交2014—2020年第一份七年教育发展规划,提请议会批准。

第一百条　2012年8月31日前,内阁须就《儿童权利保护法》起草和提交必要修正案,以便与针对本法第五十四条第1款(有关禁止犯有故意刑事罪的人员担任教师)的修正案协调一致。

第一百零一条　根据《国家及地方政府员工工资法》,2013年国家及地方政府教育机构的教师退休时,应向其支付离职退休金。

第一百零二条　2009年9月1日到2014年5月31日,根据教育系统优化期间"欧洲社会基金'教师提升'竞争力"项目设定的标准和程序,对教师专业活动质量进行等级评估,其等级等同于内阁依据本法第十六条第42款设定的教师专业活动质量等级。

第一百零三条　内阁应在2013年8月31日前发布涉及本法第十六条第13、14、17和41款的相关条例;2014年5月31日前发布涉及本法第十六条第42款的相关条例。

第一百零四条　本法第六十三条第3款、第六十四条第4款将于2013年9月1日起生效。

欧盟指令参考文献

本法包含的法律规范来自:

1. 1977年7月25日理事会关于流动人员子女教育的第77/486/EEC号指令。
2. 2000年6月29日理事会第2000/43/EC号指令,实行不论种族或民族平等的原则。
3. 欧洲议会第2002/73/EC号指令和理事会2002年9月23日修订的第76/207/EEC号指令,在就业、职业培训和晋升以及工作条件等方面实行男女平等原则。
4. 理事会2003年1月27日第2003/9/EC号指令,规定接收寻求庇护者的最低标准。
5. 理事会2004年4月29日第2004/83/EC号指令,关于第三国公民或无国籍难民以及需要国际保护的其他人员的资格和地位的最低标准和给予保护的内容。
6. 理事会2004年12月13日第2004/114/EC号指令,关于第三国公民进行入学、交换、无偿培训或志愿服务的条件。
7. 欧洲议会和理事会2006年7月5日第2006/54/EC号指令,关于在就业和职位问题上实行男女机会平等和待遇平等的原则(修订)。
8. 欧洲议会和理事会2008年12月16日第2008/115/EC号指令,关于向成员国移交非法滞留第三国家公民的一般标准和程序。

本法已于1998年10月29日经议会通过。

拉脱维亚高等教育法

第一章 总 则

第一条 本法所用法律术语

1. 学时:学习时间计量单位,1学时为45分钟。

2. 认证的培养方案:高等教育机构或学院中符合特定研究方向、经法律程序认证的培养方案。已认证的培养方案的实施时间不得超过高等教育机构或学院中相应研究方向认证的有效时间。

3. 高等教育:基于科学或艺术基础上,在特定学术或专业领域、专业学术领域为实现人格发展而进行的教育层次;或在中等教育基础上进行的科学性或专业性活动的前期准备阶段。

4. 高等教育机构和学院的认证:评估高等教育机构或学院的组织工作和教育资源质量,评估通过后将获得国家认可的高等教育机构或学院的地位。

5. 高等教育机构或学院分支机构:由获得认证的高等教育机构或学院在其他地域(位于另一州或其他人口稠密地区)建立的组织单位;它们具有一定的组织独立性,其主要任务是执行该机构或学院已经通过上级部门批准的培养方案。

6. 高等教育机构代表处:由高等教育机构在其他地区(位于另一州或其他人口稠密地区)建立的一个组织单位,其任务是提供高等教育机构信息、代表机构利益、执行法律所规定的其他组织活动。高等教育机构代表处不得参与经济活动,不能开展实施培养方案的活动。

7. 录取入学:高等教育机构录取学生并进行注册登记。

8. 互动课程:为完成教学任务、实现教学目标,根据培养方案进行的教学人员与学生间的直接交流互动,时间为1学时。

9. 学分:学习计量单位,1学分对应40学时(1周学习)。

10. 非全日制学习:1学年获得少于40学分或1周学习少于40学时的学习方式。

11. 全日制学习:每学年获得不少于40学分或每周学习不少于40学时的学习方式。

12. (学位)晋升:授予博士学位。

13. 学习课程:按照一定的层次和数量组织实施与培养方案相应的知识和技能的大纲系统,达到规定的学习目标,获得学分。

14.培养方案的许可:授予高等教育机构、学院或其分支机构权利以实施一定培养方案的行为。

15.学习模块:培养方案的组成部分,通过组合学习课程和部分学习课程确立,与该课程有相同的教学目标及教学结果。

16.学习阶段:培养方案中须经评估和记录的一个组成部分,这个阶段包括知识、技术和能力获得的过程,但它不是完整的培养方案。

17.学习成果:完成一个培养方案、学习模块或学习课程后所掌握的一整套知识、技术和能力。

18.研究方向认证:旨在确定高等教育机构或学院的教育资源质量,根据监管法规,检测其在特定研究方向中实施相应计划的能力。对高等教育机构或学院研究方向的认证,即赋予它们在完成高等培养方案后,颁发相应研究方向、国家承认的文凭的权利。

第二条 法律适用

1.本法适用于拉脱维亚现有全部高等教育机构和学院,不论其设立过程、筹资程序及专业化水平如何。本法规定了高等教育机构和学院活动的法律依据,确定并保护高等教育机构的自主权。

2.本法对高等教育机构和国家机关之间的合作进行规范,以便协调教育机构自主权与国家社会利益。

3.教育科学部应根据本法对高等教育机构和学院进行监督,并负责高等教育领域国家政策的落实。教育科学部在内阁和议会中应代表高等教育机构的利益。

第三条 高等教育机构

1.高等教育机构是实施学术和专业教育项目的高等教育和科研机构,同时参与科学研究和艺术创作。在高等教育机构中,担任学术职位的人员至少40%应具有博士学位。在研究院,担任学术职位的人员至少50%应具有博士学位。其他教学人员的从业程序应按照高等教育机构特定领域(艺术、建筑、神学、安全、航海、国防)要求由内阁决定。高等教育机构实施的培养方案,分为以下类别:

(1)教育。

(2)人文和艺术。

(3)社会科学、商业和法律。

(4)工程学、生产建设工作。

(5)自然科学、数学和信息技术。

(6)农业。

(7)卫生保健和社会福利。

(8)服务业。

2.完成一项培养方案后,方可授予学位。例如,完成博士培养方案后可获得理学博士学位。完成专业培养方案后,可获得相应的专业资格证书和学位。

3.高等学校属于高等教育机构,符合下列条件:

(1)实施学士、硕士和博士培养方案。博士研究培养方案的国防生学位授予工作每年举行一次。

(2)担任学术职位的人员至少65%应具有博士学位。

(3)出版有关高等教育机构培养方案实施的科学期刊。

(4)在实施培养方案计划的主要科学部门建立高等教育机构的组织单位或科学机构,同时开展科学活动。

4.已于2006年3月2日废除。

5.实施培养方案计划的教育机构或由其建立的机构有权在其名称中使用"大学""高等教育机构""学会""学院"等字样。符合本条第3款规定的高等教育机构有权在其名称中使用"大学"字样。高等教育机构名称中不能包括"研究所"字样。

6.内阁可以决定教育分类,其中还应当包括拉脱维亚获得的学历和专业资格与欧洲资格框架的对照,以及对各层次毕业生知识和技能与欧洲资格框架相对应的水平描述。

7.高等教育机构中至少有5%的教学人员为外国客座教授、客座副教授、准客座副教授和客座讲师,同时该人员应当在五年内曾受聘于拉脱维亚以外的其他欧盟国家认证高等教育机构并担任学术职位。

第四条 高等教育机构的自主权

1.高等教育机构是自主的教育科学机构,享有自我管理权利。高等教育机构的自主权,其特征是国家权力机关与高等教育机构管理层、管理层与教学人员之间的权责分明。

2.高等教育机构自主权体现在有权自由选择创办人提出任务的实施办法和方式,负责高等教育机构的教育质量,合理有效利用资金和物资,同时遵循民主原则,依照法律法规管理运行所在机构。

3.高等教育机构具有以下权利:

(1)制定和批准高等教育机构章程。

(2)组建高等教育机构的教学队伍。

(3)独立决定:

①培养方案的内容和形式。

②学生入学的附加要求。

③科研工作的基本方向。

④高等教育机构的组织和管理结构。

⑤月薪水平,不得低于内阁规定水平。

(4)开展不违背创办人和本法所规定的高等教育机构经营原则和任务的其他活动。

第五条 高等教育机构的任务

1.高等教育机构创办人需确定高等教育机构应当执行的任务。在自主范围内,高等教育机构不应割裂教学和研究,尽量使学生在社会生活、经济、文化、卫生、国家行政等领域和其他专业活动中获取知识、学术教育和职业技能、学历和专业资格。高等教育机构在这些活动中,培育和发展科学与艺术。高等教育机构也应当为学生提供参加体育活动的机会。

2.高等教育机构应开发培养方案,挑选教学人员,安排实验室、车间、图书馆并提供其他设施,使学生有机会获得知识、学术教育和职业技能;尽可能通过集中有益的形式提高科学发展水平,学习拉脱维亚文化传统。同时要确保培养方案结果的测试检查及由此颁发的学位、称号、毕业文凭、专业资格的程序,在拉脱维亚和其他国家的高等教育机构中同时认可。

3.高等教育机构应在下列范围实施内部质量保证体系:

(1)制定保证高等教育质量的政策和程序。

(2)开发和创新培养方案、内部审批、监督活动和定期检查的机制。

(3)制定和公布学生成绩评价的标准、条件和程序,保证预期学习成果的实现。

(4)制定保证教学人员从业资格和工作质量的内部程序和机制。

(5)确保汇总和分析有关学生的成绩、毕业生就业信息、学生对培养方案计划的满意度、教学科研人员的工作效率、研究资金和支付方法,以及高等教育机构的活动基本指标等方面的信息。

4.高等学校应当促进继续教育学习,积极参与继续教育活动;积极与科研机构和其他教育机构合作,与其他国家的高等教育机构合作,促进拉脱维亚高等教育机构和外国学生及教学人员之间的交流。

5.高等教育机构应当组织对社会有益的活动,向社会通报其运行情况、发展方向,根据个人能力和兴趣增加选择学习和科研的机会,并向社会提供其科学、艺术和专业研究结果和研究方法。

6.高等教育机构应致力于引进新学科和学者,为学者提供进入和参与全球学术进程的机会。

7.高等教育机构应当保证研究人员和学生的学术自由,并将此规定写入章程。

8.已于2000年11月23日废除。

第六条 学术自由

1.在不损害他人权利、不违反高等教育机构章程和其他监管法规的前提下,学习自由、研究工作自由、艺术创作自由等应得到高等教育机构保障。

2.学习自由是指学生享有以下权利:

(1)选择高等教育机构、专业(系)。

(2)在学习期间调整培养方案计划,选择另一高等教育机构、专业(系)、研究所相同的培养方案计划。

(3)参加其他高等教育机构、专业(系)、研究所组织的讲座。

(4)选定和获得个人学习的自由选修部分。

(5)参加科研工作和艺术创作。

3.研究工作自由是指科研人员有权选择科学活动的课题和方向。

4.教学科研人员有权选择教学科研方法。

5.高等教育机构行政部门有义务保障和尊重本条法律提及的学生和教学研究人员的权利,但其权利不得与本条第1款规定抵触。

第七条　高等教育机构和学院的法律地位和特征

1.国家设立的高等教育机构(拉脱维亚国防学院除外)为公共事业单位。

2.拉脱维亚国防学院和国立大学都是国家教育机构。在创办大学时,内阁应将其移交教育科学部监管,但内政部现有学院隶属于内政部相关机构。内阁可转交学院成为文化部或福利事业部隶属高校。

3.民办高等教育机构和民办学院是根据《商法》《协会和基金会法》运行的公司或基金会,其运行管理不得与本法相抵触。

4.国家认可的毕业文凭应使用国家盾徽,文凭的格式由内阁确定。

5.高等教育机构的印章应当使用机构全称。高等教育机构也有权在印章上使用该高等教育机构的历史标志。

第八条　已于2011年7月14日废除

第二章　高等教育机构的设立、重组和法律依据

第九条　高等教育机构的创办与高等教育机构分支机构的开设

1.根据本法和其他监管法规规定,高等教育机构可以由国家、其他法人和自然人创办,包括外国籍法人和自然人。

2.根据教育科学部部长提议,国家高等教育机构应由内阁代表国家建立。

3.已于2006年3月2日废除。

4.根据本法和其他监管法规规定,经认证的高等教育机构(或经国外认证的高等教育机构)可以设立高等教育机构的分支机构(以下简称"分支机构")和高等教育机构代表处(以下简称"代表处")。

5.分支机构和代表处应当按照高等教育机构的代表机构批准的章程开展工作。分支机构或代表处的负责人应当根据相关高等教育机构的授权行使职权。

6.设立高等教育机构,应当遵守以下规定:

(1)高等教育机构应当至少实施5项培养方案,项目实施人员中至少30人(神学院至少10人)应具有博士学位,同时在实施培养方案中,拥有博士学位的人员中至少5名为学科分支机构人员。

(2)高等教育机构创办人须至少在8年内拥有可自由支配的经营场所以便实施培养方案,该场所须有土地登记处的文件确认,文件中还须指定所在地域范围。

(3)为了实施培养方案,在培养方案实施期间高等教育机构的设计应确保生均学习场所的建筑面积不少于7平方米,包括教学科研人员的办公场所。

(4)高等教育机构应保证投入500 000拉特用于培养方案计划中学生的学习,该保证须有银行或保险公司出具的担保证明加以确认。

(5)分配给高等教育机构的动产、不动产的总价值不得少于2 000 000拉特。同时这些资产不得抵押或用作其他担保物权,也不能被冻结,同时须有相关文件证明,包括土地登记处和企业登记处的证明文件。

(6)高等教育机构创办人不得欠税或欠缴国家强制性社会保险,并且应当由有关主管部门的证明文件进行确认;任何其他组织或个人不得宣布创办人破产,也不得将创办人牵涉到资产清算过程中;任何其他组织或个人不得停止或中断创办人的经济活动,也不得启动关于任何创办人业务终止、资不抵债或破产的法律程序。上述情况应当由有关主管部门文件证明进行确认。

(7)高等教育机构实施培养方案的场地应得到保证,并通过签订不少于一年期的保险协议进行确认。高等教育机构的物质和技术条件应达到实施培养方案的卫生要求,并得到有关主管部门证明文件确认;高等教育机构应提供计算机设备以满足学生需求;高等教育机构应设立图书馆,并确保学员能够通过电子资源渠道阅读国内外文献和期刊。

7.设立分支机构应遵守以下规定:

(1)实施一项培养方案不得少于6名博士学历人员。

(2)分支机构创办人须至少在8年内拥有可自由支配的经营场所以便实施培养方案,该场所须有土地登记处的文件确认,文件中还须指定所在地域范围。

(3)分支机构的建筑总面积及总体规划设计应确保至少容纳100名学生进行学习。在培养方案实施期间,分支机构应确保生均学习场所的建筑面积不少于7平方米,包括教学科研人员的办公场所。

(4)分支机构应保证投入125 000拉特用于培养方案计划中学生的学习,该保证须有银行或保险公司出具的担保证明加以确认。

(5)分支机构创办人不得欠税或欠缴国家强制性社会保险费用,并且应当由有关主管部门的证明文件进行确认;任何其他组织或个人不得宣布创办人破产,也不得将创办人牵涉到资产清算过程中;任何其他组织或个人不得停止或中断创办人的经济活动,也不得启动关于任何创办人业务终止、资不抵债或破产的法律程序。上述情况应当由有关主管部门文件证明进行确认。

(6)分支机构实施培养方案的场地应得到保证,并通过签订不少于一年期的保险协议进行确认。高等教育机构的物质和技术条件应达到实施培养方案的卫生要求,并得到有关主管部门证明文件确认;高等教育机构应提供计算机设备以满足学生需求;高等教育机构应设立图书馆,并确保学员能够通过电子资源渠道阅读国内外文献和期刊。

8.高等教育机构及其分支机构应自其注册之日起开始运营。

第十条　高等教育机构登记及其透明化

1.高等教育机构登记系统是教育机构登记系统的一部分,该系统可以提供高等教育机构及其分支机构的信息。高等教育机构登记系统由内阁授权的机构工作人员进行管理。

2.任何人都有权利查看登记记录和相关文件。

3.在提交有关书面申请后,任何人都有权得到一份登记记录,以及登记记录的摘录或副本。应收件人要求,登记中心应通过签字和盖章证明摘录或副本文件的准确性,并签注日期。

4.应收件人要求,登记中心应出具一份文件证明登记中心的记录未经窜改,或者证明指定的记录尚未录入登记中心的系统。

第十一条　登记系统信息录入

1.登记系统应录入以下信息:

(1)高等教育机构或其分支机构名称。

(2)高等教育机构或其分支机构法定地址。

(3)高等教育机构或其分支机构的创办人、高等教育机构校长和分支机构负责人。

(4)高等教育机构设立的日期或分支机构设立的日期。

(5)高等教育机构的法律地位。

(6)批准高等教育机构章程或分支机构章程的日期。

(7)高等教育机构或其分支机构实施培养方案的名称和相关负责人。

(8)有关高等教育机构或其分支机构研究方向认证和相应培养方案的信息。

(9)高等教育机构或其分支机构的认证信息。

(10)高等教育机构或其分支机构的场所信息及其法律地位。

(11)高等教育机构或其分支机构经费筹措的程序和经费来源。

(12)高等教育机构章程的暂停运营信息,高等教育机构或其分支机构停止运营、破产、清算及重组的信息。

(13)清算人员和管理人员信息,包括名字、姓氏和电话号码。

(14)高等教育机构或其分支机构的电话、传真号码和电子信箱地址。

(15)法律规定的其他资料信息。

2.录入高等教育机构或分支机构时,应当为其分配一个注册号码。

3.每次录入信息时,应登记日期。

第十二条　登记文件的提交和保存

1.文件及其修订版以及其他法律规定的文件应当提交登记系统,以便进行有效的信息录入。相关原始文件或经核定的副本应当提交给登记中心。在外国发行的公共文件应当根据国际协议规定的程序进行验证,并应附上经公证的拉脱维亚语文本。

2.高等教育机构设立后的2个月内,高等教育机构的授权人员应当向登记机关提交关于高等教育机构登记的申请书。高等教育机构的注册登记,应当附有高等教育机构章程(草案)。高等教育机构登记备案申请书应当由其所有创始人签字。

3. 分支机构的登记注册应当得到设立该分支机构的高等教育机构的担保。自高等教育机构决定设立分支机构之日起 2 个月内,分支机构应当向登记中心提出申请。该分支机构的注册登记表上应附上高等教育机构批准的分支机构章程。

4. 如无其他法律规定,新条款或修订版应当自决定之日起 10 日内向登记中心提交。

5. 向登记中心提交的文件,如新的条目或修改条目在原文件提交的 1 个月内提交,则新的条目及修改条目有效。本条款不适用于法院裁决。

6. 国家教育服务质量委员会有权核实登记系统提供的信息与实际情况是否相符。

7. 向登记中心提交登记文件,若条目已经在登记册上登记,则该文件将被存储于相关教育机构或其分支机构的档案下。

第十三条 注册中心的条目设置

1. 向登记中心提交文件或法院判决书后,中心即为其在登记册设立条目。递交表格的样式应当经内阁批准。

2. 负责登记的人员应在收到申请之日起 2 个月内决定是否予以设立条目进行登记。负责登记的人员应在收到申请之日起 7 日内决定是否暂停登记。对于法院的判决书,负责登记的人员也应当在上述期限内进行登记。

3. 登记人员在以下情况下可以决定暂停登记:

(1) 高等教育机构或其分支机构在选择名称时未遵守监管法规或未经法律批准。

(2) 高等教育机构章程、分支机构章程或其他上报文件与监管法规的要求不符。

(3) 法律规定的文件未能全部提交。

4. 登记人员在以下情况下应决定拒绝登记:

(1) 高等教育机构或分支机构的活动目的,或者分支机构的内部章程与法律相抵触。

(2) 建立高等教育机构或开设分支机构不遵守监管法规的规定。

(3) 暂缓登记时,未在规定时间内弥补缺漏。

(4) 未在成立高等教育机构或决定开设分支机构 2 个月内提交申请和附加文件。

(5) 依据本法第十五条第 3 款中的内容,不予登记高等教育机构或分支机构的原因出现时。

(6) 妨碍国家教育质量服务局对登记中心提供的信息进行审查的工作。

(7) 申请人提交不实信息。

5. 登记中心拒绝登记或暂缓登记时,应指明存在争议的内容和时间。暂缓登记时,应指明弥补缺漏的时间期限。

6. 登记人员应当自决定之日起 3 日内向申请人发送通知。高等教育机构登记资料,应当在内阁指定机构的互联网主页上公布。对登记做出的修改以及登记人员的决定,应当在 3 日内公布。

7.已于 2009 年 6 月 12 日废除。

8.高等教育机构或分支机构被拒绝登记后,自拒绝生效之日起 1 年内不得重新提交申请。

9.如果决定予以登记,那么登记中心应在同一天为申请登记机构建立条目进行登记。

第十四条 登记证书

1.高等教育机构或分支机构登记完成后,登记中心应向其颁发经签字盖章的登记证书。

2.以下有关高等教育机构或其分支机构的信息,须在登记证书上注明:

(1)名称。

(2)注册编号。

(3)注册日期。

第十五条 高等教育机构及分支机构除名

1.以下情况中高等教育机构或分支机构将从登记系统中除名:

(1)创办人申请对高等教育机构进行清算或关闭分支机构。

(2)已开设分支机构的高等教育机构被登记系统除名。

(3)高等教育机构或分支机构注册 1 年内未获得培养方案实施执照。

(4)领取许可证后 1 年内,计划的培养方案尚未启动。

(5)向高等教育机构或分支机构颁发的培养方案许可证有效期已满,则应撤销或注销许可证。

(6)法院的裁决。

2.以下情况高等教育机构或分支机构中由法院判决除名:

(1)学生入学人数已公布,学生已注册,并已启动实施培养方案或其他教育活动,但未获得实施培养方案的许可证。

(2)高等教育机构或者分支机构的登记中,提供了虚假的信息并以此获得登记。

(3)未经法律授权颁发国家承认的学位证书(学生未完成培养方案或项目计划未经认证)。

(4)国家教育质量服务中心、教育科学部、高等教育委员会或其他职权部门多次认定高等教育机构或分支机构违反监管法规。

3.被登记系统除名的高等教育机构创办人不得参与创办其他高等教育机构,1 年内也不得重新提出申请。依据本条第 1 款除名的情形除外。

第十六条 高等教育机构及学院的认证

1.高等教育机构及学院的认证应在教育科学部统一组织下,根据内阁制定的认证法规进行。高等教育机构、学院、培养方案的认证应在 6 个月内完成。

2.符合下列条件,高等教育机构或学院有权在完成相关培养方案后颁发国家认可的文凭:

(1)相关高等教育机构或学院通过认证。

(2)相关培养方案通过认证。

(3)高等教育机构或学院的章程已经过议会或内阁批准。

3.收到高等教育委员会认定意见后,教育科学部可颁发相关认证文件。如果高等教育机构或学院未能达到本法第六十四条第1款中关于学习场所、信息及教学质量的要求或认定其运行严重违反了监管法规,那么教育科学部有权颁布非正常认证命令,撤回或注销认定。教育科学部在签发该命令之前,高等教育委员会应提供合理的理由。

4.每年年末,教育科学部将公布有权在完成高等教育后颁发国家承认学历的高等教育机构和学院的名录,以及其认证的培养方案,并在拉脱维亚政府报上公布。

第十七条 高等教育机构办学的法律依据

1.高等教育机构应在遵守《拉脱维亚宪法》、《教育法》、《科学活动法》、本法、其他监管法规以及高等教育机构章程的基础上办学。

2.高等教育机构应当制定机构章程,包括下列内容:

(1)高等教育机构的名称、法定地址、法律地位和高等教育机构的创办人及其法定地址。

(2)办学方向和任务。

(3)章程及其修正案批准程序。

(4)高等教育机构代表、管理部门、决策部门的职权、义务和任务;其他学院管理部门的职权、义务和任务;这些机构建立、选举、任命职位的程序。

(5)高等教育机构组织单位、分支机构、机关和商业公司设立、重组和清算的基本规定以及办学的基本规定。

(6)高等教育机构内部文件通过程序。

(7)高等教育机构重组和清算程序。

(8)其他不违反法律法规的条例。

3.公立高等教育机构(拉脱维亚国防学院除外)制定和修订机构章程时应当经过相关章程会议批准,根据教育科学部的建议,由议会法律批准。拉脱维亚国防学院的章程和其他法人、自然人设立的高等教育机构章程及其修正案应由内阁批准。高等教育机构章程的修订文本以及修订后的完整章程须递交给议会,并视情况递交给内阁。

4.教育科学部若发现高等教育机构章程违反法律或其他行政法规,则将向内阁或议会报告,暂停使用高等教育机构章程(非暂停高等教育机构办学),并责令其限期修订或弥补缺漏。

5.关于高等教育机构出具的行政管理文书,高等教育机构之外的人士可以向机构负责人提交申请,提出异议。对于负责人是否采纳的决定,机构外人士可以根据行政诉讼法规定的程序上诉至法院。如果争议文件已发行或已实施,那么机构外人士可以向教育科学部申诉。对于教育科学部做出的决定,机构外人士根据行政诉讼法规定的程序,还可以向法院提出上诉。

第十八条　学院

1.学院院长行使学院的管理职权。公立学院院长应根据竞争程序由教育科学部或其他部委选派任命。院长在教育机构登记系统登记后开始行使职权。登记时应当由学院提交申请和任命文件。学院根据内部章程运作。学院委员会可以修改学院章程。学院内部章程应经教育科学部批准由内阁以内阁条例的形式发布。学院内部章程应根据本法和职业教育法进行修订,细则应包括如下内容:

(1)学院名称、地址、法律地位、创办人及其住址。

(2)基本办学方向和任务。

(3)学院章程的制定程序和修订办法。

(4)学院代表、管理机构及其决策机构的设立、选举、任命程序以及权利、义务、任务、授权期限和召回程序。

(5)教学人员的选举程序。

(6)制定和批准培养方案的程序。

(7)组织单位和学院分支机构设立、重组、清算和运行的基本条例。

(8)规范学院内部文件的受理程序。

(9)学院重组和清算程序。

(10)其他不违反本法和监管法规的重要条例。

2.学院主要是实施一级专业高等教育方案的高等教育机构,同时也应尽可能提供获得四级专业教育资格的机会。完成中等教育后可实施一级专业高等教育方案。方案实施时间为两到三年。

3.根据本法和职业教育法,制定和批准一级专业高等教育方案。

4.学生在完成认证的一级专业高等教育方案后,可得到一级专业高等教育相关证书。该证书的颁发应符合职业教育法。证书的颁发标准和程序由内阁制定。

第十九条　高等教育机构和学院的重组和清算

1.高等教育机构和学院的改组、清算由创办人决定。

2.根据教育科学部或有关部委的提议,由内阁决定改组或清算国家高等教育机构或学院。内阁改组或清算高等教育机构或学院的草案,须附高等教育委员会的意见。相关部委提交的内阁草案,应与教育科学部进行协商。

第三章　高等教育机构的自我管理和组织单位

第二十条　高等教育机构的代表机构、管理机构和决策机构

1.高等教育机构的主要决策机构应当包括章程委员会、参议会、校长和学术仲裁庭。

2.创办人是高等教育机构战略、财务和经济事务的最高管理和决策主体。高等教育机构的章程委员会是学术和科学事务的管理和决策主体的最高代表组织。

3.高等教育机构的代表机构、管理机构和决策机构的职责和权利、选举程序以及对上述机构提出上诉的程序由高等教育机构章程确定。

4.作为公共组织的公立高等教育机构的权力机关是章程委员会,组成单位包括章程制定委员会、参议会、校长和学术仲裁庭。

5.高等教育机构的合议机构是参议会、全体教员、高等教育机构科学委员会、研究院大会、部门会议。

第二十一条　章程委员会

1.章程委员会人员在以下人员中由无记名投票选举产生:

(1)教学人员。

(2)学生。

(3)高等教育机构的一般工作人员。

2.代表选举的程序、人数和任期,由高等教育机构章程确定。

3.章程委员会代表中学术委员代表比例不得低于60%,学生比例不得低于20%。

4.根据高等教育机构的传统,可以使用诸如惯例会议、学术会议等名称代替章程委员会议的名称。

5.章程委员会应选出主席一名、副主席若干名和秘书一名。

6.章程委员会可以由校长或参议会召集。新成立的高等教育机构,章程委员会由代理校长召集。

第二十二条　章程委员会的职能

1.章程委员会应当:

(1)接受和修改高等教育机构章程。

(2)选举和罢免校长。

(3)听取校长报告。

(4)选举参议会或批准其选举符合高等教育机构的章程。

(5)选举学术仲裁法院。

(6)批准参议会和学术仲裁法院的章程。

2.章程委员会的其他任务,由高等教育机构章程确定。

第二十三条　参议会

1.参议会是高等教育机构员工管理和决策机构,负责批准程序和条例,监管高等教育机构的各领域活动(审查和批准教育项目,创办和清算组织单位等)。

2.参议会议员应根据高等教育机构章程规定的程序选出,任期不得超过3年。

3.高等教育机构参议会教学人员代表不得低于75%,学生比例不得低于20%。学生代表由学生自我管理部门选举产生。

4. 已于 2011 年 7 月 14 日废除。

5. 参议会的活动和权限应依据章程委员会通过的章程加以管理。

6. 高等教育机构的参议会可组成理事会或委员会，负责协调和解决特定事项。理事会或委员会的活动程序由参议会批准的条例确定。

第二十四条　高等教育机构顾问委员会

1. 高等教育机构可以设立顾问委员会。顾问委员会在高等教育机构的发展战略方面向参议会和校长提供咨询意见。顾问委员会有权在章程委员会建议审查参议会的事宜。

2. 顾问委员会应在高等教育机构参议会倡议下或在教育科学部要求的基础上建立。顾问委员会的章程也应得到批准，同时，高等教育机构参议会应选举其成员。

3. 顾问委员会议由委员会主席或三分之一以上委员会成员提议召开。

4. 教育科学部可在听取校长和参议会代表意见后要求成立顾问委员会。如果教育科学部要求成立顾问委员会，其有权任命主席及不超过半数的成员。

第二十五条　校长

1. 校长是高等教育机构的最高管理人员，负责高等教育机构的一般管理，无须特别授权即可代表高等教育机构。

2. 校长由高等教育机构章程委员会大会选举产生，任期不得超过 5 年，连任不得超过两届。在大学中，当选校长的人员须为教授职称；其他高等教育机构校长可为教授或具有博士学位的人员。校长当选后 1 周内，高等教育机构应将选举结果通知教育科学部。

3. 新建高等教育机构，内阁将从机构创办人提名的人员中任命一位代理校长代行校长职责，直到机构章程委员会选举出新的校长。

4. 高等教育机构应当在现任校长任期届满前至少 1 个月组织选举。现任校长在内阁批准新校长前应当继续履行职责。

5. 高等教育机构当选的校长，须经高等教育机构创始人提议，由内阁批准。批准后校长即开始履职。如果校长的选举程序违反本法或高等教育机构章程，内阁有权力不予批准。如果校长的选举结果未得到批准，高等教育机构应在 2 个月之内重新组织选举。内阁应根据高等教育机构提名任命一名代理校长直到选出新的校长并得到批准。内阁驳回的校长候选人不得再次参与校长选举。

6. 校长在其管理活动中被认定为违反法律或其他监管法规时，内阁根据高等教育机构参议会的建议或依据内阁其他部委的建议，可以罢免其职务。

7. 如果校长根据个人意愿在任期结束前停止履职或校长职务被罢免，内阁应根据创办人提名任命一名代理校长，代行校长职务直到选举的新任校长得到批准。

第二十六条　校长的职权

1. 负责高等教育机构各项活动遵守本法、其他监管法规和高等教育机构章程。

2.负责高等教育机构的教育质量、科研质量和艺术创新工作的实施。

3.确保合法、合理、有目的地利用分配给高等教育机构的国家预算经费和高等教育机构资产;本人还负责高等教育机构的财务活动。

4.负责和促进高等教育机构工作人员的发展,保证教学人员和学生的学术自由。

5.负责实施高等教育机构的发展战略,筹备高等教育机构的经费预算。

6.履行监管法规和高等教育机构章程规定的其他职责。

第二十七条　高等教育机构的审计

1.审计员有权了解与高等教育机构财务和经济有关的所有文件,并可以向其工作人员索取和接收信息。

2.高等教育机构有权设立审计委员会,并按照高等教育机构章程规定的程序运行。

第二十八条　学术仲裁庭

1.学术仲裁庭应当审查:

(1)高等教育机构章程规定的学生和教学人员的学术自由和其他权利因受到限制或侵犯而提出的陈词。

(2)高等教育机构官员之间、官员管辖的组织单位的行政部门之间和组织单位之间存在的争议。

(3)在本法规定的情形下,对有关管理法案或其实际行为提出异议的申诉,学术仲裁庭应当就该申诉做出适当裁决;履行高等教育机构章程中规定的其他职责。

2.学术仲裁庭做出的决定,由行政机关执行。

3.学术仲裁庭成员通过章程委员会大会以无记名投票方式在教学人员中选举产生,高等教育机构行政人员代表不包括在内。学生在学术仲裁庭所占比例不低于本仲裁庭组成人员的20%。学术仲裁庭中的学生代表由学生自我管理部门选举产生。

4.学术仲裁庭的成员及其行为应对章程委员会负责;只有经章程委员会同意,学术仲裁庭成员才能由其聘用方任免职。

第二十九条　高等教育机构的组织单位

1.高等教育机构的组织结构依据高等教育机构章程确定,其内部组织单位的建立、重组和关停也依据高等教育机构章程完成。

2.高等教育机构的组织单位的任务、职能和权利,由该组织单位制定并经高等教育机构参议会批准的章程规定。高等学校的组织单位有开设子账户的权利。开设子账户以及资金的利用将按其他法律和监管法规的规定实施管理,同时须符合高等教育机构参议会批准的规定。组织单位开设子账户以便能独立使用财政资源和补助。未经组织单位负责人同意,组织单位的财政资源不得用于高等教育机构的其他目的。

3.高等教育机构设立组织单位的目的在于开展教学科研工作,如学院、教授组、系、科学及训练实验室以及研究所等机构的工作。高等教育机构组织单位有权建立其他组织单位来开展组织、经济和服务工作。高等教育机构的组织单位不具有法人资格。

第三十条 高等教育机构下设的机构、商业公司、协会和基金会

1. 高等教育机构可以设立商业公司，成为股东；也可以成立协会和基金会，成为会员或创办人。

2. 公立高等教育机构也可以根据参议会的决定设立机构来实行特定目标，包括公共机构。

第三十一条 科学研究所

1. 科学研究所的设立，由高等教育机构参议会决定。

2. 国家或地方政府成立的高等教育科研机构的科学研究所（例如，中心、诊所和实验站），依据科学活动法规定的程序，可以作为公共机构设立。科学活动法决定作为一种公共机构的科研机构的法律基础、行政管理、融资及监管程序。

3. 高等教育机构可以设立科学研究所作为组织机构。高等教育机构章程决定科学研究所的业务、经费、监督以及重组和关停等程序。

第三十二条 研究所

1. 研究所可以联合一个或几个科学领域的组织单位（学院、教授组、科学实验室），为了充分发挥科研潜力、有效实现共同的研究目标，通过改变现有的拉脱维亚科研机构的隶属关系来设立。

2. 如果内部结构组织具有科研潜力且符合拉脱维亚发展委员会在相关科研子领域的要求，科学研究的任何子领域都可以设立研究所。

3. 参议会根据研究所资格决定由研究机构委员会选举产生的教学科研人员。

4. 已于 2006 年 3 月 2 日废除。

第三十三条 系

1. 一个系应在科学、艺术或专业的一个或多个方向联合起来组织学习和科学研究活动的基础上设立。主任应为一个系的领导者。教师大会应定期选举主任，其任期不得超过 5 年，连任不得超过两届。系务委员会的学生人数不得少于该委员会人数的 20％。学生代表应由学院学生自我管理部门委派。

2. 如果组织机构具有科研潜力且至少符合拉脱维亚发展委员会在科研分支或相关科研分支的要求，可以成立一个系。

3. 如果高等教育新方向的科学潜力不符合拉脱维亚发展委员会的要求，相当于系的组织单位则应称为部门，且无权选举讲师。

第三十四条 高等教育机构的学院

已于 2006 年 3 月 2 日废除。

第四章　高等教育机构职工

第三十五条　高等教育机构职工的权利与义务

1.高等教育机构的职工有：

(1)教学人员——具有某一学术职务的高等教育机构职工。

(2)高等教育机构的一般工作人员。

(3)学生,包括硕士、博士生和机构内住校员工。

2.高等教育机构的职工的权利和义务,应当能够促进培训、学习和研究的自由,提高高等教育机构的管理透明度和解决问题的能力。高等教育机构的工作人员应当履行其职责,使高等教育机构能够履行其职能,保证他人的权利不受侵犯,不得妨碍他人职务或履行工作职责。

3.职工有权参加行政部门和自我管理部门决策的制定；按照高等教育机构章程参与制定高等教育机构内部监管条例；按照一定的程序参与涉及职工利益的决策；参加高等教育机构内部管理部门的会议并有机会发表自己的观点。

4.高等教育机构的职工享有自我管理机构选举和被选举的权利。

5.高等教育机构行政部门的职责是改善职工的工作条件,提供在职培训和再培训机会。

6.高等教育机构的职工必须履行其职责。参议会应在现行立法的基础上,决定侵权行为的判定程序,以及对不履行职责行为的处罚。

7.职工只能在某一高等教育机构或学院中担任一个学术职位,如教授、副教授、讲师或助教。受聘担任这些学术职位的人员可以在另一高等教育机构或学院担任客座教授或客座讲师,开展学术工作。受聘担任这些职位的人员同时可担任高级研究员或研究员。决定高等教育机构教学人员及其数量比例时,只有担任学术职位实施培养方案且具有博士学位的人员才能计算在内。

8.高等教育机构签发的管理文件及其实际行为可以由高等教育机构学术仲裁庭的学术人员提出异议。学术仲裁庭的裁决可以依照行政诉讼法规定的程序向法院提出上诉。

第三十六条　教学人员

1.高等教育机构的教学人员有：

(1)教授、副教授。

(2)准副教授、高级研究员。

(3)讲师、研究员。

(4)助教。

2.高等教育机构的教学人员应当进行科学研究,参与学生教育工作。每一类基本活动的任务量由高等教育机构决定。

3. 已于 2009 年 12 月 1 日废除。

4. 校长可与退休的教学人员签订劳动合同,也可以签订实施科学研究的合同,按照员工任职资格以及具体的工作量确定一定数量的劳动报酬。高等教育机构可向达到退休年龄、对高等教育做出特殊贡献的教学人员授予荣誉教授和荣誉副教授称号。

5.《劳动法》第四十五条第 1 款规定的雇用合同限制不适用于担任学术职位的人员。校长每 6 年组织教学人员鉴定一次学术职位(教授、副教授、讲师或助教)聘用合同。

第三十七条　教授

1. 教授是在自己的研究领域享有国际认可的专家,进行现代水平的科学研究或创作艺术作品,并保证在科学或艺术的相关子领域进行高质量研究。具有博士学位、在教授或副教授岗位工作三年以上的学术人员可以选拔到教授岗位。对于艺术类专家,如果其作品被高等教育相关机构认定符合其学术岗位,也可以被遴选到教授岗位。

2. 依照本法第四十二条的规定,教授每 6 年进行一次公开竞争选聘,校长应当在教授聘任期内与之签订聘用合同。

3. 根据教授职务,教授在任期内有权从事科学研究或艺术创作,并从事教育工作。

4. 教授的主要职责包括:

(1) 举办高质量的讲座,在教学过程中监督学习、讲课和考试。

(2) 监督所在科学领域的研究工作,或者监督艺术创作。

(3) 监督所在科学领域博士的研究和科研工作,监督特殊领域的艺术创作。

(4) 参与评价培养方案、高等教育机构及其组织单位的工作和质量。

(5) 培养新一代的学者、艺术家和讲师。

第三十八条　国家和地方政府高等教育机构教授职位

已于 2006 年 3 月 2 日废除。

第三十九条　副教授

1. 具有博士学位的人员可当选为副教授。

2. 在艺术类专业中,教学人员的艺术作品或专业活动符合相关高等教育机构参议会可接受的学术职位细则,也可以推选为副教授。

3. 具有相应高等教育背景,并具有 10 年以上相关部门实际工作经验的人员,可担任高等教育机构的副教授,负责实施专业培养方案。

4. 依照本法第四十二条的规定,副教授由有关分支机构的教授会选举产生,任期 6 年。分支机构教授会做出决定后,校长应当与副教授签订聘用合同。

5. 副教授的主要职责为:

(1) 在某一科学分支领域进行与其岗位相符的研究工作或艺术创作。

(2) 监督攻读博士学位和硕士学位的学生开展的研究工作。

(3) 对研究工作进行准备和管理。

第四十条　副教授职位

1.副教授名额由高等教育机构根据教学需要和财务状况决定。

2.若高等教育机构副教授的职位出现空缺,则该高等教育机构参议会可决定:是否公布竞争空缺职位、公布时间、空缺职位所在的科学或艺术领域、岗位职责和任务及相应的报酬。

第四十一条　准副教授

1.准副教授名额由高等教育机构自行确定。

2.具有博士学位的人员可以担任准副教授。在艺术专业,个人的艺术作品符合高等教育机构参议会细则对学术职位相关要求的人员可以担任准副教授。

3.准副教授定期选举,任期6年。如果职工大会或学院委员会成员任职资格符合发展委员会的要求,准副教授的选举办法由上述机构选举决定。否则,准副教授的选举办法由高等教育机构章程决定。

4.根据准副教授的岗位,其有权进行科学研究或艺术创作,有权开展教育工作。

5.准副教授的主要职责包括:

(1)从事与其岗位相适应的科学研究或艺术创作。

(2)举办讲座、授课、组织所在专业领域培养方案计划(科目、分支)的考试,尤其是基础课程考试。

第四十二条　教授、副教授评选办法

1.教授和副教授的职位采取公开竞争上岗的形式决定人选。

2.教授、副教授候选人由各分支机构教授会选出。教授会在熟悉有关文件并与所有有关职位的候选人面谈后,应以投票方式表决。对于教授会做出的决定,非高等教育机构职工可根据本法第十七条第5款规定的程序提出异议;高等教育机构职工可根据本法第三十五条第8款规定的程序提出异议。

3.每一位教授候选人都要接受有关机构教授会组织的独立的国际评估。

4.教授会应向高等教育机构的校长提交教授或副教授评选的最终结果。教授会讨论的会议记录和申请人的完整名单,包括教授会的评价和申请人的简介,应与评选结果一同提交。对于申请人数不足3名所进行的投票选举,应当提供充足、正当的理由。

5.在艺术专业,个人的艺术作品符合高等教育机构参议会细则对学术职位相关要求的,可以评选教授或副教授。

第四十三条　科学研究和教学资格评价

1.教授或副教授申请人的科学研究和教学资格应由各部门教授会按照内阁规定的程序进行评估。

2.准副教授、讲师和助教申请人的科学研究和教学资格应由职工大会或学院理事会进行评估。

第四十四条　分支机构教授会

1.公开组织教授、副教授职位竞聘时,应由高等教育机构的相关领域或次级领域的教授组成教授会。该教授会应当由高等教育机构相关领域或次级领域的5名以上教授,按照本法第四十二条的规定竞选组成。为了保证至少有三分之一的教授会成员是相关部门或专业协会相关研究方向的教授代表,而且他们不在该高等教育机构任职,高等教育机构的分支机构教授会应当适当予以扩大。

2.分支机构教授会的组成应当经过高等教育机构参议会主席的提议,由高等教育机构参议会批准。

3.如果高等教育机构相关分支机构的教授人数不足5人,无法在机构内部组成教授会时,多个高等教育机构可以经机构参议会批准,联合组成教授会。如果受邀组成教授会的其他机构的成员超过3名,该教授会的构成应当经过高等教育委员会批准。

4.教授会中的外籍教授可以通过信函形式了解申报文件材料,以书面形式发表对所有申请人的意见并进行投票。

5.组成分支机构教授会中所评议领域教授的名单应由高等教育委员会批准。

6.高等教育机构分支机构教授会的活动应由高等教育委员会监管。

第四十五条　讲师

1.具有硕士或博士学位的人员可以担任讲师。艺术专业和专业培养方案讲师选拔的规定由高等教育机构参议会批准的章程细则加以管理。职工大会或学院委员会每6年进行一次讲师选聘工作。

2.讲师的职责由高等教育机构章程决定。

第四十六条　助教

1.具有硕士或博士学位的人员可以担任助教。职工大会或学院委员会每6年进行一次助教选聘工作。没有博士学位的人员不得连续两届被聘任为助教。

2.助教的职责由高等教育机构章程决定。

第四十七条　高级研究员和研究员

1.高级研究员和研究员应当由职工大会或科学研究所理事会选聘。如果高等教育机构没有设立职工大会或理事会,对高级研究员和研究员的聘任应当由高等教育机构参议会根据科学活动法第二十六条规定的程序进行,选聘过程同时不得违反本条的相关规定。

2.高级访问研究员和访问研究员可以不经选拔即被录用。经该办法录用的高级访问研究员和访问研究员,雇用合同的期限不得超过2年。

第四十八条　专业培养方案的教学人员

为了使教育向实用技能和知识倾斜,接受过高等教育但未获得学位的人员,如果具有所授课程的实用行业背景且时间满足要求,可以在专业培养方案中担任准副教授、讲师和助教职位,实施学科一般教育课程。无学位人员担任准副教授一职时,申请人应当具有 7 年及以上实际工作经验的行业背景。提出申请此类人员担任准副教授的要求应当得到高等教育机构和学院的批准,视具体情况由参议会或理事会批准。无学位人员担任讲师和助教职位时,申请人应当具有 5 年及以上实际工作经验。

第四十九条　客座教授、客座副教授、准客座副教授、客座讲师、客座助教

1. 如果高等教育机构或学院学术职位空缺或临时空缺,根据职工大会的建议,参议会或学院理事会可以决定不进行评选,转而聘请客座教授、客座副教授、准客座副教授、客座讲师或客座助教,聘期在 2 年内,时间不等。

2. 客座教授、客座副教授、准客座副教授、客座讲师或客座助教与教授、副教授、准副教授、讲师或助教享有同等权利、义务和薪酬。但是这些岗位的人员不参与经选举产生的行政机构的管理活动。

3. 收到拉脱维亚高等教育机构邀请的外籍职员应在拉脱维亚缴纳税款,免除签证费用。根据议会批准的现行法律和国际协定,允许外籍人员在聘期内在拉脱维亚生活和工作。

第五十条　临时缺岗期间教学人员的替补

教授暂时缺席时间不超过 2 年的,副教授可以被选派到教授岗位,准副教授可以被选派到副教授岗位,具有博士学位的讲师或助教可以被选派到准副教授岗位。岗位替补在校长签署命令后生效。

第五十一条　教学人员休假

1. 教学人员有权享受每年 8 周带薪假期,每 6 年享有一次为期 6 个日历月的带薪学术休假,用于在其工作地点以外进行科学研究。

2. 教学人员有权获得一次为期 3 个月的带薪学习教育假,用以进行博士论文写作。

3. 教授、副教授和准副教授在一个任期内有权要求最长 24 个月的无薪休假,以便在其他高等教育机构担任客座教授和客座讲师。

第五十二条　高等教育机构一般工作人员

1. 高等教育机构的一般工作人员是指除教学人员以外的行政人员、辅助教学人员、技术经济人员和其他工作人员。

2. 高等教育机构的行政人员包括校长、副校长、董事(执行董事)、主任和其他官员,他们的基本职责包括行政工作。

3. 高等教育机构一般工作人员的聘用和解聘程序由高等教育机构根据本法和其他监管法规决定。

4. 国立高等教育机构或学院非教学人员之外的一般工作人员的薪酬由《国家和地方政府工作人员薪酬法》规定。

第五章　高等教育机构和学院的学生

第五十三条　高等教育机构和学院的学生

1. 高等教育机构的学生是：
(1) 参加学士学位培养方案的学生。
(2) 参加专业培养方案的学生。
(3) 参加硕士学位培养方案的学生（硕士项目学员）。
(4) 住院医师。
(5) 博士研究生。

2. 学院的大学生应当为参加专业学习项目的学生。

第五十四条　在高等教育机构和学院学习的权利

1. 拉脱维亚公民和非拉脱维亚公民，包括外籍人员都有权在高等教育机构和学院学习。在高等教育机构和学院学习者，必须提交文件证明先前接受的教育符合所申请的培养方案的要求，并受拉脱维亚认可。

2. 欧盟公民、欧洲经济区内公民或瑞士联邦公民，以及欧洲共同体持有有效居留许可证的常住居民，在高等教育机构或学院享有平等的权利。

3. 外国人在高等教育机构和学习的权利，不适用于本条第2款规定，可参照本法第一百零一条规定。

第五十五条　录取入学和注册（入学许可）

1. 高等教育机构和学院获得实施相关培养方案的执照后，有权录取学生并实施具体的培养方案。

2. 录取学生实施培养方案须按入学条例进行。高等教育机构和学院相关培养方案的录取条例，由机构和学院结合内阁条例中有关培养方案录取的要求、标准和程序制定。学生和高等教育机构或学院应签订书面学习协议。学习协议中的强制性条款由内阁确定。

3. 对于全日制和非全日制学士以及专业培养方案录取的要求是学生先前完成中等教育。录取学生应当以统一考试的成绩作为基础，通过公开公正的竞争程序进行。2004年之前完成中等教育的人员、获得国外中等教育文凭的人员以及有特殊需要的人员除外。统一考试的内容和要求由教育科学部协调高等教育委员会开发，最后由内阁批准。高等教育机构可以协调高等教育委员会详细规定没有完成统一考试的学生被录取参加培养方案的程序。

4. 除本条第3款涉及的人员以外，下列人员在获得中等教育后第一年也有权利被录取参加培养方案的学习。对于该类人员的录取，由内阁成员充分考虑被推荐人员为拉脱维亚的利益做出特殊贡献而获得特别功勋奖章等因素进行推荐,最终由内阁决定;按照管理条例的程序免于参加国家中等教育考试的人员除外。

5.与高等教育委员会进行协商后,高等教育机构可以决定涉及先期教育、特殊适应性或学前准备等其他情况的附加条件。

6.高等教育机构和学院应在当年的11月1日之前告知国家教育中心,并对外发布(包括网站首页)下一学年培养方案的录取要求。

7.内阁每年应确定完成中等教育后第一年登记时间和录取入学的起始时间。高等教育机构无权在录取工作开始前和拟被录取者达成协议。

8.高等教育机构和学院应当为每个学生准备一份个人档案。档案中至少应包括下列文件:

(1)中等教育证明文件复印件。

(2)已获得高等教育证明文件复印件。

(3)护照或身份证复印件。

(4)与高等教育机构或学院签订的关于选定培养方案的学习协定。

(5)学生在其他高等教育机构或学院学习的证明文件、完成或部分完成培养方案的文件;如果在其他教育机构得到学分,应根据这些文件进行计算本次培养方案的学分。

(6)学生学习过程文件(学习卡)。

(7)高等教育机构或学院出具的教育文件和学术程度介绍的证明文件的复印件或原件。

(8)拉脱维亚居留许可证复印件。

9.制定和更新学生个人档案的程序应由内阁决定。

第五十六条　后续学习阶段的启动

1.如果学生在高等教育机构或学院通过培养方案要求的相关考试,或补考通过考试,该生有机会启动后续阶段的学习。如果学生满足条件,高等教育机构或学院不能拒绝录取该学生进入后续学习阶段。

2.为了获得某一特定的学位(学士、硕士)、学术学位(博士)或者高等教育专业资格,自然人可以多次利用国家预算经费。但是,同一时间只能利用国家预算经费实施一个培养方案。

3.启动后续学习阶段的程序由内阁决定。

第五十七条　学生与义务兵役制(详见过渡条款)

第五十八条　退学(注销学籍)

1.有下列行为的学生应当被退学:

(1)个人请求退学。

(2)经查明,存在欺骗、行贿等其他违背录取公平的行为。

(3)在高等教育机构规定的期限内未通过考试或未完成学习任务者。

(4)违反高等教育机构内部规则和程序。

2.高等教育机构开除学生应当由校长或教务长执行,在学院则由学院主管执行。学员可以根据本法第三十五条第8款对开除决定提出异议。

3.详见过渡性条款。

第五十九条 学生权利

1.学生享有以下权利:

(1)接受学术或专业教育,或同时接受上述两种教育。

(2)根据高等教育机构规定的程序使用教学楼、图书馆、设施设备以及文化、医疗和运动器材。

(3)按照规定程序暂停和恢复学习。

(4)根据本法第六条的规定,行使学习、研究和艺术创作自由的权利。

(5)接收与其学习和未来职业直接相关的信息。

(6)在高等教育机构公开表达个人意见和思想。

(7)选举和被选举为学生自我管理部门成员,参加高等教育机构自我管理部门不同层次的活动。

(8)在其他高等教育机构作为旁听生参加学习活动,根据规定程序参加必要的考试。

(9)创办协会、兴趣小组和社团。

2.高等教育机构和学院中自愿在经国防部批准后服兵役、并于2008年12月31日前退伍的学生,有权重新开始学习服兵役前所进行的培养方案课程。

3.在和国家相关机构的关系中,学生自我管理部门应当代表高等教育机构学生的利益。

第六十条 学习名额的确定

国家预算经费资助的高等教育机构学生名额应当根据高等教育委员会的建议由教育科学部确定。其他法人和自然人建立的高等教育机构,其学生名额由创办人确定。

第六十一条 学费和奖学金

1.内阁决定国家预算经费资助高等教育机构和学院的程序。国家资助学院的录取应当按照竞争程序进行。

2.在认证的高等教育机构和学院中,为义务兵退役学生保留的学习名额不得少于国家资助学习名额的八分之一,并且在其退伍两年内录取到国家预算资助的培养方案中。

3.非国家预算经费资助的高等教育机构或学院,学生的学费应按学生、法人或自然人按照和高等教育机构或学院达成的协议支付。学费应当转入国家高等教育机构或学院的特别预算账户,只能有以下用途:

(1)用于高等教育机构和学院的发展。

(2)用于购买教具和科学研究器具。

(3)用于购买设备。

(4)用于对高等教育机构和学院的教学或一般工作人员、学生进行物质奖励,支付员工的劳动报酬。

4.本条第1款规定涉及的学生应根据内阁规定,为其提供奖学金。

第六十二条　学生自我管理部门

1.高等教育机构或学院应建立学生自我管理部门,它由选举产生,是代表学生权利和利益的独立部门。该部门根据学生制定的、经参议会或理事会批准的内部章程开展工作,参议会或理事会只能出于法律原因拒绝批准其章程。

2.已于2006年3月2日废除。

3.学生自我管理部门应当:

(1)在高等教育机构和其他国家机关中维护和代表学生在学术、物质和文化生活方面的利益。

(2)在拉脱维亚和国外高等教育机构中代表学生。

(3)确定选举学生到高等教育机构学习的程序。

4.高等教育机构和学院的管理部门有义务支持和促进学生自我管理部门的活动。学生自我管理部门由高等教育机构或学院预算资助,资助金额不低于高等教育机构或学院预算的十分之一。根据本条第3款规定,此项预算用于学生自我管理部门履行其职能。

第六十三条　学生自我管理部门的权利

1.学生自我管理部门有权要求高等教育机构任何组织单位的授权代表就与学生利益有关的所有问题做出解释和提供信息。

2.学生自我管理部门在高等教育机构参议会、职工大会和章程制定委员会中的学生代表有权在涉及学生利益的问题上进行投票否决。否决后,该问题应当由相关行政机构按照对等原则组成的协调委员会核查。相关行政部门应当批准由协调委员会出席人数的三分之二的成员投票做出的决定。

3.学生自我管理部门代表有权参与高等教育机构的决策;如果高等教育机构有文件规定对考试进行管理,学生自我管理部门有权按照规定在考试中担任观察员。

4.学生自我管理部门的决定经高等教育机构参议会批准后,对所有学生具有约束力。

第六章　高等教育机构的学习

第六十四条　培养方案

1.培养方案应当包括获得学术学位或专业资格必要的全部要求。培养方案应当由专门的文件对学习内容和方案的实施进行规定:

(1)规定对前期教育程度的要求。

(2)规定培养方案的研究方向。

(3)根据教育层次和教育类型决定：

①培养方案的实施目标和培养方案完成后的预期结果,包括预期学习课程、学习模块和预期学习结果。

②教育内容。

③培养方案中必修课、限选课和选修课的数量和学分分配。

④学业成绩评定标准和学习结果评价准则,以及考试形式和程序。

(4)包括参与实施培养方案的教学人员名单、专业资格和义务。培养方案的必修课程部分和限选课程部分至少要有5名教授和副教授担任教学任务,本条第2款规定的情形除外。

(5)包括参与实施方案的组织单位名单(院系、教授组、实验室、研究所等),显示其在此培养方案的实施中承担的主要任务。

(6)包括所需辅助人员名单及其任务。

(7)包括执行该方案所需的物质基础的说明。

(8)评估方案所需的费用。

(9)包括评定该培养方案是否符合高等教育机构或学院的发展战略和现有可用资源。

2.应当为至少250名全日制学生提供学术性培养方案(学士、硕士、博士学位培养方案),在实施学术性培养方案(学士、硕士、博士学位培养方案)时,如果全日制学生人数不足250名,在接到高等教育委员会的相关指导性意见后,可以由5名以下高等教育机构教授和副教授参与该培养方案中的必修课程和限选课程的教学。

3.培养方案可以根据高等教育机构或学院参议会或理事会规定的程序开发制定并提请批准。

4.培养方案应由高等教育机构参议会或理事会批准通过。批准之前,应组织独立的培养方案专家审查会,审查培养方案实施的有效性,指明该方案与该高等教育机构同类、同级别和同一研究方向的其他培养方案的本质区别。

5.负责实施相关方案的人员(培养方案的主管)应得到批准。新培养方案实施的财政和技术支持由参议会或理事会决定。

6.已于2011年7月14日废除。

7.已于2011年7月14日废除。

8.已于2011年7月14日废除。

9.如果培养方案取消,则高等教育机构应当资助并为学生提供继续参加该机构其他相关培养方案或参加其他教育机构培养方案的机会。

第六十五条　联合培养方案

1.高等教育机构与其他经认证的拉脱维亚高等教育机构或境外相关国家承认的另一个高等教育机构(以下简称"合作机构"),有权联合制订和实施培养方案(以下简称

"联合培养方案"),并签订相关的书面协议。

2. 联合培养方案应满足下列条件:

(1)由高等教育机构和合作机构在同一高等教育层次制订。

(2)高等教育机构及其参与实施的合作机构,应当至少实施全部培养方案的十分之一。

(3)实施联合培养方案应当有统一的要求,在期末考试、授予学位和专业资格方面要求统一;联合培养方案应当保证内容统一,过程连贯。

(4)高等教育机构和合作机构应当共同制定质量保障体系。确保联合培养方案的质量。

(5)保障学生的流动性,允许学生在一个或多个合作机构中学习与联合培养方案中相当的基本内容。

(6)保障教学人员的流动性,使他们至少可以在一个合作机构任教。

(7)完成联合学习计划授予的学位或专业资格应符合拉脱维亚相关监管法规的要求。

(8)高等教育机构和合作机构对共同颁发的文凭的内容以及附件所附的毕业证书的内容应当做出具体规定。

3. 实施联合培养方案需要获得相关执照。内阁应确定颁发执照的规则和程序。申请实施联合培养方案的条件,包括方案的内容、实施和许可等应该与拉脱维亚同水平的其他培养方案的实施条件相同。本法第六十四条第1款第(4)项关于学术培养方案中教学人员的相关规定条件除外。如果拉脱维亚高等教育机构的合作机构为外国的高等教育机构,则其在向教育科学部提交执照申请文件时还应附上境外高等教育机构在相关国家被承认的认证文件。在执照许可的业务范围内,还应评估培养方案和本条第2款规定情形相符程度的情况。

4. 评估委员会应当按照本法和其他监管法律规定的程序对高等教育机构实施的联合培养方案,依据高等教育结构的相关研究方向和批准的范围进行评估。如果合作机构为外国高等教育机构,对联合培养方案的认可评估应按照有关的程序进行。

5. 高等教育机构进行研究方向和培养方案相符性认证时,应根据监管法规提交必要的认证文件;同时如果合作机构为外国机构,还应向教育科学部提供相应国家出具的证明文件,证明该合作教育机构实施的联合培养方案已经过与该国相符合的相关程序认证。

6. 教育科学部对联合培养方案的研究方向进行认证时,有权和外国合作机构所在国家的质量评估机构进行合作,询问该合作机构实施的培养方案是否在相应国家经过认证、培养方案的内容是否符合相关教育资格要求。

7. 根据本条第1款提到的协议,实施联合培养方案的教育机构有权颁发:

(1)高等教育机构及其合作机构的联合文凭,高等教育的毕业文凭及其附件的内容和形式由内阁决定。

(2)高等教育机构的文凭。

8.本条所规定的高等教育机构的权利和义务,也适用于学院。

第六十六条 培养方案许可

1.任何培养方案的实施都应当获得许可。收到许可证后1个月内培养方案将被录入教育方案登记系统。收到许可证后一年内高等教育机构或学院应当开始实施相应的培养方案。

2.如果培养方案符合高等教育机构或学院的研究方向和其他监管规定的要求,教育科学部应当做出决定,并向该高等教育机构或学院颁发由教育科学部部长签署的许可证。

3.如果高等教育机构或学院在一个新的研究方向提交培养方案,内阁将决定是否在该高等教育机构或学院开设这一新的培养方向。内阁应对高等教育机构或学院现有资源进行评估,决定其是否符合国家优先发展战略的要求。在评估后内阁应做出决定,是否许可高等教育机构或学院实施相应的培养方案。

4.下列情形中不予颁发培养方案许可证:

(1)递交的文件与监管法规的要求不符。

(2)教学人员的资质与培养方案的实施要求或监管法规的要求不符。

(3)研究和信息基础(包括图书馆)、财政和物质技术基础与实施培养方案所需的条件不符。

(4)申请许可的培养方案尚未拟订实施的内容和机制。

(5)提供与实际情况不符或不相关的信息。

(6)主管部门发现过去一年中高等教育机构或学院的活动违反监管规定,并且在做出许可与否的决定前,该高等教育机构或学院没有在规定的时间内停止违规行为。

(7)培养方案与该高等教育机构或学院的研究方向不符。

5.如果高等教育机构或学院没有获得培养方案的许可,那么该机构或学院在6个月内不得再次申请相应研究方向的培养方案。

6.如果存在下列情形,培养方案的许可证将被吊销:

(1)提供与实际情况不符的信息。

(2)高等教育机构或学院在收到许可证后1年内没有开始实施培养方案。

(3)经查证确定高等教育机构或学院经批准的培养方案相关活动违反监管法规。

(4)自实施培养方案开始之日起2年内,未按照本法第六十七条的规定开始实施对应研究方向的培养方案。

(5)高等教育机构或学院未在教育科学部规定的30日内提交有关学习过程规定、学习和教育基础(包括图书馆)以及制度、物质技术或财政基础方面的完整信息。

(6)教学人员不具备相关资格,无法保证适当的教学和信息基础(包括图书馆)以及制度、物质技术和财政基础。

(7)高等教育机构或学院培养方案的实施中断。

(8)有关方面决定不予批准认证高等教育机构或学院的相关研究方向。

(9)研究方向认证期间,发现高等教育机构或学院的资源和能力不符合监管法规的要求。

7.内阁应当决定培养方案批准许可的程序、高等教育机构培养方案的评估标准、培养方案的许可决定、拒绝批准许可及撤销许可的程序,内阁同时规定这些机构的权利和义务以及许可执照的样本。

第六十七条 研究方向的认证

1.高等教育机构或学院对研究方向的认证应当在该方向相关的第一个培养方案开始实施起2年内进行。

2.高等教育机构或学院研究方向的批准决定应在收到其研究方向认证之日起6个月内做出。高等教育机构或学院研究方向的认证有效期为6年。

3.在高等教育机构或学院研究方向认证过程中,如果发现其资源和能力不符合监管规定的条件,但是该高等教育机构或学院在认证期限内可以补足缺漏,该机构相关研究方向的有效期为2年。在此期间,高等教育机构应补足缺漏并提供相关报告。认证机构也可以向高等教育机构提议取消相关方向的培养方案。高等教育机构或学院相关研究方向的培养方案许可也可以撤销。

4.研究方向认证之后1个月内,高等教育机构或学院的相关研究方向和相应的培养方案应当在教育方案登记系统中进行登记注册。

5.下列情形中可以拒绝认证研究方向:

(1)评估委员会专家集体报告或专家个人意见(如果由一名专家执行审查)为否定意见。

(2)与高等教育机构或学院的研究方向相应的一个或多个培养方案不符合本法或其他监管法规的要求。

(3)研究和信息基础(包括图书馆)、财政和物质技术基础以及教学人员资格与实施培养方案或其对应的研究方向所要求的条件不符。

(4)攻读硕士或博士学位的培养方案不是基于相关科学领域的成就和认知。

(5)与高等教育机构或学院未按照本条第3款规定的要求补足先前认证过程中存在的缺漏。

6.高等教育机构或学院相关研究方向认证完毕后,教育科学部应当签署颁发认证证书。

7.高等教育机构或学院无法保证研究和信息基础(包括图书馆)、财政和物质技术基础以及教学人员实施培养方案的资质,教育科学部有权根据高等教育委员会或认证研究委员会的意见,决定给予相关研究方向特殊的认证。

8. 在对研究方向做出特殊认证的情况下,应决定继续开展认证高等教育机构的研究方向或不予认证。

9. 高等教育机构研究方向的认证程序、特殊认证程序、认证书样本、认证评估标准以及评估委员会的设立条件、权利和义务等由内阁决定。

第六十八条 学习管理

1. 在高等教育机构或学院的学习应当按照本法制定、批准和认证的培养方案进行。培养方案包括全日制学习和非全日制学习。

2. 本法不规定医学、体育、艺术、公安、边防、消防、救援、服刑期、国防等相关高等教育的教学内容和考试要求。它们由具体的高等教育机构章程或细则规定。

3. 国立高等教育机构的培养方案应当采用官方语言执行。只有在下列情况下,才可使用外语执行培养方案:

(1) 外籍学生在拉脱维亚参加的培养方案,与欧盟合作实行的培养方案,根据国际协定应采用欧盟官方语言实施的培养方案。外国学生如果在拉脱维亚学习超过6个月或课程累积超过20个学分,其必修课程应包括官方语言学习。

(2) 培养方案中采用欧盟官方语言进行授课的课程学分不超过五分之一,这部分不包括期末考试和国家考试,也不包括专业论文撰写、学士学位论文和硕士学位论文的撰写。

(3) 在符合拉脱维亚教育方案分类的培养方案的实施中,采用外语教学是实现教学目标的必要手段,这些方案包括语言和文化学习及语言方案。

(4) 联合培养方案可以采用欧盟官方语言实施。

4. 高等教育机构或学院可以开设预科课程为留学生参加培养方案做准备。

第六十九条 学习课程

1. 高等教育机构或学院应明确培养方案中包括的课程,确保实现教育效果。教育机构应当提供课程介绍和描述,并按照高等教育机构和学院的程序予以批准。

2. 课程介绍和描述应当:

(1) 规定开始学习课程的要求。

(2) 确定学习课程的实施目标和预期学习结果。

(3) 概述达到预期学习成果所需的必要内容,包括学习课程日历、必读文献和参考文献以及其他信息资源。

(4) 描述学生独立工作的任务和组织安排。

(5) 确定学习成果评价标准。

第七十条 学习模块

1. 制定学习模块可以清楚地呈现培养方案的构成,建立灵活的学习路径和学生的专业导向,确立适合终身学习的计划。

2.学习模块的描述应当确定：

(1)完成学习模块后可以取得的学习成果。

(2)学习时间计划。

(3)学习模块中包括的课程。

第七十一条　学制

1.攻读学士或硕士学位的学术性培养方案应当在高等教育机构实施。学士和硕士学位的培养方案应根据国家学术教育标准制定。全日制学士培养方案的学制为三到四年；完成学士和硕士学位培养方案的总学制不少于五年，全日制硕士培养方案的学制为一到两年。

2.完成第五级专业资格全日制学习，其学制不得少于四年。完成学院学习后参加专业培养方案的情形除外。全日制专业培养方案学制为四年以上，完成专业高等教育后，可授予学士学位。全日制专业培养方案学制为五年以上，完成专业高等教育后，可授予硕士学位。

3.获得学士学位后有资格继续学习以取得硕士学位。

4.获得硕士学位后有资格继续学习以取得博士学位。博士培养方案的学制为三到四年。

5.全日制和非全日制培养方案的内容和数量以及学习结果的评价标准应当相同。

第七十二条　期末考试和国家考试

1.完成学士学位和硕士学位培养方案的，要求参加期末考试，包括论文写作和论文答辩。

2.完成专业高等教育培养方案的，要参加国家考试，包括毕业论文（毕业设计）和学士（硕士）学位论文的写作和答辩。

3.考试应当具有综合性，主要以书面形式进行。考试材料档案由高等教育机构保存。

第七十三条　学位和专业资格的获取

1.根据国家培养方案的认证，在高等教育机构可以获得：

(1)学术教育和以下学位：

①学士学位（学术学位）。

②硕士学位（学术学位）。

③博士学位（科学学位）。

(2)四级、五级专业资格教育和以下专业学位：

①学士学位。

②硕士学位。

2.在国家认证的高等教育培养方案完成四年以上的学制以后，是否能够获得专业资格证书依据内阁条例决定。

3.高等教育机构科学资格证书的取得,应当依照科学活动法的规定进行。

4.现有学位和专业资格授予法规生效前在拉脱维亚获得的学位和专业资格证书,由个人提出申请,内阁管理认定过程。经该程序认定的学位和专业资格证书等同于按照本法规定的条件、在平等的基础上授予的学位和专业资格证书。

第七十四条 毕业证书登记

1.毕业证书登记系统中记录了由高等教育机构、学院、在高等教育机构登记系统登记的外国高等教育机构分校和高校颁发的全部高等教育毕业证书信息。毕业证书登记系统由高等教育机构或学院授权的官员进行电子管理。

2.毕业证书登记系统中应记录以下信息:

(1)毕业证书名称。

(2)证书编号。

(3)毕业证书持有人姓名。

(4)签发证书的高等教育机构和学院、外国高等教育分支机构的名称。

(5)证书签发日期。

3.本条第2款涉及的高等教育机构和学院、外国高等教育分支机构应一年两次(3月和9月)向毕业证书登记系统提交半年内授予的毕业证书信息。

4.毕业证书登记系统数据库仅能在监管法规规定的情况下访问。

第七十五条 培养方案之外的学习

1.个人有权在高等教育机构或学院注册,学习个性化学习模块或课程。具体注册程序由相关高等教育机构或学院决定。

2.凡在高等教育机构或学院注册取得个性化学习模块或课程的学员,可以到相关高等教育机构或学院听课。

3.学员在高等教育机构或学院完成学习模块或课程之后应当获得结业证书,证书应当包括证书持有人信息、标明教育机构名称、学习模块或课程名称、学分、课时、授课人姓名及教学资格,完成的学习任务以及学习成绩评定。高等教育机构或学院应当负责证书的登记事宜。

4.如果学生先前接受教育累积的课时量符合高等教育机构或学院的要求且有证明,可以向上述教育机构提出申请,请求评定课时量符合其培养方案并获得相应的学分。

5.高等教育机构或学院应对个人已经取得的学习结果或专业经历进行评估,若满足相关培养方案的要求,可给予对应学分。专业经历中取得的学习成果可以替代职业教育或学术性培养方案中的学分。专业经历中获得且可以认可的学分最多只能替代职业教育或学术性培养方案总学分的30%。内阁将决定在以前的教育成果和职业经历中获得的认证程序和标准。个人学习成果的认证应当单独进行。认证的决定文件应附到个人档案中。对于高等教育机构或学院做出的决定,当事人可以向校长或教务长提出申诉。

第七章　科学研究

第七十六条　科学研究的目的和主题

1. 科学研究是每一个高等教育机构的重要职能，全体教学人员都应当参与科学研究。科学研究的目的是取得科学发现，进行科学论证，进一步训练和研究，利用研究方法解决实际问题。
2. 高等教育机构的科研活动应当根据科学活动法进行。

第七十七条　科研工作的协调

1. 科研工作管理人员在高等教育机构经费范围内，根据科研经费分配，自主确定研究工作的主题。高等教育机构应当协调一般研究工作计划和重点研究工作。
2. 高等教育机构应当协调研究方向，评估研究的重要程度和科学等级，决定共同合作中的融资事宜，以及与相关科研机构合作、与拉脱维亚科学委员会和其相关机构合作。
3. 高等教育机构和国家机关可通过分配科研经费的方式影响科研方向，以便更好地服务国家和社会。科学研究工作也可以通过接受其他人员的资助来开展。

第七十八条　科研成果的发表

1. 高等教育机构教学人员有义务发表其科研成果。
2. 高等教育机构应当定期发布所从事研究的信息和总结资料，注明从事研究的组织单位和作者。这些信息材料应当定期以官方语言在高等教育机构的网站主页进行公布，也可以采用欧洲联盟其他官方语言公布。

第七十九条　博士学位授予

1. 高等教育机构发展委员会或国家科学中心可以在学生完成经认证的博士培养方案并通过论文答辩后授予其博士学位。
2. 本法未规定的博士学位授予程序以及和科学活动有关的一切其他事项，由科学活动法规定。

第八章　高等教育机构与国家和社会机构的合作

第八十条　校长协会

1. 为了协调高等教育机构和其他组织合作的日常活动，高等教育机构可以组建合议协商委员会，即校长协会，全部由经认证的高等教育机构校长组成。
2. 校长协会应当：
(1) 向教育科学部提出高等教育发展的建议。
(2) 讨论制订共同的培养方案，商议充分利用教学人员和物质资源基础等事宜。

(3)准备高等教育领域的法律和其他监管法规的提案和意见。

(4)为高等教育机构的认证工作和某一具体研究方向推荐专家。

(5)根据专家审查的结果,提出高等学校认证的建议。

(6)提出向高等教育机构分配国家预算资源的建议。

(7)在国外代表拉脱维亚高等教育机构。

(8)在其职能范围内,解决涉及高等教育机构活动的其他相关事宜。

3.校长协会的运作程序和职能,应当由校长协会的内部章程规定。内阁批准校长协会的内部章程规定。

第八十一条 拉脱维亚学院联合会

1.拉脱维亚学院联合会是实施第一级专业高等教育方案的学院联合组织。主任是学院联合会的代表。

2.拉脱维亚学院联合会应当:

(1)关注专业高等培养方案的完善与提高。

(2)为学院发展战略提出建议。

(3)促进拉脱维亚高等教育机构与外国高等教育机构的合作。

(4)在与国家和地方政府、外国教育机构关系中,代表高校的利益。

(5)向公众宣传有关高校的学习机会。

第八十二条 拉脱维亚学生协会

1.为了代表学生并表达其意愿,高等教育机构学生自我管理部门应建立拉脱维亚学生协会。该协会是由各级认证的高等教育机构学生自我管理部门的学生代表组成的组织。

2.拉脱维亚学生协会应当:

(1)为制定和学生利益相关的监管法规建言献策。

(2)根据监管法规的程序向高等教育委员会和其他机构提名学生代表。

(3)保障能够代表海外拉脱维亚学生自我管理部门的权益。

(4)在其职能范围内,代表学生解决其他与学生利益相关的事宜。

3.拉脱维亚学生协会有权从国家和地方政府接收信息,参与和学生学习、权利及利益相关的活动。

第九章 高等教育委员会

第八十三条 高等教育委员会的地位

1.已于 2000 年 11 月 23 日废除。

2.高等教育委员会享有法人地位,可以拥有"高等教育委员会"名称的印章,并且应当有自己的银行结算账户。

第八十四条　高等教育委员会的建立程序

1. 高等教育委员由 12 名成员组成，所有成员根据教育科学部部长提议由议会批准。高等教育委员会应包括拉脱维亚科学院授权代表、高等艺术教育协会授权代表、拉脱维亚教育管理者协会授权代表、工商会授权代表、拉脱维亚学院联合会授权代表、校长协会授权代表、拉脱维亚教授协会授权代表、拉脱维亚雇主联合会授权代表、教育和科学工作者工会授权代表、拉脱维亚学生协会代表以及由地方政府和其他法人或自然人创办的高等教育机构授权代表各 1 名。按照办公组织形式，教育科学部是高等教育委员会在政府会议中的成员代表。拉脱维亚律师协会、拉脱维亚医药协会和其他专业组织代表可以以顾问的身份在其能力范围内参与高等教育委员会的运行，对相关事务进行检查和监督。

2. 议会议员提出的合理的反对意见可以否决高等教育委员会候选人提案。

3. 本条第 1 款提到的机构可以向议会递交撤换通知，撤回该机构在高等教育委员会的代表。

4. 高等教育委员会的主席和副主席应当在委员会前任主席和副主席任期结束后 14 天内由委员会进行无记名投票选出。

5. 教育科学部的高等教育和科学司将作为独立顾问参加高等教育委员会会议。

第八十五条　高等教育委员会成员

1. 高等教育委员会成员应根据聘用合同获得相应报酬。

2. 高等教育委员会成员应当遵守《国家反腐败法》对于政府官员规定的禁限令。

3. 因犯罪而被处罚的人员，未改过自新或犯罪记录未被撤销，则该人员不得成为高等教育委员会的成员。

第八十六条　高等教育委员会成员任期

高等教育委员会成员任期 6 年。学生代表的任期为 2 年。教育科学部在现任成员任期结束前至少 1 个月向议会提交高等教育委员会候选人名单。

第八十七条　高等教育委员会的决议

1. 高等教育委员会做出的所有决定均应向有关人员公开。

2. 高等教育委员会仅在本法规定的情形中有权做出与高等教育有关的决定。根据本法，高等教育委员会做出的决定对高等教育机构均具有约束力。

第八十八条　高等教育委员会的基本任务、权限和职能

1. 制定高等教育和高等教育机构发展的国家理念，制定由国家、其他法人或自然人设立的高等教育机构的发展规定，促进各类型高等教育机构、高等学术教育机构和高等专业教育机构的平等、均衡发展。

2. 制订高等教育体系中教育和科学发展的长期计划和建议。

3. 制订提高高等教育机构科学工作质量、人员资质和培养方案质量的建议。

4. 合理预测国家发展所需的学生人数,并就分支机构国家预算资助的学生人数提出建议。

5. 制订国家高等教育机构组织结构改组建议。

6. 就高等教育机构教授人数及其他与高等教育有关的问题提出建议。

7. 提出优化高等教育和学习费用的建议。

8. 向教育科学部和内阁提出关于高等教育机构的国家预算意见。

9. 对高等学校的整体认证做出决定,并报教育科学部批准。

10. 已于 2000 年 11 月 23 日废除。

11. 与其他国家处理高等教育问题的机构保持联系。

第八十九条 高等教育委员会的权利

1. 了解各高等教育机构研究方向的评估和认证材料。

2. 要求对任何高等教育机构或其研究方向进行特别认证。

3. 要求高等教育机构和国家主管部门提供其开展工作所需的信息。

第九十条 高等教育委员会的运行

1. 高等教育委员会工作运行由章程规定。

2. 高等教育委员会会议在委员会认为适当的时候召开。如果有 3 名以上成员请求召开会议,高等教育委员会应在 3 日内召开特别会议。

3. 秘书处应当在拉脱维亚政府官方报纸和大众媒体上提供关于高等教育委员会会议议程和决策信息,会议形成的决议原件应递送到决议适用的高等教育机构和其他机构。

第九十一条 高等教育委员会的经费预算

1. 高等教育委员会经费由国家预算提供。

2. 高等教育委员会每年应当在拉脱维亚政府官方报纸上公布其财务活动及收支报告。

3. 高等教育委员会设立的秘书处应当向工作人员支付工资,以确保高等教育委员会的正常运行。

第九十二条 高等教育委员会主席

1. 高等教育委员会主席的岗位工作应当是其主要工作。高等教育委员会主席不得兼任其他管理职务。

2. 高等教育委员会主席负责委员会的日常运行,保障委员会职能的履行。

3. 高等教育委员会主席应当:

(1) 在与国家机构,拉脱维亚自然人、法人以及国外的关系中代表高等教育委员会,以顾问的身份参加内阁会议,审查委员会权限内的事务。

(2)处理高等教育委员会的财务问题。

(3)雇用和解聘高等教育委员会秘书处员工。

(4)与自然人和法人签订协议,确保高等教育委员会的正常运行。

4.高等教育委员会主席的薪金,依照《国家和地方政府员工工资法》确定。

第九十三条 高等教育机构和学院的活动报告

1.为了促进高等教育机构和不同学院之间以及与国家和地方政府机构、社会的合作,高等教育机构和学院每年应当形成一份共同活动报告,每一个报告年度单独出版发行(年报),并在高等教育机构和学院的主页刊发。

2.按照内阁规定的程序和时间,高等教育机构和学院应向教育科学部提交相关活动的信息资料,资料主要包括以下信息:

(1)高等教育机构和学院的组织结构。

(2)高等教育机构和学院的学生及其他工作人员的人数和构成。

(3)课程组合和学习选择,以及在册学生的人数和构成。

(4)所提供的学习课程、学习单元和培养方案以及有关研究方向的信息。

(5)国家预算经费的分配和使用。

(6)经济活动、机构的收入和用途。

(7)国际关系。

(8)完成高等教育机构或学院的相关培养方案后3年内毕业生的工作情况。

第十章 高等教育机构的财产、预算和经济活动

第九十四条 高等教育机构的财产

1.高等教育机构的财产可以是土地、动产、不动产和知识产权,也可以是现行立法下拉脱维亚本国和外国的资助。

2.高等教育机构的财产由以下部分组成:

(1)赠予、继承沿袭或机构出资购买的动产和不动产。

(2)国家预算经费购买的财产。不动产应当在土地登记系统中作为高等教育机构的财产进行登记。

(3)高等教育机构的知识产权。

(4)国家或个人无偿转交的不动产。

3.国家高等教育机构有权利用自己的财产实现章程所规定的目标。国家转交给高等教育机构的财产,应当与国家财产分别管理。

4.内阁可以决定将国家财产转让给高等教育机构,或供其使用。

5.已于2006年3月2日废除。

6.本条第2款第(4)项所指的财产及其使用条件,由本法和《公共人财产转让法》决

定。高等教育机构可以无偿使用国家转移到该机构的不动产,确保高等教育机构按照其章程规定的目标开展各项活动和促进发展。高等教育机构有权建议财产的转让,并在内阁许可下予以让渡。

7.经过当事公共人的同意,国家设立的高等教育机构可以无偿转让从该公共人获赠的不动产。由于不动产的所有权已经移交,如果公共人在其无偿转让不动产给高等教育机构的决定中没有明确规定,高等教育机构转让不动产时不需要再次从公共人处获得转让不动产所有权的许可。

8.按照本条第6款和第7款的规定,高等教育机构转让财产应遵守《公共人财产转让法》,同时不得与本法相抵触。高等教育机构受让的资金是该机构的财产。如果转让授权决定中规定了转让许可行为应当在高等教育机构推荐的基础上进行,那么该资金的使用应当由高等教育机构决定。

第九十五条　高等教育机构的财政资源

1.高等教育机构由其创办人出资。高等教育机构的创办人应当为高等教育机构的持续经营提供财政资源,管理财政资源的资金利用,并履行创办人设定的责任。国家高等教育机构的财政资源,应当由国家总预算资金拨付。高等教育机构通过各类活动实现其章程规定的目标创造的收入也构成其资金来源,高等教育机构应当按照对于非营利性组织的管理规定,利用该项创收保障机构运营。高等教育机构有权接收和使用银行、其他信贷机构以及其他组织和自然人的捐赠。高等教育机构有权接收和使用银行及其他信贷机构提供的信用额度。参议会将确定高等教育机构的财政资源结构。校长每年应向参议会、教育科学部部长、相关领域的部长或高等教育机构的创办人提交预算执行情况的年度报告。

2.高等教育机构应当将自然人和法人针对特定培养方案及实施措施安排的资金直接转让给执行该方案和措施的组织单位、法人或自然人。

3.高等教育机构的独立组织单位的财政资源,应当作为独立部分列入高等教育机构的预算中。

4.高等教育机构在收到捐赠时,无论指定专项用途与否,都应当设立特别预算账户。

第九十六条　国家财政资助

1.国家设立的高等教育机构应当获得下列经费：

(1)国家教育总体预算——基本经费应当与最佳培养方案目录和学生的数量一致,其中包括支付公共设备费用、税金、基础设施维护费用、设备购买的费用、科研工作或艺术创作的费用,以及员工工资。

(2)根据内阁有关学生信用资助的规定,由国家负担或接受信用贷款,包括无须偿还的贷款的学习经费。

(3)实现特定目标的预期计划资金。

2.国家向高等教育机构提供财政和物质支持,发掘高等教育和科学潜力,促进发展,提升拉脱维亚文化和教育水平。

3.国家建立的高等教育机构可以从其他科学研究经费中获得额外资金来源。

4.教育科学部、其他部委和国家机关可以同其他法人和自然人建立的国家认证的高等教育机构签订协议,落实具体专业人员的编制、科学研究的开展和国家预算经费的分配等事宜。在不违反现行法律法规的情况下,任何国家权力机构和私人机构可以独立与高等教育机构签订协议,落实具体专业人员的编制、科学研究的开展,以及在可支配的资源中为上述人员和研究安排经费。

5.作为纳税人,高等教育机构和学院应当与基金会等同,并有权依法享受税收减免。

6.高等教育机构应当享受减免关税政策,对于进口设备及其改造材料同样享有税收减免政策。

7.内阁向议会提交的年度国家预算草案中,国家向公立高等教育机构支付的教育经费,应该以每年国内生产总值0.25%的速度增长,直到教育经费占国内生产总值的2%以上。

第九十七条　学生和学习资助

1.进行经认证的培养方案学习的学生有资格申请:

(1)助学贷款——由国家预算或政府担保的信贷机构向学生提供的贷款,以支付学习费用。

(2)学生贷款——由国家预算或政府担保的信贷机构向学生提供的贷款,用于满足学生的社会消费需求。

2.国家预算资源和政府担保的信贷机构提供的助学贷款和学生贷款,由内阁决定其分配和偿还的程序。

第九十八条　高等教育机构的经济活动

1.为完成其任务,高等教育机构有权在拉脱维亚和外国开展下列活动:

(1)设立部门教学单位、分支机构和代表处。

(2)与自然人、法人订立协议,并依照本法和其他法律开展其他合法活动。

(3)根据现行立法和高等教育机构工作目标,通过竞标买卖动产、不动产、各种货物和有价证券等。

(4)根据高等教育机构的总体规划,从事经济活动,经营所得计入其预算,用于本单位的事业发展;或根据高等教育机构的目标将所取得的资源投资于其他事业。

2.独立审计师须每年审查高等教育机构的财务和经济活动是否符合监管法规的规定。审计师须对公立高等教育机构的财务和经济活动提出书面报告,同时对高等教育机构如何使用国家财政提供的财政资金做出报告。上述报告需要提交给教育科学部以及高等教育机构所属的部委。

第十一章　高等教育机构的国际合作

第九十九条　国际合作

1. 拉脱维亚政府和高等教育机构应促进国际合作、国家间学生和教学人员之间的交流、高等教育机构间国际项目的交流，以及高等教育机构国际合作研究项目的交流。

2. 在决定国家预算拨付给高等教育机构的经费数额时，应当考虑高等教育机构是否参与了欧洲国际合作方案。即使高等教育机构的国际合作项目已经对高等教育机构的学习任务或科研工作任务提供了资金，高等教育机构从国家预算中获得的经费也不应当减少。

3. 政府和任何高等教育机构签订的相关协议，对该机构均具有约束力。起草此类和高等教育机构相关的协议时，对于协议条款的履行，应当与高等教育机构进行协调。

第一百条　国外学习

1. 拉脱维亚公民、拥有拉脱维亚颁发的非公民护照的人员以及已获得永久居留许可的人员，可以按照内阁规定的程序进入拉脱维亚以外的高等教育机构学习。根据内阁的决定，在国外学习的学生可以参与国内奖学金的评定和学分的认定。

2. 已于2007年4月19日废除。

第一百零一条　外国人在拉脱维亚学习

1. 在本法第五十四条第2款中未提及的外国人，可以根据教育法和本法的一般规定，录取为拉脱维亚高等教育机构和学院的全日制学生。如果国际协议中没有其他规定，外国人可以进入拉脱维亚高等教育机构学习，并应遵守下列规定：

(1) 所提供的外国中等教育证明文件，应当符合拉脱维亚的标准，并应依照本法第一百零四条规定的程序进行审查。

(2) 外国人的知识水平，应当符合高等教育机构或者学院等有关机构的入学要求。

(3) 外国人应当具备教学所使用语言的基础知识和基本技能。

(4) 外国人应当按照与高等教育机构或学院签订的协议缴纳学杂费，所缴纳的费用不得低于其学习开销。

(5) 已于2011年7月14日废除。

2. 依照国际（高等教育机构之间）交换协议、高等教育机构或学院国际合作框架内有关录取的规定，未获得永久居留证的外籍学生可以在拉脱维亚高等教育机构或学院的培养方案中参加某个部分的学习。如果在高等教育机构或学院国际交流项目的框架内，外籍学生的数量与在外国高等教育机构学习的拉脱维亚学生的数量相当，拉脱维亚应当在分配给高等教育机构或学院的国家财政预算中安排资助外籍学生在拉脱维亚的学习。

3. 依照本条第1款第(1)项和第(2)项的规定，在国外完成中等教育的人员，可以被录取到拉脱维亚高等教育机构或学院学习。

第一百零二条　外籍学生奖学金

根据签订的国际协议和国家预算经费安排,管理法规确定的机构可以拨付给高等教育机构或学院一定数目的资金,以便保障外籍学生获得奖学金的机会。保证外籍学生正常生活的其他费用也应当包括在拨付的奖学金内。内阁应当规定奖学金分配的条件、奖学金管理的程序,以及外国学生申请奖学金的标准。

第一百零三条　国外已经完成的高等教育某部分的认证

学生在其他国家完成的高等教育的某部分的认证,应当由拟接收该学生继续完成其教育的高等教育机构进行,高等教育机构应当确定:

(1)在其他国家所完成的高等教育部分所对应的培养方案。

(2)学生继续其相关培养方案的学习方式。

(3)必要时还可以规定在拉脱维亚继续进行有关培养方案的附加条件。

第一百零四条　国外取得的学位和教育证书在拉脱维亚的学术认定

1.对于在其他国家获得的学位、接受教育的证明文件,以及取得的中等教育证明文件,由学术信息中心组织专家进行审查。

2.报送文件提请专家进行审查时,应确定以下内容:

(1)在其他国家获得的教育证书是否与拉脱维亚所授予的某种高等教育证书(以下简称"毕业证")一致。

(2)与在拉脱维亚获得的何种学位或毕业证等同。

(3)在其他国家获得的学位或毕业证与在拉脱维亚授予的学位或毕业证不一致时,应满足何种附加条件使其能够具有同等效力。

3.作为审查结果,专家组应当给教育证明文件的持有人签发一份证明,证明其在其他国家取得的教育证明文件相当于拉脱维亚授予的何种学位或毕业证。

4.在国外取得的学位或毕业证的专家审查费用,由证书持有人承担。

5.如果学生在拉脱维亚继续接受教育,有关高等教育机构应根据学术信息中心签发的证明,决定是否承认其在其他国家获得的学位或毕业证,以确定是否接收其在拉脱维亚继续学习。

第一百零五条　外国高等教育机构在拉脱维亚的运作

1.经所在国家认可(国家认证),外国高等教育机构可以在拉脱维亚设立分支机构和代表机构。

2.拉脱维亚境内的外国高等教育机构的分支机构的运营活动应当遵守本法和其他法规的规定。在外国高等教育机构的分支机构学习应当通过培养方案进行,培养方案按照本法的规定程序认证。

3.遵照本法第一百零四条的规定,根据《里斯本公约》,欧洲理事会、欧盟以及联合国教科文组织有关跨国教育的规定,拉脱维亚承认外国高等教育机构的分校颁发的毕业证。

4.外国高等教育机构代表处的设立和运行,应当按照内阁批准的程序,由教育科学部颁发许可证。

5.外国高等教育机构代表处只能在拉脱维亚境内开展下列活动:

(1)宣传外国高等教育机构。

(2)传播信息和教学方法。

(3)接收和传递相关外国高等教育机构的文件。

第一百零六条　教学人员的登记注册

1.教学人员登记系统中应当记录在高等教育机构中担任学术职务的人员的信息。教学人员登记系统为国家教育信息系统的组成部分,由教育科学部规定的机构授权人员(以下称教学人员登记系统负责人)负责管理。

2.在教学人员登记系统内,应当记录有关人员下列资料:

(1)姓名。

(2)个人身份证件号码。

(3)当选学术职务的名称。

(4)任职的高等教育机构或学院名称(在分支机构任职需注明)。

(5)若设有组织单位,则注明其名称。

(6)在高等教育机构或学院担任学术职务的起始时间。

(7)与学术职位相对应的科学分支机构和教育方案组名称。

3.教学人员的信息资料,由高等教育机构或学院提交给教学人员登记系统。高等教育机构的校长或学院院长应当对所提交信息资料的真实性负责。

4.本条第2款所要求的资料变化需要更新的信息,应由高等教育机构或学院在变更后1周内向教学人员登记系统提交,进行电子登记。

5.本条第2款第(1)、第(3)～第(7)项规定的信息,教学人员登记系统负责人应于收到该变更后2周内在互联网上公布。

立陶宛

　　立陶宛,全称立陶宛共和国,位于波罗的海东岸,北接拉脱维亚,东连白俄罗斯,南邻波兰,西濒波罗的海和俄罗斯加里宁格勒州。

　　立陶宛面积为 65 300 平方千米,人口约为 279.4 万。立陶宛族占 84.2%,波兰族占 6.6%,俄罗斯族占 5.8%。此外还有白俄罗斯、乌克兰、犹太等民族。官方语言为立陶宛语,多数居民懂俄语。主要信奉罗马天主教,此外还有东正教、新教路德宗等。

　　立陶宛的教育管理机构主要是教育和科学部、议会教科文委员会和国家科学委员会。重大教育问题由议会或政府与国家科学委员会协商决定。采取 10 年基础教育制度,即初等小学(1～4 年级)、基础中学(5～10 年级)。基础中学毕业后,学生可选择进入高级中学(2 年)、职业学校(3～4 年)、音乐学院(6 年)或职业教育中心。高级中学毕业后可进入高校进行为期 4～5 年的本科学习。此外,立陶宛还设立强化高中(通常为私立中学)(4 年)、特殊教育学校(为残疾儿童而设)和青年学校等。

　　2016/2017 学年,立陶宛共有各类学校 1 268 所,注册学生总数为 503 898 人,教师总数 45 374 人。全国共有公立大学 14 所,私立大学 7 所,在校大学生 87 797 名,教师 8 166 名。主要高等院校有:维尔纽斯大学、维尔纽斯师范大学、盖迪米纳斯理工大学、考纳斯维陶塔斯大学、考纳斯理工大学、考纳斯医学院和立陶宛军事学院等。维尔纽斯大学创建于 1579 年,是立陶宛最著名的综合性大学,也是欧洲最古老的高等学府之一,现有学生约 22 000 名。

　　注:以上资料参考依据为中国外交部官方网站立陶宛国家概况(2020 年 5 月更新)。

立陶宛教育法(修订)

(2011年3月17日颁布)

教育是持续培养个人能力、使个人的独立生活更有价值的活动。学习是每个人生而固有的权利。教育是在承认无可争辩的个人价值、自由选择权和道义责任的基础上,依托民主关系和国家文化传统,塑造个人、社会和国家未来的一种手段。教育创造并保护国家认同感,保障使个人生活更有意义的价值传承,赋予社会生活凝聚力和团结精神,保障国家安全、促进社会发展。教育的最大作用在于其进步可以推动社会的全面发展。教育是国家支持社会发展的优先领域。

第一章 总 则

第一条 本法的目的

本法将确立立陶宛教育的目标、教育制度的原则、教育体系的结构基础、教育活动和教育关系,以及国家在教育领域的义务。

第二条 定义

1. 教育认证:权威机构考察提供教育的组织机构及其实施的培养方案是否符合要求而进行的评估认可程序。

2. 普通教育:初等教育、基础教育、中等教育。

3. 正式教育:根据立陶宛法律规定的程序批准和登记的培养方案实施的教育。完成正式教育可以获得初等、基本、中等、高等教育资格,或具备开展工作所必需的能力。

4. 教育层次:按照立陶宛法律规定的程序认可的某一教育层次,包括个人发展水平、能力提升程度以及相应的资格。

5. 能力:综合运用所学的知识、技能和价值观来完成某项任务的综合素质。

6. 资格:根据立陶宛法律规定程序承认的能力总和,包括个人能力、专业经验以及完成某一活动所必需的能力。

7. 自由教师:以个人身份在教育机构从事教育活动的自然人。

8. 立陶宛资格等级框架:立陶宛根据个人活动所必需的能力设立的资格等级制度。

9. 立陶宛语学习:立陶宛语言、历史、文化的教学,立陶宛语现状的介绍,以及创造条件使立陶宛语在国外发扬光大。

10. 学校:依照法律规定的程序在立陶宛设立、主要从事正式或非正式教育活动的法人、法人分支机构或其他成员国组织。

11. 学校社区:通过共同的教育目标和学校的教学关系联系在一起的教师、学生、学生家长(监护人)和学校的其他人员。

12. 学校维护经费:与教育过程间接相关的经费,如学校硬件设施的管理和运行费用、学生的交通费用以及其他维修支出。

13. 教学经费:与教育过程直接相关且必不可少的经费,如根据教学计划分配给教师的工资,教师在职培训及参与教育过程的其他人员分配的经费,购买教科书和其他教学辅助用具的费用,培训过程的组织管理费用,维护学校图书馆的费用,提供心理咨询、特殊教学、特殊社会教育援助、职业咨询,开展促进健康活动以及其他教学需要的费用。

14. 学习形式:由教育机构提供的学习组织模式,供学生选择。

15. 受教育者:从事学习活动的人。

16. 教师:根据正式或非正式的培养方案,对受教育者进行教育的人。

17. 非正式教育:根据各种培养方案(正式教育培养方案除外),为满足教育需求、提供在职培训和获得额外能力而设立的教育形式。

18. 民办学校:国家或市政府以外的社会组织或个人,利用非国家财政性经费建立的学校。

19. 教员:已接受高等教育(2009年以前获得大专教育或1995年以前获得中专教育)并已取得教员资格的人。

20. 教师资格:根据立陶宛法律规定程序承认的能力总和,包括个人能力、专业经验以及培训受教育者所必备的能力。

21. 义务教育:对在立陶宛居住的立陶宛公民和在立陶宛享有永久或临时居住权的外侨,按照初等和基础教育的课程体系,在16岁之前实行国家保障的强制性教育。

22. 自主机动教育:个人基于从各种来源获得的信息和实践经验的自主学习。

23. 市立学校:所有者或出资的一方为市政府(国家不参与出资),以此种形式建立的学校。

24. 特殊教育需求:由于个人先天或后天以及不利的环境因素导致的障碍,在培训过程中需要提供援助和服务的需求。

25. 教育:培训和提供教育;非正式教育;受教育者及其家长(监护人)、教育机构、教师和其他教育提供者、教育援助专家的全部活动。

26. 教育机构:学校或教育援助机构。

27. 教育援助:专家向受教育者及其家长(监护人)、教师和教育提供者提供的援助,其目的是提高教育效果。

28. 教育援助机构:主要从事教育援助的机构。

29. 教育培养方案:对已经确定的正式或非正式教育的描述,旨在达到既定的结果。

30. 教育培养方案模块:教育培养方案中预设的和独立的部分。

31. 教育监测:对教育状况和变化的持续分析、评估和预测。

32. 教育提供者:按照立陶宛法律规定的程序有资格提供教育服务的学校、自由教师、其他教育提供者(机构、企业、组织、法人、其他成员国组织或其在立陶宛设立的主要从事教育以外活动的分支机构)。

33. 培训:通过交流和教学培养道德、智力和体能的活动。

34. 成员国是指欧盟的任一成员国或欧洲经济区的其他国家。

35. 公立学校:国家所有或国家作为出资的一方兴建的学校。

36. 普及教育:国家对立陶宛公民和在立陶宛享有永久或临时居住权的外侨所保障的教育。

第三条　教育的目标

1. 培养受教育者的价值观,使其成为诚实、有求知欲、独立、有责任感、爱国的人;提高受教育者在现代生活中重要的交际能力;通过帮助掌握国家官方语言、外语、母语、信息素养和提高适应现代社会的能力,以及独立生活和健康生活的能力,使受教育者在社会中构建内在的文化特征。

2. 发掘个人的创新能力并在此基础上帮助其获得某些技能和符合当代文化技术的资格和能力,使其能够牢固立足于持续变化的劳动力市场并形成竞争优势;传授必要的技术、经济和商业文化的基本知识,以确保促进国家经济发展、提升国家竞争力和保持可持续性发展;通过终身教育为不断满足认知需求和提升自我创造条件。

3. 推动社会发展,以确保国家经济、环境和人力资源的可持续发展,提升内在和外在的经济竞争力,保障国家安全,促进国家民主进程。

4. 传授国家和民族文化的基本知识、欧洲和世界人类文化传统和价值观,以培养成熟的国家认同感、道德、审美、科学文化素养和个人价值观;保证国家和民族文化的传承,保护国家和民族文化的认同感,促进国家和民族文化价值观的持续发展和创新;推进国家对外开放,倡导与外部世界的对话与交流。

5. 保障个人有条件获得体现民主传统的公民和政治文化基本知识,并培养作为立陶宛合格公民、欧洲乃至全球多元文化社会中的一员所需要的能力和经验。

第四条　教育的内容

1. 教育的内容应当包括讲授的内容和学习的内容、讲授和学习的方法、受教育者的进步和取得成绩的方法,以及讲授和学习的辅助教学用具。

2. 教育内容的制定应当以实现本法第三条规定的教育目标为标准。具体教育内容的制定和系统化更新应当考虑:为某一具体类型的群体或学校制定的培训、教育和学习目标,不断变化的社会文化环境所决定的立陶宛社会的需要,学校所在社区和地方的需要,受教育者和学生的经验、兴趣和教育需要。

3. 在制定用于学前教育、初等学前教育、普通教育、职业教育与培训和高等教育的培养方案及其模块、教学计划或学习领域条例、学习成绩检测方案、教科书、教具和其他教学材料时,应遵守本条第1款和第2款的规定。

第五条 教育体系制定原则

1. 机会均等——教育体系在全社会体现公平的原则,它确保个人权利的行使,保障人人拥有接受教育的机会,保障普通教育和初级教育水平,并创造条件提升受教育者业已获得的教育资格或获得新的教育资格。

2. 教育的社会关系——教育体系与国家经济、社会和文化的发展密切相关。教育体系要不断调整以适应上述发展、满足社会不断变化的需要。

3. 有效性——教育体系通过合理、经济地利用可用资源,不断评估、分析和设计相关活动,依靠有效的管理(如做出及时、合理的决策),追求高质量的教学效果。

4. 连续性——教育体系基于各种形式和机构的互动,显示出灵活机动性和开放性的特点;教育体系为每个人创造终身学习的条件。

第二章 教育体系的结构

第六条 教育体系

1. 正式教育(初等教育、基础教育、中等教育、正式职业教育与培训和高等教育)。

2. 非常规教育(学前教育、初等学前教育、其他针对儿童或成人的非常规教育,以及作为正式教育的补充教育)。

3. 自主机动教育。

4. 教育辅助(职业指导、心理辅导、社会教学、特殊教育和特殊帮助、在校医疗、咨询、教师在职培训和其他辅助活动)。

第七条 学前教育

1. 学前教育的目的是满足儿童内在、文化(包括民族文化)、社交和认知等方面的需要。

2. 学前教育可应家长(监护人)要求在家中进行。按照程序以及教育科学部和劳动与社会保障部的规定,学前教育可以划归为义务教育。

3. 儿童自出生时起直到开始初等学前教育或初等教育,都可以接受学前教育。

4. 根据教育科学部批准的学前课程标准设定的学前课程,应当由学前教育学校、普通学校、自由职业教师或其他教育提供者实施。

5. 按照教育科学部、劳动与社会保障部和卫生部规定的程序,应当给学龄前儿童及其家长(监护人)提供综合性的教育帮助、社会支持、医保服务。

第八条 初等学前教育

1. 初等学前教育的目的是根据初等教育课程使儿童做好准备,顺利进入教育。

2. 初等学前教育应当根据教育科学部批准的一年期普通初等学前教育课程进行。初等学前教育应当由初等学前教育学校、普通学校、自由职业教师或其他教育提供者按照教育科学部规定的程序实施。

3.儿童应当在满6岁的日历年开始接受初等学前教育。应家长（监护人）的要求，按照教育科学部批准的《儿童接受学前和初等学前预科教育课程的成熟程度评估程序大纲》，儿童可以提前接受初等学前教育，但不得早于5岁。按照程序和教育科学部及劳动与社会保障部的规定，儿童初等学前教育可以划归为义务教育。

4.按照教育科学部、劳动与社会保障部和卫生部规定的程序，初等学前教育适龄儿童及其家长（监护人）可以得到综合性的教育帮助、社会支持、医保服务。

第九条 初等教育

1.初等教育的目的是为个人提供道德和社交的基本知识、文化（包括民族文化）基本知识，培养其基本读写能力，并根据基础教育课程帮助其为下一阶段的学习打好基础。

2.初等教育的实施应当按照四年制初等教育课程计划进行。初等教育课程应当按照初等教育课程描述、初等教育普通课程框架以及教育科学部批准的一般教学计划的规定实施。初等教育可以与美术、音乐、体育及其他教育一起进行。

3.根据初等教育课程计划，儿童应当在满7岁的日历年开始接受初等教育。如果儿童在满7岁的日历年中仍需要有资格的专家长期协助以及日常的健康护理，应家长（监护人）的要求，该儿童可以按照教育科学部规定的程序，在学前教育机构或在家中接受一年针对其特殊需求的教育。

4.应家长（监护人）的要求，儿童可以按照教育科学部批准的《儿童接受学前和初等学前预科教育课程的成熟程度评估程序大纲》，在本条第3款规定的入学时间提前一年接受初等教育。

5.初等教育课程应当由普通学校、其他学校以及其他教育提供者实施。

6.儿童在完成初等教育课程后，即已获得初等教育学历。

第十条 基础教育

1.基础教育的目的是培育社会道德基础，提高社会文化素养，增强市民意识；提高一般的读写能力、技术素养；增强国民意识；提高选择和决策意识及能力；提高继续学习的能力。

2.完成初等教育的学员方可接受基础教育。

3.基础教育的实施应当按照六年制基础教育课程计划实施。基础教育课程分为两部分：第一部分应当为四年基础教育阶段，第二部分为两年基础教育阶段。基础教育课程应当按照基础教育课程描述、基础教育普通课程框架以及教育科学部批准的一般教学计划的规定实施。基础教育课程的第二部分可以包括职业培训方案模块。如果学生按照教育科学部规定的程序并根据职业培训方案继续学习，则他们在这些模块所修的课程可计入学分。基础教育可以与美术、音乐、体育及其他教育一起进行。

4.学生完成基础教育课程，并通过对其学习成绩的考查，方可获得基础教育学历。教育科学部规定可以免除对其学习成绩进行考查的学生除外。

第十一条　中等教育

1.中等教育的目的是帮助个人获得基本学术能力、社会文化常识和技术素养,增强道德意识、国家和公民意识,培养基本职业能力。

2.完成基础教育的受教育者可以接受国家保障普及的中等教育。

3.中等教育的实施应当按照两年制中等教育课程计划进行。该课程计划应当包含中等教育的必修课和选修课,以及职业培训方案的模块教育课程。中等教育课程应当按照中等教育课程描述、中等教育普通课程框架以及教育科学部批准的一般教学计划的规定实施。中等教育可以与美术、音乐、体育及其他教育一起进行。如果中等教育课程与职业培训方案同时进行,则这两个课程方案的执行时间都可能超过两年。

4.如果学生按照教育科学部规定的程序并根据职业培训方案继续学习,则他们在职业培训方案模块所修课程的学分可以计入中等教育课程的学分中。

5.学生完成中等教育课程,并通过会考,即可视为已完成中等教育。教育科学部规定会考免试的学生除外。

第十二条　职业教育与培训

1.职业教育与培训的目的是帮助学生取得、转换或提升职业资格,并帮助其为适应不断变化的就业市场做准备。

2.职业教育与培训包括初级职业教育与培训和继续职业教育与培训。

3.初级职业教育与培训是一种正式的、普遍适用的教育,目的是使受教育者获得初级职业资格。它的教育对象是已经接受基础或中等教育的受教育者。对于教育程度为基础教育水平的受教育者来说,可以同时接受初级职业教育培训和中等教育。此外,未接受基础教育但是年满14周岁的受教育者也可接受初级职业教育与培训。未接受基础教育的受教育者可以根据基础教育课程及提供的条件接受继续职业教育与培训。对于有特殊教育需求的受教育者,经过教育科学部批准,并符合国家和市级普通学校、职业培训学校的一般入学标准,即使没有达到规定的教育水平,也可以接受职业教育与培训。

4.受教育者已经获得初级职业资格后,可以接受继续职业教育。继续职业教育的目的是帮助受教育者提升业已取得的职业资格、获得新的职业资格,或取得法律规定的工作必需的任职能力。继续职业教育包括正式职业教育和非正式职业教育。

5.学员完成职业培训计划和(或)所获任职能力按规定程序经过评估合格后,应当授予其相应级别的资格证书。

6.职业教育与培训应当由《立陶宛职业教育法》(以下简称《职业教育法》)规定。

第十三条　高等教育

1.高等教育的目的是帮助受教育者获得与现代知识和技术水平相适应的高等教育资格,满足经济发展需求,积极为专业、社会和文化生活做好准备。

2.高等教育应当是全社会成员都可以参加的教育。参加高等教育的学员,其教育程度至少为中等教育且在高等教育机构注册并拥有独立学习的能力。

3.高等教育应当依照已经认可的培养方案进行。学生可以分步在高等教育机构学习。分步学习和学习成果的认可,由《立陶宛高等教育与研究法》(以下简称《高等教育与研究法》)规定。

4.学员完成高等教育培养方案,可以获得高等教育资格,该资格应当与立陶宛资格证明结构中确定的水平相符。

5.高等教育机构活动的举办和机构中的学习项目,由《高等教育与研究法》规定。

第十四条 特殊教育

1.特殊教育是为有特殊教育需求的受教育者提供的教育,其目的是帮助受教育者根据自己的能力学习和接受培训,通过评鉴和培养其能力和潜力,使其达到某一教育水平并获得相应的资格。对于有特殊教育需求的受教育者,所开展的教育应当依照教育科学部规定的程序组织实施。

2.依据教育科学部、卫生部、劳动与社会保障部规定的程序,区分出有特殊教育需求的受教育者群体,并根据其特殊教育需求的程度分为轻度、中度、重度和严重。

3.对受教育者特殊教育需求的初步评估应当由儿童福利委员会执行。受教育者的特殊教育需求(因特殊天赋所需求的情况除外)应当由教育心理服务中心从教育学、心理学、医学和社会教育学几个方面进行评估。特殊教育应当依照教育科学部规定的程序,由教育心理服务中心负责人安排;在某些情况下,经家长(监护人)同意,也可以由学校校长安排。

4.教育心理服务中心的活动组织程序应当由教育科学部和卫生部协商后制定。

5.为了适应有特殊需求的受教育者,对于普通教育课程、职业培训课程可以依照本条第1款规定的程序进行调整;对于培养方案,则应当依照高等教育机构规定的程序进行调整,以适应受教育者的特殊教育需求。

6.有特殊教育需求的受教育者完成培养方案的学习期限,可以不受正式培养方案规定的时间限制,可以延长,也可以缩短。受教育者可以间断性地进行学习,也可以通过分解的单独模块的学习完成此方案。有重度特殊教育需求的受教育者可以在为其指定的普通学校(班级)学习,直到年满21岁。

7.有特殊教育需求的受教育者的教育应当由所有提供义务教育和普及教育的学校以及其他教育提供机构实施;在某些情况下,还可以由专门指定的学校(班级)对有特殊教育需求的受教育者开展教育。

第十五条 儿童非正式教育

1.儿童非正式教育的目的是满足受教育者的认知、发展和自我表达需求,帮助其积极参与社会活动;作为正式教育的教学补充,它的目的是根据长期方案,系统地增加受教育者某一领域的知识,提高技能,并为其提供其他学科的相关能力。

2.儿童非正式教育方案应当由儿童非正式教育学校、自由教师以及其他教育提供者实施。儿童非正式教育还应当包含对正式教育的教学补充,这类补充教学应当由音乐、美术、其他艺术以及体育学校实施。对于由国家或市政预算资助的非正式教育方案,教育科学部将制定一般标准。

3.实施儿童非正式教育和正式教育方案的学校应当归属于某一群体和(或)某一类正式教育学校的范畴。为了在音乐、美术、体育等其他教育领域达到高等教育水平,如果高等学校入学规定中有要求,学员除获得中等教育外,还须完成教育科学部确认的相关非正式教育方案。

4.在学校放假期间,儿童非正式教育方案应当依照公共机构(参与者组成的会议)规定的程序进行,该公共机构可以行使和履行国立和市立学校(相当于一个公共预算机构)当局的权利和义务,或依照其他学校的所有者或教育提供者规定的程序实施儿童非正式教育方案。

5.儿童非正式教育方案(学习方案除外)可以依照教育科学部规定的程序,被认定为正式教育方案的一部分;依照高等教育机构规定的程序,儿童非正式教育方案(学习方案除外)也可以被认定为学习方案的一部分。

第十六条 成人非正式教育

1.成人非正式教育的目的是为受教育者创造终身学习的条件,满足其认知需求,提升已经取得的教育资格,以及获得其他的资格。

2.年满18周岁的任何个人都可以选择接受成人非正式教育。

3.所有教育提供者均可依照法律规定的程序,向成人提供非正式教育。教育科学部应当制定由国家或市政府预算资助的非正式教育方案的一般标准。

4.依照教育科学部规定的程序,通过非正式教育获得的能力可以被认定为正式教育方案(学习方案除外)的一个完整部分。依照高等教育机构规定的程序,通过非正式教育获得的能力也可以被认定为学习方案的一部分。

5.成人非正式教育应当由《立陶宛成人非正式教育法》(以下简称《成人非正式教育法》)界定。

第十七条 自主机动教育

1.自主机动教育的目的是为受教育者提供持续自主学习和向他人学习、获得生活经验的可能性,支持自主学习的方式包括为受教育者提供获取信息的途径(图书馆、大众媒体、互联网、博物馆等)。

2.依照教育科学部规定的程序,通过自主机动教育获得的能力可以被认定为正式教育方案(学习方案除外)的一个完整部分。依照高等教育机构规定的程序,通过自主机动教育获得的能力也可以被认定为学习方案的一部分。

第十八条 职业指导和教育信息援助

1.职业指导的目的是通过提供职业信息、职业咨询和教学等措施,帮助个人选择教育和就业,获得职业规划和管理能力,并积极开启职业生涯。

2.普通学校、职业培训及其他教育机构、职业指导中心及其他机构应当依照教育科学部和劳动与社会保障部规定的程序,提供职业指导服务。高等教育学校也应当依照高等教育学校规定的程序,提供职业指导服务。

3.教育信息援助的目的是帮助学校和其他教育提供者、教师、受教育者、立陶宛的所有公民和居民,在教育、教育质量以及就业市场需求的某种教育水平等方面提供信息。

4.教育信息援助应当包括制订和实施信息教育方案,以及建立和维护信息网络系统。教育信息援助应当保证信息源的持续开放,在接受所需教育的可能性方面提供信息。

5.国家、市、学校各级的教育信息援助,应当由教育、文化、科学等机构,以及其他机构和个人提供。

第十九条　心理援助

1.心理援助的目的是加强受教育者的心理疏导和心理健康服务,通过预防措施培养有利于教育的安全环境,通过与家长(监护人)积极合作帮助受教育者重新获得稳定和谐的情绪,以及生活和学习的能力。

2.提供心理援助的机构应当与受教育者家长(监护人)和教师进行合作,并向他们提供咨询;针对有个人问题和学习问题的受教育者提供心理援助。

3.提供心理援助和心理问题预防的心理学家应当来自教育心理服务中心或学校、拥有心理学学士和硕士学位,或完成综合学习并取得心理学硕士学位,或拥有等同于按照教育科学部规定程序所得学历的高等教育资格,或者拥有海外取得、经法律程序认定的同等学历。提供心理援助的程序应当由教育科学部制定。

第二十条　社会教育援助

1.社会教育援助的目的是帮助家长(监护人)行使儿童受教育的权利,确保儿童在校安全;从根本上消除儿童无法上学或逃避上学的原因;使辍学儿童重返校园;帮助儿童(与家长或监护人合作)根据其身心能力选择学校,并适应学校的学习生活。

2.在向受教育者提供社会教育援助时,学校应当与社会援助服务机构、医疗保健机构和执法机构合作,并应当向学生家长(监护人)和教师提供咨询服务。

3.向儿童和受教育者提供社会教育援助的程序应当由教育科学部制定。

第二十一条　特殊教育援助和特别援助

1.特殊教育援助和特别援助的目的是提高有特殊教育需求的受教育者的学习效率。

2.21岁以下受教育者的特殊教育援助应当由教育心理服务中心和学校的特殊专业教师,依照教育科学部规定的程序开展教育。

3.学校应当向需要特别援助的个人提供此类援助。提供的援助包括手语翻译、文本阅读和概括总结等服务,提高教育的适用性。提供在校(高等教育机构除外)特别援助的程序应当由教育科学部制定。高等教育机构应当依照其规定的程序提供特别援助。

4.教育心理服务中心的特殊专业教师应当向接受特别援助的受教育者及其家长（监护人），以及学校教师提供咨询服务。

第二十二条　学校医疗保健服务

1.学校医疗保健服务的目的是通过与受教育者家长（监护人）的积极协作，保护和促进受教育者的身体健康。

2.学校医疗保健服务包括市政公共医疗保健机构专家和学校医疗保健专家开展的公共医疗保健活动。

3.组织学校（高等教育机构除外）医疗保健服务的程序应当由卫生部和教育科学部共同确定。学校只能实施由教育科学部、其他部委或市政机构批准的受教育者健康促进方案。

4.对于有特殊教育需求的受教育者的个人医疗保健服务，应当依照法定程序，由指定的学校提供。

5.国家鼓励和支持法人和自然人以及会员国分支机构的法人或其他组织主动采取行动，以帮助保护和促进立陶宛受教育者的健康状况。

6.学校应当制订和实施促进健康的方案。这类健康方案可以申请得到国家和（或）市级政府针对公共健康的方案基金和其他基金的支持。

7.受教育者健康状况以及健康风险因素的统计数据，应当纳入学校工作质量的评估范畴，同时也是外部机构对其进行评估和监测的内容。

第二十三条　对学校和教师的援助

1.为了给学校和教师提供信息、专业、咨询方面的支持，同时提升教师技能，以便提高教育工作效率和促进学校和教师的个人发展，国家和社会制订了学校和教师支持计划。

2.国家和社会应当通过提供咨询服务、促进学校落实质量工作、安排外部机构实施评估、积极创造条件进行在职培训等方式，帮助学校和教师提高工作质量，最终实现提高教育质量的目标。

3.对学校和教师的援助应当由心理学、特殊教育、专门教育等领域以及社会教育援助中心的专业人士提供，也可以由在职培训机构、公共医疗专家专业协会等机构提供。

4.教育工作者的在职培训应当是成人非正式教育的一个组成部分。国家以及市级教育机构（高等教育机构员工除外）的教育工作者的在职培训应当依照教育科学部批准的各项细则进行。

5.经认证的在职培训机构依照教育科学部规定的程序，实施在职培训方案。

第三章　教育的普及和教育质量

第二十四条　立陶宛居民接受教育的权利与义务

1.立陶宛的每个公民以及在立陶宛拥有永久或临时居留权的每个外侨，均有权接受教育,达到某种教育水平和资格。

2.国家采取措施,使立陶宛的每一名儿童都能够按照初等教育、基础教育、中等教育的课程计划接受教育。

3.国家应当保证立陶宛的每个公民以及在立陶宛拥有永久或临时居留权的每个外侨:

(1)接受初等教育、基础教育和中等教育。

(2)接受高等教育学习方案或能够获得一级资格的职业培训方案。

4.办理休学的学生可依照法定程序在同一学校或不同学校恢复学业。

5.如果受教育者已经达到基础教育或中等教育水平并有意愿继续深造,那么他应当享有机会学习所选择的普通教育科目,并依照教育科学部规定的程序进行成绩测试。

6.立陶宛居民有权在国外接受教育。立陶宛居民可依照立陶宛法律或国际协定的规定自主选择在国外接受教育。

第二十五条　立陶宛语学习及其学习机会

1.鼓励立陶宛海外侨民学习立陶宛语,目的是帮助他们学习并保留立陶宛语,保持国家认同感,熟悉立陶宛的历史、文化和传统,并为其使用立陶宛语进行自我表达创造条件。

2.国家应当资助或促进立陶宛语教育活动,推动立陶宛海外侨民、有立陶宛血统的外国人,以及学习立陶宛语言和文化的外国人学习立陶宛语的教育活动。

3.依照立陶宛政府(以下简称"政府")或政府授权机构的方案,政府和政府授权机构应当拨款资助教授立陶宛语,或资助以立陶宛语作为教学语言的海外学校;同时拨款资助在立陶宛语学习机构和立陶宛海外学习中心的任课教师和讲师。国家财产可依据使用贷款协议转让给教授立陶宛语或以立陶宛语为教学语言的海外学校。

4.依照教育科学部规定的程序,国家和社会应当创造机会,使有立陶宛血统的外国人和生活在国外的立陶宛人有机会在立陶宛学校学习立陶宛语。侨居国外3年以上的立陶宛公民或不再拥有立陶宛公民身份的外国公民,应当被视为侨居国外的立陶宛人。如果父母或祖父母是(或曾经是)立陶宛人,或父母和祖父母中有一人是(或曾经是)立陶宛人,那么此人也可以被视为有立陶宛血统的外国人。

第二十六条　教育信息的提供

1.提供教育信息的目的是帮助人们选择教育和教育机构,根据个人兴趣、性格和能力,获得期望的教育水平。

2.学校应当对外公布如下信息:学校实施的正式和非正式教育方案、可选择的教育形式、录取条件、收费性服务、教师资格、学校的主要审计结果、学校社区的传统和成就。

3.职业信息和就业指导服务应当提供包括职业培训方案、高等教育学习方案、出国留学、立陶宛劳动力市场就业前景以及咨询等方面的信息。依照教育科学部和劳动与社会保障部规定的各项细则,学校、信息中心、咨询服务中心和职业介绍机构应当提供上述服务。

第二十七条　教育方案的选择

1. 受教育者在选择教育方案时,应当按照本法第七～第十三条所列教育方案的层次顺序进行。

2. 受教育者应当有权根据自己的能力和性格选择教育方案的形式、教育方案的模块和课程。受教育者还应当有权选择实施教育方案的学校、任何其他教育机构以及学习形式。教育科学部将依照正式教育方案(高等教育学习方案除外)和根据不同形式的学习组织教学的程序,审批不同的学习形式。

3. 除必修科目及其中的不同课程外,受教育者还可以选修学校开设的选修科目。

4. 个人可以自由选择非正式教育方案和自主机动教育。

第二十八条　教育机构网络布局

1. 设立教育机构网络的目的是确保立陶宛全体公民以及在立陶宛享有永久或临时居留权的外侨可以接受义务教育及形式多样的其他教育,并积极创造终身学习的条件。

2. 教育机构网络涵盖国立、市立和非国立普通教育、职业教育和高等教育学校,非正式教育学校,自由教师以及其他教育机构。

3. 教育机构网络应当通过以下方式创建:

(1) 制订教育方案和增加教育形式。

(2) 协调现行教育方案。

(3) 建立、重组、关停和改组学校,推进学校结构性改革。

4. 教育科学部、市政府和中央政府应当充分发展教育网络,推进为国家(地区)有特殊教育需求的受教育者指定的国家、市立职业培训学校和普通学校的网络的发展。国家保障并推进国立学院、议会及国立大学的网络布局发展。

5. 在依照法定程序建立国立和市立学校网络布局时,须征求居民及其团体的意见,以维护公众利益。

6. 市政府必须建立并优化教育机构网络布局,将初级、基础、中等教育机构和实施非正式教育方案的教育机构纳入其中,为包括儿童和成人在内的受教育者服务。市政府保护个人学习的权利,保障用国家语言接受教育的权利,保证教育机构网络为受教育者、教师和学校服务。在某些地区,若市政机构无法保障个人根据学前、初等学前和普通教育课程接受国家语言教学的权利,则可以另行建立公立学校,保证学校以国家语言进行教学。

7. 在少数民族人口众多的地区,应少数民族地区的要求,市政府将保护学校使用少数民族语言进行教学或使用少数民族语言进行学习的权利。

8. 实施正式教育方案的学校(高等教育机构除外)应当依照政府批准的《实施正式教育方案的学校网络布局发展规划》和学校社区的决议(决议不得与上述《规划》抵触)

建立教育机构网络。教育科学部和市政府应当按照上述规则,批准和实施学校网络布局改善的总体规划。

9. 国家和市政府应当为民办学校的建立和运行创造条件。

10. 提供非正式教育的机构网络应当由国家、市政府、自然人、法人以及在成员国或其他国家组成的法人、组织或分支机构建立。

第二十九条　入学及变更学校

1. 个人享有选择公立、市立或民办学校,以及变更学校的权利。

2. 国家和市级普通学校的录取程序,由行使学校主办方或主管方权利和义务的机构根据教育科学部批准的一般录取标准规定。

3. 国家和市级普通学校的优先录取权,由行使学校权利与义务的机构决定给予学区内居民。如果其他普通学校有名额,应家长(监护人)和儿童的要求,儿童可获准进入该校就读。

4. 有重度问题需要特殊教育的个人,可以进入专门为有特殊教育需求的受教育者指定的国家和市级学前教育学校和普通学校学习,也可以进入专门为有特殊教育需求的受教育者指定的某几个学前教育学校和普通学校的一个班级学习。

5. 实施正式和非正式教育方案的民办学校的录取程序应当由学校所有者根据本法规定的有关方案的录取要求制定。

6. 对于国家和市立学前教育学校、正式教育的补充教育机构以及儿童非正式教育学校,其录取程序应当由行使创办人或管理者权利和义务的机构规定。

7. 高等教育机构的录取办法应当依照《高等教育与研究法》规定。

8. 对于职业培训学校和实施成人非正式教育方案的学校,其录取办法应当依据《职业教育法》和《成人非正式教育法》规定。

9. 未满 16 周岁的儿童不得终止义务教育方案的学习。

10. 由于客观原因,学校无法保证为参与义务教育方案学习的学生提供心理、特殊教育、专门或社会教育援助时,学校应当配合学生的家长(监护人)以及教育心理学和儿童权利保护服务中心,建议学生去其他学校学习。

11. 依照《立陶宛儿童最基本和适度监护法》(以下简称《儿童最基本和适度监护法》)规定的程序,受教育者可转往另一所学校,或者向其提供另外一项最基本或适度的监护措施。

第三十条　接受国家语言教学和母语教学的权利

1. 每个立陶宛公民以及在立陶宛拥有永久或临时居留权的每个外国人,均应当享有接受国家语言教学和学习国家语言的权利。

2. 对于普通教育和非正式教育学校,若其条例(章程)规定向受教育者提供少数民族语言的教学和培养少数民族的文化,则其教学过程或某些科目应当以少数民族语言讲授。在此类学校中,立陶宛语是其课程的组成部分,授课时间不应少于教授母语的时间。在此类学校中：

（1）初等和基础教育课程应当以少数民族语言讲授，其中选修课程可以在家长（监护人）的要求下用立陶宛语讲授。

（2）中等教育课程应当以少数民族语言讲授，其中选修课程可以用立陶宛语讲授。

3.国家、市级学前教育和普通学校应当为少数民族受教育者提供对母语的补充学习的机会。在必要的情况下，可向受教育者提供母语专家，并以另一种教学语言组织教学过程。

4.少数民族受教育者可以在实施非正式教育方案的学校或其他教育机构学习母语。

5.如果居民在立陶宛享有永久或临时居留权，那么他们的子女应当有机会学习国家语言，接受国家语言教育；如果条件允许，他们也应当有机会学习自己的母语。

6.在为有特殊教育需求的受教育者指定的学前教育和普通学校，聋哑人应当有学习母语（手语）的机会。

7.所有实施普通教育的学校都必须确保依照教育科学部批准的一般方案要求员工掌握国家语言。

第三十一条　宗教学习的权利

1.宗教属于道德教育的选修部分。道德教育是初等、基础和中等教育的一个组成部分。应家长（监护人）的要求，宗教教育可以纳入儿童的学前教育中。宗教教育可以通过非正式宗教教育和自主宗教教育的形式开展。

2.在实施初等、基础和中等教育课程的学校，满14周岁的学生即有权选择以下任意一门义务道德教育科目：传统宗教团体宗教学、传统宗教协会宗教学以及伦理学。

3.对于14岁以下的受教育者，应当由其家长（监护人）在传统宗教团体宗教学、传统宗教协会宗教学和伦理学三门课程中代为选择；受国家监护的受教育者应当在家人或亲属的同意下，由履行受教育者监护权的机构，在传统宗教团体宗教学、传统宗教协会宗教学以及伦理学三门课程中做出选择。

4.在正式教育学校（高等教育机构除外），宗教教学课程应当由各自的传统宗教团体或协会制定；宗教团体或协会的上级组织以及教育科学部应当根据各自的职能评估和批准上述课程。

5.已经取得大专及以上学历、教学资格或经专门培训的人员，可以按照正式教育方案（高等教育学习方案除外）教授宗教学。宗教讲授人员必须持有宗教学教育许可证，该许可证依照相应传统宗教团体或协会上级组织的规定颁发。

6.如果学校无法提供传统宗教团体或协会宗教学教育，应受教育者或其家长（监护人）的要求，学校可依照本条第4款和第5款的规定，承认受教育者在主日学校（Sunday School，又叫"星期日学校"，是为贫民开办的初等教育机构）或其他宗教教学组织接受宗教教育后取得的学分。

7.对于宗教教学、补充宗教教学方案和满足受教育者自我表达需要的教学模块，其适用条件应当等同于其他选修科目。

第三十二条　在职教育的实施

1. 用人单位应当依照法律和其他法案规定的程序，为其员工创造学习条件。

2. 教育机构和教学人员应当为劳动者创造条件，使其能够接受不同形式的教育。

第三十三条　限制行为能力人员的教育

1. 对于来自穷困家庭的儿童、难民儿童、失学儿童、失业者、刑满释放人员、正在接受戒酒或戒毒治疗的人员以及其他无法适应社会的人员，应当通过提供社会服务和教育援助来确保他们接受教育的可能性。

2. 政府和市政机构应当直接或通过学校实施目标社会教育方案。这些方案可由非政府组织以及其他法人和自然人制定和执行。

3. 国家、市政机构和代理机构应当根据记录居民以及其他国家和部门登记册的数据，确定失学儿童的人数及其教育需求，并与学校合作将这部分儿童纳入教育活动的目标方案。

第三十四条　有特殊教育需求的受教育者的教育

1. 对于有特殊需求的受教育者，应其家长（监护人）的要求，应当为其创造条件，使其能够在离家较近的学前教育学校和普通学校接受教育，或在为有特殊教育需求的学生指定的任何一所国立、市立（地区）学校接受教育。教学心理服务中心应当为儿童推荐学校。

2. 职业培训学校和高等教育机构应当对有特殊教育需求的人员的入学程序做出规定。

3. 市政府应当通过帮助辖区内有特殊教育需求的受教育者适应学校环境，提供心理、特殊教育、专门教育和社会教育援助，提供技术援助和特殊教具，以及法律规定的其他方式，确保此类人群有机会接受教育。

第三十五条　行动受限人员的教育

1. 因疾病或病理状况而无法就读普通学校的儿童，应当有机会在可住院的私人医疗机构或居家独立学习并通过考试。在可住院的私人医疗机构和家中组织受教育者教学的程序，应当由教育科学部协商卫生部予以规定。

2. 对于被暂时剥夺自由或自由暂时受限的人员，应当依照政府规定的程序，提供其在劳教机构学习的机会，使他们能够接受初等、基础和中等教育并取得相应资格，并能独立学习。

3. 军人在其义务兵服役期间应当有机会根据普通学校方案模块进行学习，并参加非正式教育。

第三十六条　交通、住宿以及餐饮服务

1. 依照《立陶宛交通优惠法》（以下简称《交通优惠法》）规定，受教育者可以根据其身份证明中记载的路线,优惠使用公共交通工具到达实施相应课程的学校;也可以使用校车或其他交通工具。对于学习学前教育和普通教育课程的受教育者和居住在距离学校3公里以上村镇的受教育者,须安排交通工具接送。对于接受学前教育的受教育者以及1-8年级的受教育者,应当安排交通工具送往最近的实施相应课程的学校。

2.行使国家和市立学校创建者权利和义务的机构应当组织接送有特殊教育需求、不能独立前往普通学校的学生(如无法独立行走,或因严重疾病独立行走存在危险)上学;其他学校应当由学校所有者依照程序及其规定,组织交通工具接送学生。

3.全日制学生、按初级职业培训方案学习的职业培训学校的受教育者和儿童非正式教育学校的受教育者,应当由当地(市)学校使用市区交通工具或长途交通工具接送到学校。受教育者有权享受从学校到其家庭所在地的交通优惠服务,所产生的相应费用应当依照《交通优惠法》规定的程序和实际情况予以补偿。

4.如受教育者被分配到普通学校学区以外的学校学习,应家长(监护人)的要求,学校应当为其提供住宿。学校管理机构应当建立学校宿舍入住程序。

5.在国家或市级职业培训学校和高等教育机构申请住宿的受教育者应当支付部分费用。宿舍住宿和补贴的金额应当由学校管理机构,根据家长(监护人)和受教育者的经济情况确定。收取的住宿费应当用于宿舍修缮维修。

6.受教育者在国家和市级普通学校住宿的相关费用应当由行使该学校创建者权利和义务的机构拨付的维修经费支付。家长(监护人)应当依照教育科学部规定的程序支付受教育者的膳食服务费。

7.学前教育学校、普通学校和实施初级职业教育的职业培训学校向受教育者提供的膳食服务必须符合卫生部规定的各项要求。

8.依照《立陶宛学生援助法》规定的程序和实际情况,向受教育者提供的膳食应当免费。

9.行使国家和市级学前教育学校和普通学校创建者权利和义务的机构应当创造条件为学校的儿童和受教育者提供膳食服务;在其他学前教育和普通学校,膳食服务应当由该校的所有者负责。在本条所提及的学校和实施初级职业教育的职业学校,应当由学校校长负责组织提供膳食服务。

第三十七条 教育质量

1.教育的质量应当由实施教育的机构、个人和行使学校所有者权利和义务的机构负责。国家应当保证正式教育的质量,在一定程度上也应当保障非正式教育的质量,其中包括作为正式教育补充形式的教育质量。

2.自然人和法人可以通过教育管理机构、教育实施机构来提高教育方案的质量。

3.教育质量的概念应当由社会、教育参与者和教育管理机构共同制定。教育管理机构应当组织审议教育目的、教学目标、教学方式和教学效果评价原则等,在分析的基础上,对现行教育状况进行实证研究,供有关机构参考,并在其职权范围内,做出战略性决定,将达成的协议纳入依法管理的体系。

4.为了提高教育质量,有关部门应当对学校教育活动进行监测、研究,推动自我评估和外部评估,对学校校长和教师进行绩效考核,对学习成绩进行评估。

5.学校委员会应当选择自我评估的措施,推动学校(高等教育机构除外)的自我评估。学校委员会应当分析自我评估结果,并做出整改决定。

6.学校(高等教育机构除外)应当定期接受外部评估;实施外部评估的机构包括行使学校所有者权利和义务的机构(公立学校的预算机构)、市行政机构(市立学校的预算机构)、行使所有者权利和义务的机构(公立和市立学校的公共机构)、所有者等。对于非正式教育学校的外部评估程序,应当由行使公立和市立学校所有者权利和义务的机构做出规定;其他学校的评估程序应当分别由各学校所有者做出规定。

7.高等教育机构的评估活动应当依照《高等教育与研究法》规定的程序进行。

第三十八条　学习成绩评估

1.对学习成绩进行评估的目的是帮助受教育者检查学习进展,评定成绩水平,通过与普通教育方案和(或)职业或职业培训标准中所列的成绩水平做比较,使其做出进一步学习或工作的决定。

2.对受教育者学习成绩的评估应当由受教育者本人、教师、教育机构、行使学校所有者权利和义务的机构(公立学校的预算机构)、市行政机构及其授权的个人(市立学校的预算机构)、行使所有者权利和义务的机构(公立和市立学校的公共机构)、其他学校的所有者、教育科学部及其授权机构进行。

3.普通教育方案中受教育者学习成绩的评估及其评估结果的应用应当依照教育科学部规定的程序加以规范。对有特殊教育需求的受教育者的成绩评估应当做适当调整。

4.教育科学部授权的机构和市行政机构应当根据普通教育课程(会考、其他考试、学分制度和其他学习成绩测试方法)、教育科学部批准的学习成绩测试方案以及组织实施学习成绩测试和学习成绩研究的程序,对学习成绩进行组织测试。此类学习成绩测试(基础教育成绩测试和会考),应当在不违反本法第五条规定的机会均等原则的情况下,在以不同语言开展教学的所有学校进行。所有普通学校应当依照教育科学部批准的一般方案,确保受教育者掌握立陶宛语。

5.职业培训方案的受教育者的学习成绩应当依照《职业教育法》规定的程序进行评估。

6.高等教育机构学生的学习成绩应当依照《高等教育与研究法》规定的程序进行评估。

第三十九条　学习成绩合法证明文件

1.受教育者完成普通教育课程、取得相应教育水平的有效文凭的内容、形式和程序,应当由教育科学部规定。

2.证明普通教育课程学习成绩的合法文件应当包括:
(1)达到初等教育水平的初等教育证书。
(2)达到基础教育水平的基础教育证书。
(3)达到中等教育水平的结业证书。
(4)完成本法第七十二条第1款规定的正式教育方案的证书。
(5)适用于没有达到初等、基础和中等教育水平的受教育者的学习成绩证明。

3.《职业教育法》规定资格证书和学习成绩合法化文件的颁发程序,以证明受教育者完成职业培训方案、资格评定、资格授予。

4.《高等教育与研究法》规定了学习成绩合法文件的颁发程序,以证明受教育者完成高等教育学习方案、获得高等教育水平,并授予其高等教育证书。

5.学员完成非正式教育方案(正式教育补充课程除外),可以授予其证书。学员完成正式教育补充课程,也应当授予其证书。

6.根据外国和国际组织的教育方案获得的教育水平和资格,应当按照国际协定、立陶宛法律和政府规定的程序予以认证。若学员对于教育水平和资格的认证决定有异议,则可以向由政府授权机构设立的申诉委员会提出申诉。

第四十条　教育资料的提供和学习任务量

1.学校的学习环境和受教育者的学习任务量必须符合法律规定的卫生规范和受教育者的安全和健康要求,并能保证教育方案的实施。

2.实施学前教育、初等学前教育、普通教育课程的学校的物质环境应当按照教育科学部批准的标准进行供应、配置。

3.普通教育科目的教科书和教具的供应及其是否符合法律规定,应当由教育科学部批准或做出决定。教育科学部应当按照规定程序,合作起草卫生部确认的学校卫生规范。

第四章　学校和援助机构的建立、活动、关闭、重组、清算和改组

第四十一条　学校的类型

1.正式教育学校可分为以下几类:
(1)普通学校。
(2)职业学校。
(3)高等教育机构。

2.普通学校可分为:初等教育学校、高中预科教育学校、基础教育学校、中等教育学校和高中教育学校。

3.实施初等教育课程的学校属于初等教育学校。

4.实施基础教育课程第一部分或基础教育课程和初等教育课程第一部分的学校属于高中预科教育学校。

5.实施基础教育课程或基础教育课程和初等教育课程的学校属于基础教育学校。

6.实施中等教育课程或中等教育课程和基础教育课程,或中等教育课程、基础教育课程和初等教育课程的学校属于中等教育学校。

7.依照教育科学部规定的程序,实施中等教育课程和基础教育课程第二部分的学校属于高中教育学校。在特殊情况下(指在居住范围内没有其他实施以立陶宛语和少数民族语言教授的普通教育课程的学校,或按照政府批准的标准设立的郊区普通学校、位于边境地区的普通学校、民办学校、为有特殊教育需求的受教育者指定的乡村/地区学校、实施专业教育领域方案且需要连贯性教育、符合政府审核标准的学校),高中教育学校可依据本法第二十八条的规定和《实施正式教育方案的学校网络布局发展规划》,实施经认证的中等教育课程和基础教育课程或经认证的中等教育课程、基础教育课程和初等教育课程。

8.普通学校可依据本法第四十三条规定的程序实施职业培训方案。

9.为了满足受教育者不同的教育需求并考虑到实施不同教育方案的条件,普通学校可以分为不同的指定类型。普通学校的不同形式及其实施,应当由《实施正式教育方案的学校网络布局发展规划》规定,并由政府批准。

10.职业培训学校不再进行划分。

11.职业培训学校可实施初等、基础、中等教育课程。

12.高等教育机构的类型应当由《高等教育与研究法》加以规定。

13.非正式教育学校可分为以下几类:

(1)学前教育学校。

(2)儿童非正式教育学校和实施正式教育补充教学的学校。

(3)成人非正式教育学校。

14.学前教育学校、儿童非正式教育学校和成人非正式教育学校不再进行划分。

15.学校(高等教育机构除外)名称的构成和命名程序,经与国家立陶宛语委员会协商后,由教育科学部批准。学校名称中不应当包含表示学校类型的文字。

第四十二条 学校和援助机构的建立

1.下列机构可以建立学校和教育援助机构(以下简称"援助机构"):

(1)立陶宛议会(以下简称"议会")可建立政府推荐的国立大学。

(2)依照政府批准的《实施正式教育方案的学校网络布局发展规划》,由教育科学部推荐,政府可以建立国立学院,其法定形式为公共机构。

(3)依照政府批准的《实施正式教育方案的学校网络布局发展规划》,经过财政部的书面同意,教育科学部可以建立职业培训学校、独立预算的普通学校、非正式教育学校和援助机构。

(4)依照政府批准的《实施正式教育方案的学校网络布局发展规划》,其他部委、政府机构以及部委下属机构经过教育科学部和财政部书面同意,可以建立独立预算的职业培训学校、成人非正式教育学校。

(5)依照政府关于援助机构、普通学校和职业培训学校的建立、重组、关闭和重建标准的规定和《实施正式教育方案的学校网络布局发展规划》,市政委员会可以建立非正式教育学校和独立的援助机构。

(6)立陶宛的其他法人、成员国组织的法人以及其他国家的法人和自然人可以建立普通学校、非正式教育学校、高等教育机构和援助机构。

2.高等教育机构应当依照《高等教育与研究法》予以建立。

3.自然人和法人通过订立建校合同,可以共同建立学校。外国的法人和自然人不得参与国立和市立学校的建立。

4.外国学校和国际组织可依照国际协定和立陶宛法律规定的条件和程序,在立陶宛建立分支机构和学校。除国际协定或立陶宛的特别法律另有规定外,国家预算的资金不适用于这类分支机构和学校。

第四十三条 学校活动

1.国立和市立学校应当是公共法人,作为预算机构或公共机构行使其职能。其活动应当分别由本法、《立陶宛预算机构法》或《立陶宛公共机构法》管辖。民办学校应当是法人,由其所有者选择其法律形式。

2.学校应当按照《立陶宛民法》(以下简称《民法》)和《法人登记条例》规定的程序,在法人注册中心登记后开展活动。

3.学校应当按照学校的规定、章程(以下简称"章程")以及建立学校的协议行使其职能。学校应当制定成员的行为规范和道德标准。

4.国立和市立学校(高等教育机构除外)的章程应当依照教育科学部批准的法规执行条例和章程起草。

5.高等教育机构的活动由其章程规定。章程应当按照《高等教育与研究法》规定的程序起草和批准。

6.普通学校和职业培训学校应当根据初级职业培训课程由教育科学部规定每一学年的开学时间和学期长度;国立和市立非正式教育学校由行使所有者权利和义务的机构规定每一学年的开学时间和学期长度;其他非正式教育学校由其所有者规定每一学年的开学时间和学期长度。连续职业教育和培训的开始时间应当由学校制定。国立和市立普通学校和职业培训学校的非正式教育方案的开学时间,应当由行使所有者权利和义务的机构制定。其他普通学校、职业培训学校的开学时间由其所有者规定。

7.正式教育方案在学习方案、教育方案和资格登记中心登记注册后才可以在学校实施。学校只有在符合政府批准的《实施正式教育方案的学校网络布局发展规划》的一般标准和特殊标准的情况下,才可以实施普通教育课程。学校实施正式职业培训方案,须有教育科学部颁发的许可证,并应当支付许可证的发放、增补或修订的费用。正式职业教育和培训的许可规则应当由政府批准。

8.学校(高等教育机构除外)或者其他教育机构,必须获得许可证,才可以开始招生和教学;若要求书面同意证明,则同时应当获得该证明方可招生及教学。

9.国家和市级正式教育学校可以通过行使所有者权利和义务的机构所做的决定,实施非正式教育方案;其他正式教育学校可通过该学校所有者的决定,实施非正式教育方案。

10.学校可以:

(1)在行使所有者(国家和市级学校)权利和义务的机构、所有者(其他学校)以及学校章程规定的范围内,承担义务,签署学习协议和其他合同。

(2)在行使所有者(国家和市级学校)权利和义务的机构、所有者(其他学校)的允许下,建立分支机构和代表办事处。

(3)依照法定程序加入协会。

(4)依照本法、其他法律或行使所有者(国家和市级学校)权利和义务的机构和所有者(其他学校)规定的程序,规定未经确定的教育及其附加服务的价格、费率和关税。

(5)依照教育科学部规定的程序实施国内和国际教育项目。

(6)依照学校章程的规定,从事合法的商业活动。

(7)享有本法中未规定的、与法律没有抵触的其他权利和义务。

11.学校必须确保给学生提供一个良好而安全的环境,防止任何暴力和恐吓事件,杜绝形成不良甚至危险的习惯;实施课程、学习方案和教育方案,向当地社区开放,订立教育协定,履行合同义务以及保证良好的教育质量。

12.儿童福利委员会应当负责在普通教育和学前教育学校以及实施初等职业教育方案的职业培训学校中建立一个安全和有益的学习环境、为有特殊教育需求的受教育者组织和协调教育方案的修改、提供教育援助并履行与其他儿童福利相关的职能。教育科学部应当制定设立儿童福利委员会及其组织活动的程序。

13.学校应当成立学生社团和青年组织,以激发受教育者的道德、国家和公民意识、爱国精神,促进文化和社会发展,帮助满足他们自我发展和自我表达的需要。学生社团和青年组织应当依照既定程序注册的章程开展活动;其活动不得和立陶宛的宪法和法律有抵触。

14.学校应当为学生社团和青年组织开展活动创造有利条件。学生社团和青年组织的活动可以得到国家资助、国家和市级学校的组织由行使所有者权利和义务的机构资助;其他学校的该类组织由该校所有者或其他自然人和法人资助。

第四十四条　学校和援助机构的关闭和重组

1.国家职业学校和普通学校,由行使学校所有者权利和义务的机构,依照政府批准的《实施正式教育方案的学校网络布局发展规划》和出资兴建学校的机构出具的书面同意，进行重组、清算和结构调整。国家非正式教育学校和援助机构的重组、清算和结构调整，在获得出资兴建该援助机构或学校的机构出具的书面同意后，由行使所有者权利和义务的机构进行。

2. 对于非正式教育学校（预算机构）、普通学校（预算机构）、职业培训学校（预算机构）等学校的重组、清算或结构调整，由市政委员会依照政府批准的《实施正式教育方案的学校网络布局发展规划》进行；对于援助机构（预算机构）的重组、清算或结构调整，由市政委员会依照政府批准的《援助机构的建立、重组、清算和结构调整标准》进行。

市级非正式教育学校（公共机构）应当由行使所有者权利和义务的机构，决定其重组、清算和结构调整；普通学校（公共机构）和职业培训学校（公共机构）应当依照政府批准的《实施正式教育方案的学校网络布局发展规划》，由行使所有者权利和义务的机构，决定其重组、清算或结构调整；援助机构（公共机构）应当依照政府批准的《援助机构的建立、重组、清算和结构调整标准》，由行使所有者权利和义务的机构，决定其重组、清算或结构调整。当市政委员会关于普通学校重组、清算和结构调整的决定草案与学校的决定相抵触时，关于这一学校的改组、清算和结构调整的提案应当提交到教育科学部。学校决定的通过程序应当由教育科学部规定。

3. 民办学校和民办援助机构应当由其所有者或按照法律规定决定其重组、清算或结构调整。

4. 国家和市级学校（高等教育机构除外）的结构调整，即变更学校内部结构或类型、变更学校组织活动（建立或取消班级、小组、部门、分支，引入或取消在学校使用国家语言或民族语言教学），由行使所有者权利和义务的机构执行；其他学校结构的改组由所有者决定，法律对于法人具体法律形式另有规定的除外。实施正式教育方案的学校（高等教育机构除外）的结构调整，应当依照政府批准的《实施正式教育方案的学校网络布局发展规划》执行。变更公立学校（职业培训学校除外）的内部结构或类型，应当取得教育科学部的书面同意。

5. 行使所有者（国家和市级学校）权利和义务的机构或其他学校所有者关于重组、清算、结构调整，以及内部结构和类型调整的决定后，校长必须在决定通过后的1个月内，以书面形式通知每个受教育者。学校必须向受教育者履行教育协议中规定的所有义务。

6. 行使所有者（国家和市级学校）的权利和义务的机构和其他学校所有者应当依照《民法》和其他法律规定的程序，重组、清算或改组学校和援助机构。学校（高等教育机构除外）和援助机构的重组程序最晚应当提前4个月开始，且必须在当年8月31日之前完成（学年不是从9月1日开始的学校的重组程序，必须在其学年开始之前完成）。

7. 高等教育机构应当依照《高等教育与研究法》规定的程序，予以重组、清算和改组。

第五章　受教育者、家长(监护人)、教师及其他教育实施机构/个人的权利与义务

第四十五条　受教育者和教育机构/个人之间的关系

1. 受教育者与教育机构/个人之间的教育关系,应当以教育协议的形式进行备案。
2. 14岁以下儿童的教育协议应当由其家长(监护人)代表其利益并签订。
3. 14～18岁儿童在家长(监护人)签订书面同意后,方可签订教育协议。
4. 教育协议应当规定教育协议的各方、课程、完成的形式、各方的义务、协议的有效期、终止或变更的依据和后果。
5. 教育关系成立应当从受教育者接受教育的第一天开始算起。教育协议应当在第一天开始学习前签订。违反本法或其他法律的任何合同条款均无效。除非其他法律另有规定,教育协议应当在学校注册。
6. 职业教育和培训协议应当依照《职业教育法》规定的程序签订;高等教育学习协议应当依照《高等教育与研究法》签订。

第四十六条　受教育者的权利与义务

1. 受教育者享有如下权利:
(1)免费获得关于现有学校、教育方案和学习形式的信息。
(2)根据其能力和需求,在校学习、自主学习并取得教育水平和资格证书。
(3)从14岁起自主选择道德培养课程(宗教学或伦理学)。
(4)接受高质量教育。
(5)选择正式教育方案补充模块和满足其自我表达需求的方案模块、选修课程方案及课程。
(6)接受心理援助、特殊教育援助、特别援助和社会教育援助,接受职业指导和教育方面的信息援助,获得在校医疗保健、成绩评估以及与学习过程有关的其他信息。
(7)在相互尊重、身心安全的环境中学习,学习任务量和学习环境要符合安全和卫生要求。
(8)客观评估其学习成绩。
(9)加入学校自管会。
(10)依照法定程序维护自己的权利。
(11)行使《职业教育法》或《成人非正式教育法》以及其他法律规定的其他权利。
2. 受教育者应当履行下列义务:
(1)在签订教育协议时,遵守协议规定的所有条款及条件,以及规范学校程序文件的各项细则。
(2)在校勤奋学习、遵守受教育者行为规范,尊重教师和学校其他职员,不侵犯他人的权利和合法权益。

(3)学习初等和基础教育课程,直到 16 岁为止。

第四十七条 家长(监护人)的权利与义务

1.家长(监护人)享有下列权利:

(1)免费获得关于现有学校、教育方案和学习形式的信息。

(2)参与子女选择课程、教育形式和学校,或其他教育机构/个人(必要时可代表子女做出选择)。

(3)获取有关子女状况、教育和学习需求、进步、出勤和行为的信息。

(4)加入学校自管会。

(5)参与对子女特殊教育需求的评估并获得关于评估结果的综合信息。

(6)将年满 6 岁的子女送到学校学习初等教育课程。

(7)要求为其子女提供高质量教育。

(8)享有其他法律规定的权利。

2.家长(监护人)应当履行下列义务:

(1)在子女满 7 岁的日历年,送其到学校学习初等教育课程,本法第九条第 3 款规定的情况除外。

(2)为子女提供良好和安全的生活条件;尊重子女,保护其不受暴力、恐吓和剥削;确保子女及时接受体检。

(3)与学校校长、其他教育机构/个人、教师和其他提供特别援助、心理援助、社会教育援助、特殊教育援助的专家、医疗保健专家合作,处理儿童学习问题,并遵循他们的建议。

(4)为 14 岁以下的子女选择道德(宗教学或伦理学)培养方案。

(5)培养子女的价值观,管理并纠正子女的行为。

(6)为子女上学、学习初等和基础教育课程做好准备,直到其年满 16 岁。

(7)确保子女准时、正常上学;如果不能上学,立即通知学校。

(8)为有特殊教育需求的子女选择课程和学校。

第四十八条 教师执业及其权利

1.下列人员有权成为教师:

(1)教授普通教育课程、职业培训方案和非正式教育方案的教员。

(2)已取得高等教育水平(2009 年以前获得大专教育水平或 1995 年以前获得中等专业教育水平),并教授普通教育课程、职业培训方案和非正式教育方案的人员;成为学前、初等学前和普通教育课程教师 2 年内取得教员资格的人员;成为职业培训方案和非正式教育方案(学前和初等学前教育课程除外)教师 1 年内,依照教育科学部规定的程序,参加过教育心理知识课程学习的人员。

(3)完成职业培训方案,获得普通教育水平及资格,在相关领域有 3 年工作经验,依照教育科学部规定的程序、参加过教育心理知识课程的学习,教授职业培训方案和非正式教育方案(学前和初等学前教育课程除外)的人员。

(4)本法第三十一条第 5 款提及,教授宗教相关课程的人员。

(5)已取得中等教育水平,依照教育科学部规定的程序、参加过教育心理知识课程的学习并教授非正式教育方案(学前、初等学前教育课程和正式教育补充课程除外)的人员。

(6)在高等教育机构学习并教授学前、初等教育学前和普通教育课程的人员。[①]

2.教员资格的规定性说明应当由教育科学部批准。个人是否具备教员资格,由教育科学部规定。

3.本条第 1 款中提及的教师必须拥有教育科学部批准的资格证明。

4.个人在欧盟成员国或瑞士取得资格,并依照《规范职业资格认证法》规定的程序进行认定,符合本条第 1 款和第 3 款的规定,可以在立陶宛担任教师。

5.个人在外国取得资格(在欧盟成员国或瑞士所取得的资格除外)并依照政府规定的程序进行认定,且符合本条第 1 款和第 3 款规定的条件,可以在立陶宛担任教师。

6.本条第 1 款和第 3 款的规定之外,如果其他法律规定了教师的职位要求,这些法律规定的职业要求同样适用。

7.外国人或无国籍人士可依照立陶宛的法律和国际协定在学校工作。

8.下列人员不能作为教师执教:

(1)不符合本条第 1、3、4、5、6 款规定的人员。

(2)被判有故意伤害罪的人员。

(3)被法院判定为具有限制行为能力或无民事行为能力的人员,直至其恢复能力或解除能力限制为止。

(4)父母监护权被法院判决受限并且处于限制期限内的人员。

(5)患有卫生部所列疾病目录的人员。

(6)法律规定的其他情况。

9.校长应当依照教育科学部规定的程序任免教师。

第四十九条 教师的权利与义务

1.教师享有下列权利:

(1)提出个人教学方案;选择教学活动的方法和形式。

(2)每年至少参加 5 天在职培训。

(3)依照教育科学部规定的程序接受考核并获得相应类别的资格。

(4)在有益身心安全、互相尊重的环境中工作,配备适当的工作条件并符合卫生标准。

(5)加入学校自管会。

(6)建议学校校长要求市政管理局对儿童提供适度监管措施,并建议学校校长根据

[①] 2011 年 9 月 1 日后,第四十八条第 1 款第(6)项视为无效。

《立陶宛保护儿童权利基本规定法》(以下简称《保护儿童权利基本规定法》),对违反教育机构的议事规则及受教育者行为规范的行为,采取适当的矫正性纪律处分。

(7)行使《职业教育法》《成人非正式教育法》以及其他法律规定的权利。

2.教师应当履行下列义务:

(1)保证受教育者安全,提供高质量教育。

(2)培养受教育者坚定的道德意识、公民意识、民族意识和爱国主义,教导他们尊重父母;培养受教育者的个人能力,以保证其具有文化认同感;在法律规定必须以立陶宛语作为教学语言的地方,以清晰易懂的方式和标准的立陶宛语提供教育内容。

(3)遵守教育机构批准的道德规范和建立教育机构议事规则的文件要求。

(4)提升自己的能力。

(5)根据受教育者的能力和职业提供教育,加强受教育者的学习积极性和自信,向有学习困难和有特殊教育需求的受教育者提供帮助,提供适合他们的课程计划、内容、方法。

(6)公正地评估受教育者的学习成绩并经常通知他们学习的进度。

(7)依照学校规定的程序,告知家长(监护人)其子女的状态、教育和学习需求、进度、出勤和行为表现。

(8)与其他教师合作完成教育目标。

(9)尊重受教育者,不侵犯其个人权利和合法权益。

(10)履行《职业教育法》和《成人非正式教育法》规定的其他义务。

3.作为教育工会的代表,有权代表教育者利益,依照法定程序维护他们的权利。

第五十条 自由教师的权利与义务

1.自由教师可依照法定程序,实施学前、初等学前教育课程和其他非正式教育方案;实施正式教育方案模块、正式教育方案补充模块和满足受教育者自我表达需要的方案模块;具有许可证的自由教师,还可以实施正式职业培训方案。

2.自由教师享有下列权利:

(1)根据个人计划工作。

(2)选择教学活动的方法和形式。

(3)提供教育援助。

3.自由教师应当履行下列义务:

(1)保证受教育者安全。

(2)施教场所符合卫生标准。

(3)实施与受教育者达成一致的教学过程。

(4)在法律规定必须以立陶宛语作为教学语言的学校,以清晰易懂的方式和标准的立陶宛语提供教育内容。

4.自由教师不得对自己在学校的授课对象教授其在学校讲授的同一科目的课程。

第五十一条　其他教育提供者的权利与义务

1.其他教育提供者享有下列权利：

(1)实施学前、初等学前教育课程和其他非正式教育方案；实施正式教育方案模块、正式教育方案补充模块和满足受教育者自我表达需要的方案模块。

(2)如具有许可证，则可以实施正式职业培训方案。

(3)提供教育援助。

(4)获得约定的资金和特权。

2.其他教育提供者应当履行下列义务：

(1)保证教育质量和在教学过程中确保受教育者安全。

(2)在法律规定必须以立陶宛语作为教学语言的学校，以清晰易懂的方式和标准的立陶宛语提供教育内容。

(3)为学生提供符合卫生标准的教育条件。

(4)遵守教师道德规范。

(5)提供教师在职培训。

第六章　教育管理和自我管理等

第五十二条　教育管理和教育实体管理

1.教育管理的目的是通过监控、规划、下放权力和责任以及监督等行政手段确保国家教育政策的实施质量。

2.管理教育的实体有：

(1)议会。

(2)政府、教育科学部、其他部委。

(3)市政机构。

(4)民办学校的所有者。

(5)教育机构的负责人。

3.部分教育管理权力可下放给教育自我管理机构。

第五十三条　教育监控

1.教育监控的目的是授权管理教育的实体采纳合理的决定并进行管理，保证教育质量。

2.国家对教育的监控应当根据教育科学部规定的程序，按照教育监控的指标，由教育科学部、教育科学部授权的其他机构和市政机构实施。

3.教育科学部应当对国家教育制度在乡村和地区的落实状况做出年度报告。

第五十四条　教育规划

1.教育规划的目的是通过评估教育状况和社会教育需求，制定长期和短期的教育目标和任务，决定优先发展事项并确定实施手段。

2.《国家教育战略》应当提出立陶宛教育政策的优先发展事项、长期教育目标、教育内容的变化趋势和拨款次序。应当制定该战略并提交给议会，并由政府确认。该战略为覆盖十年的教育战略，并应当至少每四年审查一次。

3.在实施《国家教育战略》时，各市应当制定长期教育目标以及实现该目标的措施。

4.学校应当制订战略计划。校长批准战略计划，须经校董会、行使该校所有者权利与义务的机构（国立学校-预算机构）、政府行政机构或由其授权的机构（市立学校-预算机构）、行使所有者权利和义务的机构（国立和市立学校-公共机构）和学校其他所有者的同意。

5.学校应当制订年度工作计划。学校校长须经校董事会同意，批准年度工作计划。

6.高等教育应当依照《高等教育与研究法》规定的程序，予以规划。

第五十五条　政府在管理教育领域的权力

政府的权力包括：

1.执行总统下达的法令和议会管理教育的各项决议、国家长期教育战略方案、教育领域的政府规划方案，批准实施方案。

2.在教育议题方面，协调教育科学部、其他部委和政府机构。

3.建立、重组、清算和改组国立院校和法律上作为公共机构的教育机构；必要时也可以建立、重组、清算和改组政府机构的教育管理实体；在教育科学部内部设立机构，并指派教育科学部行使该部下属机构所有者的权利和义务（采纳决定重组和清算此类机构除外）。

4.责成下属行政机构起草《国家教育战略》，负责实施《国家教育战略》和教育领域的政府方案。

第五十六条　教育科学部的权力

教育科学部行使下列权力：

1.参与国家教育政策的制定、实施和保障工作。

2.对教育质量负责。

3.向政府提交提案和决议草案；制定、改进法律和其他法案；教育经费、学校物质基础、学校财产的处置。

4.依照政府或其认可的机构规定的程序，保存学业名册、培训方案和资格名册，建立和保存资格发展方案和活动、教育和科学机构、许可证、教育证书类型、文凭、教育证书和资格证书、受教育者、学生、教师的登记册以及建立和维护国家教育信息系统。

5.协调市级行政教育部门实施国家教育政策的活动，提交政府批准的一般规定；为市级行政机构管理部门的主管和专家制定资格要求。

6.协调在乡村（地区）内为有特殊教育需求的受教育者指定的职业培训学校和普通学校网络的发展。

7. 组织并协调普通教育课程资格认证。

8. 依照政府规定的程序颁发正式职业培训方案许可证以便执行。

9. 与外国和国际组织的相关机构保持联系,促进本学校和组织与其他国家的学校和组织开展独立合作,提供资助或以其他方式鼓励旅居国外的立陶宛人在教育和研究领域的活动,在外国或国际组织中代表立陶宛。

10. 对校长、负责教育的副校长进行绩效考核;对于国家作为所有者或股东的学校,按照法定程序由教育科学部行使权利和履行义务,对于此类学校的教学组织部门的主管的绩效考核也包括在内。

11. 组织对于教师和教育科学部作为股东依法行使权利与义务的学校里的教育援助专家的绩效考核。

12. 审批教育科学部批准的学前教育课程、普通初等学前教育课程、普通教育和正式教育的教学内容(初级、基础、中等课程、教学计划的说明)标准;审批中等教育课程的认可标准和中等教育课程实施程序说明;通过由国家或市政预算资助的、教育科学部批准的、作为正式教育教学补充的非正式教育方案的一般标准。

13. 批准普通教育连贯学习程序的说明,以及学前教育程序的说明。

14. 对校长、负责教育的副校长、国家和市级学校(高等教育机构除外)教学组织部门的主管五年一次的在职培训、绩效考核和绩效评估的各项细则进行审批,对教师、为受教育者提供特殊援助的专家进行在职培训和绩效考核的各项细则以及教员培训的各项细则进行审批。

15. 重视立陶宛语教学和国外使用立陶宛语的教学;分析国家教育预算拨款是否得到合理使用,公布国内教育的总体状况,并履行法律和政府规定的其他职能。

16. 对于从事教育、研究、文化和体育方案、实施项目的机构、企业和组织,通过招标形式安排预算拨款。

第五十七条　国家部委、对议会负责的国家机构和在教育管理领域的政府机构等的权力

1. 国家部委和政府机构的权力包括:

(1)参加起草管理教育政策和学校活动的文件,向教育科学部提交法律草案。

(2)和教育科学部共同颁布教育相关法案。

(3)依照教育科学部规定的程序,对校长、负责教育的副校长、部委和国家机构依法行使股东或所有者权利与义务的教学组织部门的主管进行绩效考核。

(4)依照教育科学部规定的程序,对部委和国家机构依法行使股东或所有者权利与义务的学校里的教育援助专家进行绩效考核。

2. 政府应当确立各部委和政府机构在教育管理问题上的具体权限和责任。

3. 对议会负责的国家机构应当根据其职权,关于教育领域的法律草案和其他法案,向议会和政府提出建议和结论。

第五十八条　市政机构在教育管理领域的权力

1.市政机构的权力包括：

(1)实施国家教育政策,制定教育发展的长期目标和落实措施。

(2)建立、重组和清算市政府的教育分支部门。

(3)建立实施学前、初等学前、初等、基础和中等教育课程、儿童和成人非正式教育方案的学校网络;为实施儿童义务教育创造条件。建立一个满足居民需求的职业培训和成人教育实施网络,并应当自主建立非正式教育实施机构网络。

2.市政府行政机构的权力包括：

(1)分析教育状况,确保国家教育政策的落实。

(2)组织学前教育、初等学前教育、普通教育、职业培训和职业指导、其他儿童非正式教育以及成人非正式教育。

(3)组织和协调向受教育者、教师、家庭、学校提供教育援助,实施对儿童最基本的监督措施。

(4)依照法定程序,任命市行政部门的教育分支机构负责人和专家。

(5)依照教育科学部规定的程序,对校长、负责教育的副校长和教学组织分支机构负责人进行绩效考核。

(6)依照教育科学部规定的程序,组织教师和教育援助专家进行绩效考核。

(7)依照政府规定的程序,组织并登记辖区内居住儿童;确保所有儿童接受义务教育方案。

(8)组织对辖区内受教育者的学习成绩测试。

(9)依照法定程序,负责辖区内居住的每一名受教育者上下学的交通,并按照本法第三十六条第1款和第2款的规定,安排受教育者免费乘用交通工具往返于学校。

(10)向教育科学部和公众提供有关该市教育状况的信息。

第五十九条　教育机构负责人的任命及权力

1.行使所有者权利与义务的机构或该机构授权的个人应当批准国家教育机构(高等教育机构除外)负责人的职务说明,并通过竞争的方式担任负责人。

2.批准市级教育机构负责人职务说明以及通过竞争方式任免负责人,均应当依照法定程序进行。

3.国家和市级教育机构负责人的资格要求和竞选负责人的程序应当由教育科学部规定。

4.民办教育机构负责人应当依照法定程序予以任免。

5.教育机构负责人的权力包括：

(1)指导起草、确认并实施教育机构的战略规划、年度工作计划,以及教育方案。

(2)依照规定程序任免教师、教育工作者和服务人员,并确认他们的职务说明。

(3)负责公布本法第二十六条规定的信息,以实现教育机构的民主管理;确保合作关系,遵守教师道德规范,决策透明,向社区成员提供信息,向任教和非任教职工提供在职培训,确保良好安全的环境,防止任何暴力或恐吓的行为,避免养成不良习惯。

(4)分析教育机构的经营管理资源状况,对教育机构的成果负责。

(5)执行学校章程,履行教育机构负责人职务说明规定的其他职能。

(6)按照法定程序与学校委员会共同决定是否准许在校内或学校建筑内安装移动通信基站。

(7)依照《儿童权利保护基本法》,对违反行为规范的受教育者进行惩戒性处罚。

(8)依照《儿童最基本和适度监督法》规定的程序,建议市政府关于儿童的最基本和适度监督措施的任务分配。

6.对高等教育机构负责人的任命及其权力和责任应当由《高等教育与研究法》规定。

第六十条　学校的自我管理

1.学校的自我管理应当建立在学校的教育目标、教育方案和该校现有传统的基础之上。

2.学校的各种自管会应当依照学校章程规定的各自职能,共同讨论学校活动和经费的问题,通过形成决议,影响校长的决策,对学校的管理进行公共监督。学校自管会的多样性、职能及其设立的原则,应当由学校的章程予以合法化。

3.学校委员会代表受教育者、教师、家长(监护人)和当地社区权益,是学校最高的自我管理机构。学校委员会委员应当对所在选区的学校社区成员负责。

4.其他学校自我管理机构[教师自管会、受教育者自管会、家长(监护人)自管会]也可在学校发挥职能。

5.高等教育机构自我管理的具体特征应当由《高等教育与研究法》规定。

第六十一条　市级教育自我管理机构

1.市政府可以设立市级教育委员会和特别教育区域委员会,以促进城市人口参与制定市级教育政策,并推动该政策的执行。

2.市级教育委员会应当从受教育者、教师、家长(监护人)、社会合作伙伴、教育提供者和(或)其协会中选举产生。

3.市级教育委员会的各项细则应当由市政委员会批准。

4.市级教育委员会应当分析总体教育政策的实施情况,批准通过教育发展的长期目标,并让公众参与政策目标的实施。

第六十二条　国家教育自我管理机构

下列国家教育自我管理机构应当促进公众参与教育政策的制定和教育问题的决策:

1.立陶宛教育委员会应当作为专家机构,就立陶宛教育发展的战略问题进行磋商。立陶宛教育委员会的管理条例应当由议会确认。

2.普通教育委员会应当设立和批准教育改革项目,推动和发展学前教育、初等学前教育、初等教育、基础教育、中等教育课程，教师资格和职业发展，兴建学校等。普通教育委员会的管理条例应当由教育科学部批准。

3. 立陶宛职业培训委员会应当就职业培训的战略问题提出建议。职业培训委员会的管理条例应当由政府批准。

4. 立陶宛成人非正式教育委员会应当研究立陶宛发展非正式教育的未来前景，分析成人非正式教育制度的项目。立陶宛成人非正式教育委员会的管理条例应当由政府批准。

5. 高等教育委员会应当就高等教育发展战略问题向教育科学部提供咨询服务。高等教育委员会的管理条例由政府批准。

第六十三条　学校社区成员参与教育管理

1. 学校社区成员可以参与教育管理，并联合组成各种协会、组织和利益集团（受教育者、学生、教师、家长/监护人联盟，学校、教育管理层负责人），履行其成员及其章程中所规定的教育、文化、科学研究发展的任务和职能。

2. 依照《立陶宛社会组织法》，教师协会、社团和联盟应当参与制定其所教授的科目内容，以及参与解决教师在职培训的问题。

3. 教育管理实体应当向本条第1款规定的组织和协会提供信息、咨询和方法，以履行其职能，并可以邀请这些社区协会成员以专家的身份提供咨询。

4. 学校工会活动应当由《立陶宛工会法》规定。

第六十四条　教育监督

1. 教育监督的目的是检测教育的普及性和质量，促进教育的发展，提供咨询和评估活动。

2. 教育监督应当包括监控教育的普及性和质量，向教育提供者、援助机构和教育管理机构提供咨询服务，实施预防措施和外部评估，实施处罚，促进教育发展和实施法律规定的其他措施。

3. 教育科学部应当对教育提供者的活动进行国家层面的监督。

4. 学校活动应当受行使所有者权利与义务的机构（公立学校-预算机构）、市级行政机构（市立学校-预算机构）、行使所有者权利与义务的机构和其他学校所有者的监督，必要时可以通过外部评估的方式进行监督。

5. 高等教育研究的质量应当依照《高等教育与研究法》规定的程序，接受监督。

第七章　教育经费

第六十五条　教育经费来源

1. 国家预算和市政预算的拨款。

2. 其他经费。

第六十六条 教育发展投资

1. 在国家层面上,教育(建筑、装修、人力资源开发等)发展投资基金应当按照《立陶宛关于批准国家预算和市政预算财务指标法》规定的方案,为相应年度进行分配。教育科学部应当根据国家教育战略和政府方案起草年度和长期教育投资方案。

2. 在市一级,教育发展投资基金应当按照市政委员会批准的预算方案分配。市级投资方案的起草应当考虑国家投资方案和战略性教育计划。

3. 国家资本投资资金分配给各市时,应当充分考虑重建学校网络布局的效率和保证教育质量的其他标准。

第六十七条 教育方案和学校经费

1. 生均教学经费数额的设置原则应当适用于立陶宛国家和市政预算中用于公立、市立和民办学校(高等教育机构除外)的正式教育方案和儿童非正式教育方案相应年份的拨款。

国家预算经费中安排的教学经费,应当按照政府批准的方法计算和分配。

2. 市立和民办学校为资助学前教育、初等教育、基础教育、中等教育课程和满足受教育者自我表达需求的正式教育方案补充模块的教学经费,应当从《立陶宛关于批准国家预算和市政预算财务指标法》规定的国家预算中安排用于市政预算的专项拨款中,按相应年份划拨;公立学校的教学经费应当从国家预算规定的拨款中划拨。

3. 学校维修经费应当按照规定的方式,由行使所有者权利和义务的机构[本条第4款第(1)项规定的学校除外]分配给公立和市立学校。

4. 维修经费应当划拨给以下学校(高等教育机构除外):

(1)对于符合《实施正式教育方案的学校网络布局发展规划》的宗旨和标准,在乡村(地区)为有特殊教育需求的受教育者开设的市立学校(班级)所需经费,应当根据政府批准的方案和市政预算拨款,从立陶宛相应年度国家预算中拨出专款解决。

(2)实施普通教育课程的民办学校(本条第10款所提及的学校除外)所需的经费,应当从所有者经费和学校章程规定的其他经费中安排。

5. 作为法定预算机构的学校,应当依照行使所有者权利与义务的机构、受教育者[其家长(监护人)]和资助者法定程序资助儿童非正式教育方案(学前教育课程除外);在其他学校,应当依照学校章程规定的程序资助此类方案。国家和市政预算中的资金可以划拨给法定预算机构的公立和市立学校,用于实施儿童非正式教育方案(初等学前教育课程除外)。

6. 成人非正式教育学校和法定为预算机构的资助机构,应当依照行使权利和义务的机构所规定的程序,由其他成人非正式教育学校提供资金;援助机构应当按照其章程规定的程序融资。国家和市政预算资金可以划拨给国家和市级成人非正式教育学校和法定为公共机构的援助机构。

7. 职业教育与培训机构应当依照《职业教育法》规定的程序进行融资。

8.高等教育机构应当依照《高等教育与研究法》规定的程序进行融资。

9.学前教育和儿童非正式教育学校、非正式教育方案,应当依照法定程序,从国家和市级预算中划拨资金;也可以依照政府规定的程序,从立陶宛相应年度国家预算中用于市政预算的专项经费中安排资金。

10.对于实施正式教育方案的传统宗教社团和协会的民办学校的经费,如果立陶宛国际协定对此类公立学校提供经费,那么依照政府或其授权的机构所规定的程序,国家依据教学经费和维修经费的预算中分配给相应类型的公立或市立学校相同数额的标准划拨给民办学校。

11.学校提供医疗保健的经费,应当依照政府规定的程序,从强制性医疗保险基金、国家和市政预算以及其他经费中安排。

12.企事业单位和其他组织机构可以获得预算经费,以便实施教育、研究、文体方案和项目。

第六十八条 校长、负责教育的副校长、教学组织部门主管、教师和向受教育者提供援助的专家的薪酬

1.国家(高等教育机构除外)和市级学校校长、负责教育的副校长、教学组织部门主管的工资,按照个人获得的教育水平、工作年限、管理资格类别和工作性质等确定。

2.国家(高等教育机构除外)和市级学校教师和向受教育者提供援助的专家的工资,按照个人获得的教育水平、工作年限、资格类别和工作性质确定。

3.对于国家(高等教育机构除外)和市级学校校长、负责教育的副校长、教学组织部门主管、教师、向受教育者提供援助的专家和其他参与教学过程的工作者的薪水支付程序,应当由政府做出规定。

4.国家(高等教育机构除外)和市级学校校长、负责教育的副校长和教学组织部门主管的管理资格类别及其工作和资格类别的相符性,应当每隔5年接受一次认定和评估;教师和向受教育者提供援助的专家的资格类别应当依照教育科学部规定的程序,进行确定。

5.民办学校的校长、教师和其他员工的工资应当依照法定程序确定。

6.国家高等教育机构的员工工资应当依照《高等教育与研究法》规定的程序支付。

7.教学岗位目录和任职期限,应当由教育科学部、财政部和劳动与社会保障部协商后通过。

第六十九条 物质援助

1.学习职业培训方案并致力于获得第一资格的学生,以及国内职业培训机构的学生可依照政府规定的程序,获得助学金和物质援助。

2.对高等教育机构学生的援助应当由《高等教育与研究法》规定。

3.学习非正式教育方案的受教育者可依照法定程序接受援助。

4.行使所有者权利和义务的机构(高等教育机构除外)(公立和市立学校)和所有者

(其他学校)应当以各种方式,确保教师和教辅人员每年接受不少于5天的在职培训,并且安排相关经费。

5.从国家预算或其他经费来源获得经费、行使公立学校所有者权利和义务的机构(高等教育机构除外),从市政预算或其他经费来源获得经费、行使市立学校所有者权利和义务的机构,以及其他学校(高等教育机构除外)所有者,都可以根据自行规定的方式,向教师和教辅人员提供物质资助或某些具体费用(通勤交通工具的采购、租赁、贷款支付使用权和转让协议、住房租赁和其他费用)。

第七十条　学费

1.公立和市立学校的初等学前教育、初等教育、中等教育和为取得第一资格开设的职业教育课程和职业培训方案应当免收费用。

2.民办学校的学费及教师工资由该校所有者规定,并应当依照协议支付。

3.受教育者使用的初等、基础、中等教育课程的教科书应当免费提供。

4.受教育者使用的正式职业培训方案的教科书应当部分免费提供。受教育者的教科书在经过家庭条件评估后也可免费提供。

5.受教育者使用的个人用品(练习本、钢笔、计算器等)应当由受教育者的家长(监护人)提供。

6.有特殊教育需求的受教育者可免费接受学校教学援助。

7.应家长(监护人)要求,行使学校所有者权利和义务的机构(高等教育机构除外)(公立和市立学校)和所有者(其他学校)应当依据学前教育和普通学校章程规定,明确额外服务(延长日小组、课后学生保健、俱乐部、社团、露营、远足等)的费用总额。

8.教育科学部应当确定获得教育水平证书的费用,已取得中等教育水平并希望为下一步学习做更充分准备而重修中等教育课程科目的费用,以及会考的费用。

9.行使学校所有者权利和义务的机构(公立和市立学校)和所有者(其他学校)应当确定儿童非正式教育(初等学前教育除外)和学校(高等教育机构除外)提供的成人非正式教育的学费。教育机构应当考虑受教育者的特长和家长(监护人)的经济情况,适当减少儿童非正式教育(学前教育除外)的费用。

10.对于教育方案和由职业培训学校的教学、学习服务(咨询、课程等)中没有规定的额外实践培训援助服务,受教育者应当支付费用。所提供服务的费用总额,应当由学校校长在咨询学校委员会后确定。

11.行使学校所有者权利和义务的机构(公立和市立学校)和所有者(其他学校)应当确定接受学前教育儿童的生活费。该费用可根据行使学校所有者权利和义务的机构(公立和市立学校)和所有者(其他学校)规定的程序适当减少。

12.高等教育机构的学费应当依照《高等教育与研究法》规定的程序设定。高等教育机构提供的非正式教育的学费应当由高等教育机构确定。

13.教育机构应当依照法定程序向受教育者提供学习用具。

第八章　国际合作

第七十一条　国际教育的参与

1. 立陶宛教育体系中的教育机构有权参与国际教育事务、国际方案或与外国教育体系中的教育机构进行合作。

2. 参与或合作的条款和程序应当由立陶宛国际协议、立陶宛和外国机构的协议以及立陶宛其他法案、立陶宛教育机构和外国直接合作协议规定。

3. 如果立陶宛已批准的有效国际条约的规定条款与本法抵触,则应当适用国际条约的规定。

4. 如果政府或其授权的机构已经做出决定,则欧盟的教育方案和倡议以及其他国际教育方案和倡议应当由教育交流扶持基金会管理。

第七十二条　外国和国际组织教育方案的实施

1. 外国和国际组织的学校(高等教育机构除外)应当按照本法、立陶宛的国际协定和其他法案规定的条款和程序,在立陶宛建立和运行。外国和国际组织的教育方案(高等教育学习方案除外),按照政府规定的程序并得到教育科学部书面同意,可以实施(或废止)。

2. 外国的高等教育学习方案应当依照《高等教育与研究法》规定的程序,在立陶宛实施。

3. 外国和国际组织的教育方案可在立陶宛学校以非立陶宛语进行教学。在立陶宛完成了外国和国际组织的教育方案的学员,应当授予其外国或国际组织的相关证书。

立陶宛总统

达利娅·格里包斯凯特

立陶宛高等教育与研究法

（2009 年 4 月 30 日颁布）

高等教育与研究旨在帮助保障国家经济、社会、文化的繁荣，为立陶宛每位公民的美好生活保驾护航，以及满足人们对知识的自然渴求。立陶宛的高等教育与研究政策保障本国高等教育与研究质量，确保高等教育机会公平，争取有利的条件实施研究，以及寻求完善的学术和创新活动；该政策确保高等教育与研究体系满足社会与经济需求，支持该体系在高等教育与研究的国际领域的开放与融合。完善的高等教育与研究体系是知识社会发展、知识经济加强、国家可持续发展、国民经济富有活力及竞争力、社会与经济福利发展的基础。教育体系可以培育富有创造性、高素质、有自尊、有道德、有责任感、有公德意识、独立及有创业精神等个性；它也可以培育立陶宛人民的文明认同感，支持社会发展，推动国家和全球文化的进步。

第一章 总 则

第一条 立法目的

本法将确立：

1. 高等教育与研究机构国家条例。
2. 高等教育与研究机构质量保证原则。
3. 高等教育与研究机构的设立、终止和改组的法律依据。
4. 高等教育学历和学位的授予和认证。
5. 高等教育与研究机构的管理、组织及监督活动。
6. 高等教育与研究机构的教学人员、研究人员与学生的权利与义务。
7. 高等教育与研究机构的经费。
8. 国立高等院校资产管理、使用与处置的原则。

第二条 本法适用例外

1. 当本法与国防系统和兵役制度组织法不矛盾时，本法律条款适用于立陶宛乔纳斯·色麦迪陆军军官学校。
2. 当本法与教会、立陶宛教育与文化合作协定的条款不矛盾时，本法律条款适用于神学院。

第三条　高等教育与研究的原则

1. 研究应遵循以下原则：

（1）创作与研究自由。

（2）符合学术伦理。

（3）立陶宛教育研究优先。

（4）研究结果公开。

（5）与国家及社会生活融合。

（6）面向国际质量标准。

（7）公平竞争。

（8）知识产权保护。

（9）参与国际和欧洲的研究领域。

2. 高等教育应遵循以下原则：

（1）学术自由。

（2）对公众公开、负责。

（3）学术界成员合作。

（4）满足学生的个人兴趣。

（5）承诺培养学术界成员的公共责任感。

（6）高等院校公平竞争与学生公平竞争。

（7）立陶宛研究优先。

（8）符合欧洲人文和民主传统。

（9）和欧洲高等教育领域具有兼容性。

（10）不断努力学习。

（11）融入国家和社会生活。

3. 研究涉及保护、加强和发展

立陶宛民族认同的基本任务拥有国家确定的战略性优先地位，高等教育和研究机构参与实施这一优先任务，应视为开展具有战略意义的活动。

第四条　定义

1. 大学毕业生是指完成学习计划并获得高等教育资格证书的人。

2. 学院高等教育是指根据高等教育学历颁发标准，在立陶宛高等教育机构完成学院学业后所获得的教育，或在国外教育与研究机构依据法律程序获得同等教育水平认证的教育。

3. 大学高等教育是指根据高等教育学历颁发标准，在立陶宛高等教育机构完成大学学业或博士学业后所获得的教育，或在国外教育与研究机构依据法律程序获得同等教育水平认证的教育。

4.高等教育和研究机构或教育项目计划认证是指评估高等教育机构或教育项目计划是否符合法律、法规的要求。

5.高等教育文凭是指个人所获得的高等教育资格的证明文件。

6.高等教育资格是指学位资格(专业学士学位、学士学位、硕士学位)、理学博士学位、文学博士学位以及由高等教育机构依照法律程序所授予的资格证明。

7.教职员工是指在高等教育机构中教导学生和教授知识的人。

8.实验(社会、文化)开发是指利用从研究和实践经验获得的现有知识,为生产新的材料、产品和设备,建立新的工艺、系统和服务,或对已产生和建立的上述各项开展实质性改进的系统性活动;也指利用从研究和实践经验获得的现有知识,为创造、发展或对人类、文化和社会所面临问题的解决方案做实质性改进的系统性活动。

9.基础研究是指在研究时,没有任何特定的使用目的,为了获得关于现象和可观察事物的基本原理的新知识而进行的实验性或理论性研究。

10.未划分类别学生是指学习非正规教育课程或学习不同科目的受教育者。

11.研究与实验(社会、文化)开发是指关于研究自然、人类、文化和社会并运用此类活动成果的系统性创造活动。

12.科学家是指具有科学学位的研究人员。

13.研究机构是指主要业务为研究与实验(社会、文化)开发活动的机构。

14.高等教育与研究机构是指,主要开展教学活动、教学或研究和实验(社会、文化)开发相关活动的法人。

15.高等教育与研究机构的教职员工是指包括教学研究人员、其他研究人员、行政人员和其他员工在内的所有员工。

16.研究(艺术)交流是指向公众介绍研究情况及艺术创作品。

17.成名艺术家是指其作品或表演被公众和艺术界专家广泛认可,获得著名国际、国内或其他大奖,并对于立陶宛艺术、文化发展产生重要影响的艺术创作者或表演艺术家。

18.驻留学习是指在即将完成学习计划但尚未获得学位期间的学习;这类学习是针对已获得大学高等教育学历,依照法律规定的形式为独立实践活动做准备的学生。

19.学生是指根据学习计划或博士学习计划在高等教育机构学习的人员。

20.学习是指至少已经完成中等教育,并根据确定的学习计划或博士论文准备期间,在高等教育机构的学习。

21.学分是用于计算学生学习量的一种计量单位,用以衡量学习成果和学生的学习时间。一个学年的1 600小时相当于60学分。

22.学习领域是指一套学习计划,高等教育文凭记载该学习领域和学位名称及项目名称。

23.学习方案是指某一学习领域的学习内容、方法和实际措施的总和。

24.学习领域是指包括人文学科、社会、物理、生物医学、技术及艺术的领域。

25.学习相关活动是指入学学习、学习方面的咨询答疑、签署学习合同、开展或组织学习的其他活动,以及颁发文凭、附加证书(附录)和高等教育资格证书。

26.应用研究是指为获得新知识,主要针对某一特定的实际目标或为解决任务而进行的实验性或理论性操作。

27.研究人员是指具有高等教育学历,能够创新知识,提出概念,创造新产品,提出新流程、新方法和新体系,或指导研究性和实验(社会、文化)开发项目的人员。

第二章 高等教育与研究机构

第五条 高等教育与研究机构的类别

高等教育与研究机构分为两个类别:高等教育机构和研究机构。

第六条 高等教育机构的类型及其活动基础

1.高等教育机构分为两种类型:大学和学院。

2.高等教育机构可以是国有和非国有两种形式。

3.高等教育机构应当组织和开展学习,授予本法规定的高等教育资格证明,开展研究,寻求实验(社会、文化)开发,开展艺术活动,转化研究与实验(社会、文化)开发成果,积累科学知识,开展创造性活动和文化活动,在学术界培养价值观及其传统。

4.国家高等教育机构应当作为公共机构运行的公共法人,且享有《立陶宛宪法》保障的一般自主权,以及本法和其他法律保障的特殊权利。民办高等教育机构应当作为公共机构或私人法人运行的公共法人。

第七条 高等教育机构自治权和义务

1.高等教育机构应当享有包括学术、行政管理、经济和财务管理的自主权,并以自治原则和学术自由为基础。根据《立陶宛宪法》所规定的程序,本法和其他法律授予高等教育机构的自治权应与对公众、创办人和法人的义务相统一。

2.高等教育机构享有如下权利:

(1)自主选择学习领域和形式及学生个人发展培养方式,推动研究和实验(社会、文化)开发,从事艺术专业、文化、科学知识规定的学习过程。

(2)确定研究程序。

(3)按照本法规定的程序制定学费标准。

(4)制订和批准符合法律法规要求的学习方案。

(5)提供其他教育、进修、专家服务。

(6)出版研究性刊物、科学性刊物和其他刊物。

(7)依据法律和其他条例规定建立内部组织机构,安排内部工作,确定教职员工人数及维护其权利,核定职工职责和薪资水平,设定岗位要求,制定竞争上岗和员工绩效考核的程序。

(8)根据其章程确定的程序录取和辞退学生。

(9)由高等教育机构本身或赞助商出资,为学生颁发奖学金。

(10)与立陶宛和其他国家的自然人和法人建立合作形式。

(11)根据本法和其他法律规定的方式管理、使用和处置资产。

(12)从事合法且与教学目标密切相关的经济和商业活动。

(13)行使法律规定的其他权利。

3.高等教育机构的义务包括:

(1)保障学术自由。

(2)向创办人、法人和公众报告教学与研究活动的质量保障措施;如果是国家高等教育机构,还需要报告其财务活动、经济活动和研究活动及资金的使用情况,外部质量评估结果及教育项目计划的评定结果。

(3)适时向政府授权的机构提供官方资料(统计数据和专题信息),接受对于高等教育和研究体系的必要管理和监督。

(4)为学生提供就业咨询指导。

(5)履行法律规定的其他义务。

第八条　大学

1.大学应当开展教学活动、科研活动,推动实验(社会、文化)开发活动和发展高水平的艺术专业活动。高等教育机构的名称必须包含"大学"或"学院"或"神学院"的字样。

2.大学办学目标:

(1)以研究为基础,开展符合现代知识和技术水平标准的教学活动,并颁发高等教育资格证书,培养全面发展、有道德、有责任感、具有创新精神和创业精神的人才。

(2)协调发展各个领域的科学认知;开展高层次的研究,推动实验(社会、文化)开发,培养科学家,在科学和人文领域与国内外机构或个人开展合作。

(3)通过和公共机构及经济领域的合作,促进科研、教育、艺术和其他文化活动,推动国家和地区的发展。

(4)推动全社会的教育、科学、艺术和文化的协同发展,高效利用科学技术手段,提高技术、产品和服务的市场竞争力。

3.大学50%以上的教学人员应当是科学家或艺术家。

第九条　学院

1.学院开展教学活动,推动应用性研究或发展专业艺术教育。开展此类活动的高等教育机构的名称必须包含"学院"或"高等教育机构"的字样。

2.学院教学目标:

(1)学院应当根据立陶宛国家、社会和经济的发展需要,按照科学水平和最新技术水平要求,开展教学活动,提供高等教育和高等职业资格教育。

(2)发展本地区需要的应用性研究,为当地政府和经济组织提供咨询服务。

(3)为受教育者进一步获取知识和技能创造条件。

(4)推动教育和文化的协同发展,以使受教育者适应日新月异的技术革新。

3.具有所任教领域3年以上实际工作经验的教师应当占学院教学人员的50%以上。学院须按照其规定的程序,提升教师在其任教的学科领域的任职资格。学习领域的介绍应当说明具有科学学位的教师在该领域的任教情况。

第十条 研究机构

1.研究机构包括国家研究机构和非国家研究机构。

2.国家研究机构应当设定对于国家、公众或经济组织具有重要作用的研究领域,并推动该领域开展长期研究和实验(社会、文化)开发。

3.国家研究机构目标:

(1)确定对于国民经济、社会、文化、医疗卫生诸方面的持续发展起重要作用的研究领域,并推动该领域的长期研究和实验(社会、文化)开发。

(2)和代表工商界、政府和公众的组织机构合作,接受委托,开展研究和实验(社会、文化)开发项目,提供实施方案以及其他帮助。

(3)向公众传播科学知识,并将其推广应用于文化、教育、医疗卫生,以及社会和经济活动中。为推动创新型、知识型经济的发展、构建知识型社会做出贡献。

4.国家研究机构的宗旨是收集、保存、系统化、交流立陶宛无形遗产和文献遗产研究成果等,在立陶宛语言、民族学、文学、文化和历史遗产等对国家具有重要意义的领域开展基础研究。政府采取以法律形式批准其章程的方式来确立这些领域的基础研究的地位。

5.国家研究机构应当是公共法律实体,作为预算或公共机构运行。非国家研究机构可以是公共法人,作为公共机构或私人法人运行。

第十一条 研究机构的权利和义务

1.研究机构享有下列权利:

(1)依照法律和其他法规,决定其内部结构、工作安排、员工人数及其权利和义务,以及薪资条件、招聘及员工的绩效考核程序。

(2)在工作中,与立陶宛和其他国家的自然人和法人合作。

(3)出版科学和其他文献,选择某种形式公布其研究和实验(社会、文化)开发成果。

(4)按照本法规定的程序,和不同的大学合作,培养科学家并协助培训专家。

(5)促进在经济、社会和文化生活领域的研究和实验(社会、文化)开发的成果转化和应用。

(6)与立陶宛和其他国家自然人和法人签订合同,依照合同,在其自身研究领域开展专家审核,提供科学咨询和其他服务。

(7)按照法律规定的程序管理、使用和处置研究资金。

(8)根据法律规定的程序取得其他权利。

2.研究机构的义务:

(1)保障学术界人士的学术自由。

(2)向创办人和公众报告研究活动的质量保障措施,如果是国家研究机构,还需要报告其财务活动、经济活动以及资金的使用情况。

(3)适时向政府授权的机构提供官方资料(统计数据和专题信息),接受对于高等教育和研究体系的必要管理和监督。

(4)履行法律规定的其他义务。

3.本法相关规定应根据研究所及其员工的研究工作在细节上做必要的修改。

第三章 高等教育与研究机构的管理

第一节 高等教育与研究政策的制定和实施

第十二条 高等教育与研究政策的制定与实施机构

1.国家高等教育与研究政策应由议会制定。

2.国家高等教育与研究政策应在本法、其他法规的范围内,由政府、教育科学部、其他部委、立陶宛研究委员会、立陶宛研究基金会、高等教育质量评估中心、学术道德和程序监事会、政府和教育科学部授权的机构以及其他机构执行。

3.在高等教育发展战略方面,高等教育委员会应作为教育科学部的咨询机构。高等教育委员会应按照政府批准的规程设立和运行。

4.国际科学和技术发展计划署应当协调立陶宛企事业单位和其他组织参与国际研究计划和项目。国际科学和技术发展计划署应当由政府或政府授权机构设立。

第十三条 立陶宛研究委员会

1.立陶宛研究委员会应为国家预算编制机构。议会根据政府推荐,设立立陶宛研究委员会,批准其管理规定和政府推荐成员。立陶宛研究委员会对议会和政府负责。立陶宛研究委员会的主任委员是立陶宛研究委员会的唯一管理者。

2.立陶宛研究委员应当是议会和政府关于研究和研究员编制问题的顾问。立陶宛研究委员会应当参与开展研究、实验(社会、文化)开发和其他项目,参与研究资金和实验(社会、文化)开发资金的竞标划拨方案的制订,并应在立陶宛组织开展研究评估活动。

3.立陶宛研究委员会应当由研究基金会和两个专家委员会(人文科学及社会科学委员会、自然及技术科学委员会)组成。上述委员会应当按照立陶宛研究委员会条例规定的程序设立。

第十四条 国家研究基金会

1.国家研究基金会应当为国家预算编制机构。该基金会的设立、章程的制定和董事会的任命应由政府批准通过。国家研究基金会董事会应为国家研究基金会的唯一管理机构。

2.国家研究基金会应当按照政府规定的程序,管理国家贷款,支持国家提供的助学贷款、第三期学生奖学金以及向学生提供的其他形式的经济援助。

第十五条 科技园区

1.科技园区应为法人,其主要职能应当是促进科学知识传播和技术推广,为研究成果的商业转化创造条件,加强科学和商业的联系并促进文化创新。科技园区为创建企业开展应用研究和实验(社会、文化)开发,为实施创新性发展积极创造有利条件。

2.科技园区的设立、经营、改组、关停应依照《民法》和其他法律规定的程序进行。高等教育与研究机构必须是科技园区的成员组织。

3.如果科技园区是公共法人,其目的是满足公众的需要,其成员组织是国家高等教育机构和(或)国家或市政机构,那么科技园区可以分别获得国家基金或市政基金(包括预算拨款)。

4.科技园区可以实施国家机构批准的项目。科技园区与其扶持企业之间的责任关系,应当在合同中做出规定。

第十六条 科研和商业综合中心

1.为了挖掘研究、学习和知识集中的综合性商业潜力,成立科研和商业综合中心。科研和商业综合中心必须具备一个共同或相关的基础设施,目的是为创造知识社会和知识经济、加强立陶宛的竞争力做出贡献。

2.建立和发展科研和商业综合中心的构想和方案应由政府批准。

3.为了推动科研和商业综合中心的协调发展,国家应为其创建和实施具体方案;政府授权的机构可以成立监事会并批准其职能。

第十七条 高等教育质量评估中心

1.高等教育质量评估中心应是国家预算编制机构。该中心的设立和管理规定由教育科学部批准。高等教育质量评估中心的主要目标如下:

(1)鼓励高等教育机构通过外部评估、机构认证和教育项目计划,提升教学质量。

(2)在立陶宛组织和实施对外国机构颁发的高等教育相关资格的评估/认证,履行政府规定的其他职能,同时在此类活动过程中为人才自由流动创造有利条件。

2.高等教育质量评估中心的管理机构应当是高等教育质量评估中心的理事会,该理事会由11名成员组成。成员任期为6年,由以下机构任命:议会、教育科学和文化委员会、政府、教育科学部、立陶宛研究委员会和立陶宛科学院、大学的评议会、大学的学术委员会、立陶宛高等教育机构的学生代表联合会、立陶宛文化艺术委员会、立陶宛实业家联合会、立陶宛工商业、手工艺协会、知识经济论坛等。高等教育质量评估中心理事会应当制定和批准其议事规则。

3.高等教育质量评估中心的外部评估应当每5年至少进行一次,并公布评估结果。

4.高等教育质量评估中心应当每年公布高等教育质量评估概况。

5.高等教育质量评估中心董事会应为该中心的唯一管理团体。董事须由公开竞聘选出,任期为5年,最多可以连任两届;高等教育质量评估中心委员会有权委任、罢免董事会成员。

第十八条　学术道德与程序监事

1.学术道德与程序监事(以下简称"监事")应当是国家官员,其职责是负责审查申诉,启动违反学术道德和程序的调查。

2.议会应在立陶宛研究委员会推荐的基础上任命监事,监事任期为5年,连续任期不得超过两届。经任命的监事履行其职责,直至任命新的监事。

3.监事在下述情况下终止任期:

(1)任期期满后。

(2)辞职。

(3)死亡。

(4)在过去一年内,若监事因临时丧失工作能力而持续离岗超过120个日历日或累计超过140日,法律允许由于某种疾病而导致较长时间离岗,医务或伤残委员会宣布其无法履行其职责的情况除外。

(5)对其起诉的罪名成立。

(6)半数以上议会成员表达出对其不信任。

4.在本条第3款第(4)项规定的情况下,只有议会收到卫生部设立的医生委员会的鉴定结论后,才可以做出决定终止监事的决定。

5.在本条第3款第(1)项和第(2)项的情况下,监事应继续任职,直至新监事任命。

6.监事应当具有良好声誉,拥有科学学位和管理经验。

7.监事不得在国家和市属机构、公共机构、企业和其他组织中任职。除创造性活动的薪酬外,监事不得领取其他薪酬。

8.监事应遵守《立陶宛宪法》、本法、国际条约和立陶宛的其他法规。

9.监事的活动应以合法性、公平性、公正性和公开性原则为基础。

10.向监事提交投诉必须注明:

(1)投诉人的姓名(或法人名称)和地址。

(2)关于违反学术道德或程序的资料。

11.监事应在30日内审核提交的投诉并做出决定。若由于投诉中所反映的情况复杂,或在投诉检查期间必须获得其他资料,则审查申诉和做出决定的时限可从收到申诉之日起延长至3个月。

12.监事在审查申诉或完成调查后,应当做出决定:

(1)向高等教育与研究机构和教育科学部通报违反学术道德和程序的人员。

(2)责成已经授予科学学位和已经通过竞争性程序招聘员工的机构,撤销授予科学学位和通过竞争性程序决定录用的决定。

(3)建议高等教育与研究机构根据规范学术道德和程序的文件,撤销做出的不当决定。

(4)建议受聘员工不参与正在进行的研究和实验(社会、文化)开发项目。

(5)关于部分人员(作者)因他人违反学术道德而遭受的侵犯,告知负责某一特定领域的相关机构。

(6)如刑事罪行证据已确认成立,则通知执法机关;

(7)如监事未履行义务,则向法院提出上诉。

(8)公开违反学术道德和程序的案件。

(9)辨认不合理投诉。

13.监事必须书面答复申请人。

14.监事的行为活动由学术道德和程序监事会负责(以下简称"监事会")。监事会应当为国家预算机构。监事会由监事领导。监事会管理规程应由议会批准。

15.监事有权从机构、企业、组织和学术界成员组织单位免费获得执行监事会职能所需的资料。

16.监事应当在每年3月1日前,向议会报告其自身和监事会的活动。

17.监事的薪酬数额和支付条件应由国家政治家和官员报酬法确定。

第二节　高等教育机构的管理

第十九条　高等教育机构实体

1.国立大学必须设立学校管理机构——机构委员会和参议会,以及独立的管理主体——校长。

2.国立学院必须设立学校管理机构——机构委员会和参议会,以及独立的管理主体——院长。

3.民办高等教育机构根据其建校文件进行管理。

第二十条　高等教育机构委员会

1.高等教育机构的管理团体应为高等教育机构委员会。

2.高等教育机构委员会应履行下列职能:

(1)批准高等教育机构的愿景和任务,批准由校长(院长)提出的战略行动计划。

(2)在听取参议会(学术委员会)的意见后,将大学章程修正案提交至议会(或将修正案提交至政府)请求批准。

(3)审议和批准由校长(院长)提出的高等教育机构的结构改组方案。

(4)制定高等教育机构资金(以及划定为机构领导和其他员工薪酬的资金)和资产的管理、使用和处置程序,审议和批准与此相关的重大决策。

(5)制定高等教育机构校长(院长)公开竞争上岗的程序,任免高等教育机构的校长

(院长)。

(6)制定高等教育机构员工选拔和评价原则。

(7)根据校长(院长)的建议,确定学费和实施教育项目计划非直接相关的费用。

(8)充分考虑教学研究活动的质量保证措施,设定招生总名额。

(9)批准高等教育机构的年度收支报表和校长(院长)提出的执行报告。启动关于高等教育机构经济和财务活动的审计程序。

(10)批准由校长(院长)提出的高等教育机构年度工作报告,评估各项工作是否符合战略规划、取得的成就和产生的影响。

(11)明确高等教育机构与公众和创办人的责任和关系,每年公布高等教育机构战略行动计划的执行状况。

(12)参与高等教育机构的支持工作。

(13)根据参议会(学术委员会)的意见,批准高等教育机构的改组或清算计划,并将改组计划提交至议会(政府)批准。

(14)编写年度工作报告。国立大学向参议会递呈本校工作报告;国立学院向政府递呈本院的工作报告。

(15)履行高等教育机构条例和其他法律行为规定的职能。

3. 高等教育机构委员会应由9名或11名成员组成,具体人数根据高等教育机构章程规定。按照高等教育机构章程规定的程序,在学生代表大会缺失的情况下,委员会中的1名成员应当由学生代表担任;2名成员(若委员会由11名成员组成,则其中的3名成员)应当由教学和研究人员担任;1名成员由行政人员或其他员工担任;1名成员由教育科学部和高等教育机构的参议会(学术委员会)任命;委员会中的4名成员(若委员会由11人组成,则为其中的5名成员)由非高等教育机构工作人员和非学生的法人或自然人提议——这部分成员应由教育科学部根据高等教育委员会的推荐任命,高等教育委员会在听取高等教育机构的建议后做出推荐。教育科学部应当公开委员会的成员组成情况。

4. 在教育、科学和人文、文化、公共活动或商业领域中曾任或担任职务(本规定不适用于学生代表)、有知识和能力推动高等教育机构实现目标、推动完成高等教育机构使命、拥有良好声誉的人(本条第5款人员除外),都可以当选为高等教育机构委员会成员。委员会成员连续任职不得超过两届。

5. 立陶宛总统、议会成员、政府官员以及公务员,不得当选为高等教育机构委员会成员。

6. 高等教育机构委员会成员的任期为5年。委员会成员任期届满前1个月,教育科学部应当公布新一届委员会的成员组成情况。

7. 高等教育机构委员会成员在任职前,应当按照高等教育机构章程规定的程序,在委员会会议上签署承诺书:承诺维护高等教育机构和公众利益,坚决履行本法规定的职能。

8.高等教育机构委员会主席应当从其成员中选举产生。经过全体成员多数投票可以选举或罢免委员会主席。高等教育机构职员或学生不能担任委员会主席的职位。

9.高等教育机构委员会应当制定其议事规则。委员会应根据出席会议的委员会成员多数赞成票做出决定。三分之二以上委员会成员出席会议做出的决议,即为有效。

10.高等教育机构的校长(院长)应以顾问身份出席委员会会议。

11.如果高等教育机构委员会成员未能适当履行高等教育机构章程规定的职责、委员会议事规则或本条第7款所述的承诺或未能签署本条第7款中的承诺书,委员会主席有权向任命该成员的组织提出请求,罢免经任命的委员会成员。

12.如果高等教育机构委员会成员在其任期届满前职权终止,则由曾经任命该成员的组织按照本条第3款规定的程序任命委员会新成员。该委员会新成员应在签署了本条第7款所述的承诺书后,经教育科学部宣布其任命后开始任职。

13.高等教育机构委员会成员可以在其任期内得到由高等教育机构支付的薪酬。高等教育机构章程规定该支付程序。

14.校长(院长)应当保障高等教育机构委员会活动所需的工作条件。

第二十一条　国家高等教育机构的参议会(学术委员会)

1.国家高等教育机构的参议会(学术委员会)应当为该高等教育机构的学术管理机构。

2.大学参议会应当履行下列职能:

(1)批准教学项目计划、研究和实验(社会、文化)开发方案、艺术方案,并向校长提出关于资助和执行此类方案需要调整大学内部结构的建议,评估研究成果以及该大学的研究质量和艺术活动的质量水平。

(2)界定研究程序,批准大学内部规章制度。

(3)批准内部教学质量保证体系,并监管其执行情况。

(4)按照大学职工选拔评估原则,批准教职员工和研究人员岗位资格要求,制定研究人员和教职员工绩效评估程序,组织开展岗位招聘工作。

(5)按照大学章程规定的程序,召开学术会议,讨论学校有关活动的重要问题。

(6)按照大学章程规定的程序,授予大学荣誉学位等称号。

(7)履行法律法规和大学章程规定的其他职能。

3.学院学术委员会应当履行下列职能:

(1)批准教育项目计划,并向院长提出关于资助和执行此类方案需要调整学院内部结构的建议,评估研究成果以及该学院的研究质量和艺术活动的质量水平。

(2)界定研究程序,批准学院内部规章制度。

(3)批准内部教学质量保证体系,并监管其执行情况。

(4)按照学院职工选拔评估原则,批准教职员工和研究人员岗位资格要求,制定研究人员和教职员工绩效评估程序,组织开展岗位招聘工作。

(5)按照学院章程规定的程序,召开学术会议,讨论学院有关活动的重要问题。

(6)按照学院章程规定的程序,授予学院荣誉学位等称号。

(7)履行法律法规和学院章程规定的其他职能。

4.参议会(学术委员会)应当按照高等教育机构章程规定的程序设立,委员任期不得超过5年。

5.大学(学院)学术人员,根据其职务入选参议会(学术委员会)的大学行政人员、科学家、教职员工和其他高等教育机构的著名艺术家可入选参议会(学术委员会)。参议会(学术委员会)成员中必须有至少20%的名额为学生代表。学生代表由学生代表大会委任;如果学生代表大会缺失,则由学生会委任。参议会(学术委员会)成员中必须有至少20%的名额为教授和首席研究人员;至少20%的名额为副教授和高级研究人员;最多只能有10%的名额是根据其职位入选参议会(学术委员会)的成员。其他高等教育机构的职员也可以根据他们的职务成为参议会(学术委员会)的成员。高等教育机构的校长(院长)根据其职务也应当是参议会(学术委员会)的成员。

6.参议会(学术委员会)的活动应当由高等教育机构参议会(学术委员会)批准的参议会(学术委员会)议事规则加以规范。

7.高等教育机构的校长(院长)不能当选为参议会(学术委员会)主席。

8.参议会(学术委员会)应当按照高等教育机构规定的程序,将其决策结果告知高等教育机构,并向高等教育机构提交年度工作报告。

第二十二条　高等教育机构校长(院长)

1.高等教育机构的校长(院长)为高等教育机构的独立管理主体,代表高等教育机构并开展工作。

2.校长(院长)应履行下列职能:

(1)领导高等教育机构,组织其活动,确保战略计划的实施。

(2)下达命令。

(3)招聘、解聘高等教育机构的职工。

(4)按照高等教育机构章程规定的程序录取和辞退学生。

(5)在评估学生代表提案后,向高等教育机构委员会提交学费费率和实施教育项目计划非直接关联费用率并请批准。

(6)负责高等教育机构的财务活动,妥善管理、使用和处置机构的资金和资产。

(7)向高等教育委员会提交申请批准并公布高等教育机构的年度工作报告、年度财政收支表以及执行情况报告。

(8)向参议会(学术委员会)提交高等教育机构年度工作报告,并提请教育科学部审核。

(9)向高等教育委员会提交申请批准高等教育机构活动和高等教育机构结构改革的战略计划。

(10)履行法律和高等教育机构章程规定的其他职能。

3.校长(院长)应通过公开竞聘选举产生,由高等教育机构委员会负责任免。

4.高等教育机构委员会应当公布公开竞聘校长（院长）的职位。如果五分之三以上的委员会成员投票赞成，校长（院长）即当选。

5.校长可以是具有科学学位的人士，或是具有教育和管理经验的成名艺术家。

6.院长可以是具有教育和管理经验的人士。

7.高等教育机构委员会主席或任何其他经委员会授权的人，应当以高等教育机构的名义与当选的校长（院长）签订关于其任期的雇用合同。

8.校长（院长）的任期应为5年。在同一高等教育机构的校长（院长）连任不得超过两届；如果其最后任期为连续第二届任期，则在其最后任期结束的第5年后，才可再次参选。

9.如果高等教育机构的年度工作报告、高等教育机构负责人或校长（院长）提交的收支报表执行情况的年度报告未获得大多数委员会成员赞成通过，委员会可以按照法律规定的程序解职校长（院长）。

第二十三条　学生参与高等教育机构的管理工作

学生代表大会指定的学生代表在高等学校管理机构中代表学生的利益；如学生代表大会缺失，则由学生会指定的代表履行学生代表的职责。

第三节　研究机构的管理

第二十四条　研究机构管理主体

1.国家研究机构的管理主体应当为研究所的科学委员会和研究所所长。

2.非国家研究机构应当根据其创始文件加以管理。

第二十五条　国家研究机构科学委员会

1.国家研究机构科学委员会应履行下列职能：

(1)按照规定，批准国家研究机构的组成和变更。

(2)批准研究人员的绩效评价程序，组织竞争上岗，填补研究人员的职位空缺。

(3)审议和批准规范研究活动的文件。

(4)审议研究机构主管提交的年度工作报告，并评估国家研究机构任务和目标的执行情况。

(5)履行章程规定的其他职能。

2.按照研究机构规定的程序设立为期5年的国家研究机构科学委员会。委员会由研究人员、行政雇员以及其他有兴趣执行研究任务的机构、企业和组织代表组成。国家研究机构科学委员会应当批准其议事规则。

第二十六条　国家研究院领导

1.国家研究院校长（院长）应当是高等教育机构的独立管理主体，代表高等教育机构并以该机构的名义开展工作。校长（院长）须按照法律及管理规定履行该机构领导的职能。

2.国家研究院院长应当通过公开竞聘上岗;由创始人(法人成员)或其授权人(他们)免职。

3.国家研究院院长应当由公开竞聘上岗,程序由政府或其授权的机构批准。

4.具有科学学位和管理经验的人员可以担任国家研究院院长。

5.国家研究院院长的任期为5年,同一国家研究院的院长连任不得超过两届。如果其最后任期为连续第二届任期,则在其最后任期结束的第5年后,才可再次参选。

第四章　高等教育与研究机构的设立、终止和改组；授权开展教学和与教学有关的活动

第二十七条　高等教育机构设立的条件

1.高等教育机构的设立应当遵循《民法典》、本法和规范法人法律形式的法规。

2.具备本法规定的用以确保计划研究项目、研究和艺术活动质量的物质基础和其他条件,并符合开办高等教育的资质要求,可以建立高等教育机构。

3.议会应当根据政府的提议设立国立大学。在不违背本法规定的条件下,国家作为国立大学所有者的权利和义务仅由政府或其授权的机构行使或履行。个人和公共人不能持有国立大学的股份。

4.国立学院应当由政府根据教育科学部的提议设立。在不违背本法规定的条件下,国家作为国立学院所有者的权利和义务仅由政府或其授权的机构行使或履行。政府在通过决定设立国立学院后,还应当做出决定,向国家机构移交创办人职能。个人和公共人不能持有国立学院的股份。

5.民办高等教育机构可以由自然人或法人建立,但国家和市政机构、位于立陶宛的分支机构、在欧盟成员国或其他已签署欧洲经济区协定的国家设立的企业除外。

第二十八条　高等教育机构章程

1.高等教育机构章程(以下简称"章程"),是高等教育机构依照其规定开展教学科研活动的创始文件。

2.章程必须包括以下内容:

(1)高等教育机构注册名称、地址。

(2)法律形式。

(3)活动目标和任务。

(4)业务范围和类型。

(5)高等教育机构的主要业务。

(6)高等教育机构实体及其权限、其选举程序(任命、召集)和其成员罢免程序。

(7)学生和员工的权利、义务和责任。

(8)学生入学和劝退程序。

(9)委员会设立的程序。

(10)资金来源、资产和资金使用程序。

(11)高等教育和研究的质量保证程序。

(12)分支机构和代表处设立及其活动终止的程序。

(13)章程修订程序。

3.章程也可以规范和管理高等教育机构的其他活动。

4.国立大学章程应当由议会决议批准通过,国立学院章程则由政府决议批准通过。

5.民办高等教育机构的创办文件,依照法律规定的程序予以通过和修改。

第二十九条 研究院设立条件

1.研究院应当根据《民法典》、本法和规范法人法律形式的法规建立。

2.国家研究院的创办人应为政府。政府在通过决定设立国家研究院后,还应当做出决定,向国家机构移交创办人职能。非国家研究院可由法人或自然人建立,但国家机构和市政机构除外。

3.在某一领域需要进行长期研究和实验(社会、文化)开发,并对国家、经济或社会发展有重要意义,经政府授权的评估机构确定国家研究院设立项目拥有足够的物质条件和人力资源,同时满足设立国家研究机构的其他规定,可以设立国家研究院。

4.国家研究院的设立程序、创办文件要求、研究院活动的资格要求和监督机构活动的程序应当由政府规定。

第三十条 研究院章程

1.研究院章程必须包括以下内容:

(1)研究院注册名称和地址。

(2)法律形式。

(3)注册办公处。

(4)活动目标。

(5)活动范围和类型。

(6)研究院的机构及其资质,任免成员的程序。

(7)员工的权利、义务和责任。

(8)研究院的公共监督形式。

(9)资金来源、资产和资金使用程序。

(10)章程修订程序。

(11)其他活动事宜。

2.国家研究院章程应由政府批准。

第三十一条 高等教育机构终止和改组的依据

高等教育机构的终止和改组程序应受《民法典》、本法和规定法人适当法律形式的法规管理。

第三十二条　高等教育机构改组的具体要求

1.根据大学委员会或政府的建议，在对大学委员会的意见进行评估后，议会决定是否改组国立大学。根据学院委员会或教育科学部的建议，对学院委员会的意见进行评估后，政府决定是否改组国立学院。

2.对国家高等教育机构进行分立方式的改组时，至少有一个高等教育机构的权利和义务的受让法人必须是国家高等教育机构；其他法人或者持有股份的一方必须是国家。以合并方式改组国家高等教育机构时，改组国家高等教育机构的权利和义务的受让法人必须是国家高等教育机构。

3.在改组结束后的3个月内，权利和义务移至后的新高等教育机构应当设立新的管理机构。

4.如果在高等教育机构改组期间设立了新的高等教育机构，那么它必须按照本法规定的程序获得授权后开展教学或其他相关教学活动。

第三十三条　高等教育机构清算的具体要求

1.根据大学委员会或政府的建议，在对大学委员会的意见进行评估后，议会决定是否关停国立大学进行清算。根据学院理事会或教育科学部的建议，对学院理事会的意见进行评估后，政府决定是否关停国立学院进行清算。

2.在决定对国家高等教育机构进行清算后，教育科学部应与高等教育机构委员会协调后，委托清算人依照由教育科学部批准的清算项目和时间表对国家高等教育机构进行清算。清算项目必须包含关于确保学生可以继续在其他高等教育机构学习的提议，以及关于使用国家高等教育机构资产的提议。

3.进入清算程序的国家高等教育机构的参议会（教务委员会）、委员会以及校长（院长），自任命清算人之日起，不再行使其职责，其职能应当由清算人代为履行。

第三十四条　研究机构的终止和改组

1.研究机构的终止和改组程序应由《民法典》、本法和其他规定法人法律形式的法规进行管理。

2.国家研究院的终止和改组的决定应由政府批准。

第三十五条　开展教学和其他相关教学活动的权利

1.根据本法，下列高等教育机构有权开展教学和其他相关教学活动：

（1）国家高等教育机构。

（2）民办高等教育机构。

（3）在立陶宛设立的外国高等教育机构的分支机构。

2.依据本法，外国高等教育机构的代表有权开展相关教学活动。

第三十六条　开展教学和其他相关教学活动的授权

1.依照本法规定的程序和政府的规定，授权教育机构开展教学活动和相关教学活动。教育机构具备物质条件、拥有合格员工，能够满足本法和《关于开展教学和相关教学活动授权说明》对于保障教学科研质量、艺术水平、科研和艺术水平规定的条件，以及高等教育资格要求的，则应授权其开展教学及相关教学活动。

2.立陶宛高等教育机构或外国高等教育机构分支机构如希望获得授权开展教学和其他相关教学活动，应向高等教育质量评估中心提交申请及《关于授权开展教学和其他相关教学活动说明》所规定的政府批准的其他文件和数据。在收到立陶宛高等教育机构或外国高等教育机构分支机构所提交的文件后，高等教育质量评估中心应在20个日历日内向国家安全部提出申请，以便国家安全部确定高等教育机构或外国高等教育机构分支机构的计划活动是否对国家安全构成威胁。在收到国家安全部门的证书证明高等教育机构或外国高等教育机构分支机构的计划活动对国家安全不构成威胁后，高等教育质量评估中心必须在4个月内对提交的文件进行评估，并将评估结果通知申请人和教育科学部。

3.在收到高等教育质量评估中心评估结果后1个月内，教育科学部应当决定颁发（不颁发）开展教学和其他相关教学活动的授权书或告知申请人不予颁发授权书的原因。教育科学部同时应当告知注册法律实体关于是否颁发开展教学和其他相关教学活动的授权书的决定。

4.在获得开展教学和其他相关教学活动的授权书后，高等教育机构或外国高等教育机构分支机构必须按照法律规定的程序，向教育科学部提供或允许该部核查有关已获授权开展教学和其他相关教学活动的资料。

5.已获得开展教学和其他相关教学活动授权的高等教育机构或外国高等教育机构分支机构必须符合法律规定的高等教育机构的要求。在取得授权开展教学和其他相关教学活动时提交的数据发生变化的，高等教育机构或外国高等教育机构分支机构必须在1个月内将变更的数据告知教育科学部。

第三十七条　撤销或暂时吊销开展教学和其他相关教学活动的授权

1.在下列情况下，教育科学部可以撤销已颁发的开展教学和其他相关教学活动的授权书：

（1）开展教学和其他相关教学活动的授权书是通过欺诈或以其他违法方式获得的。

（2）高等教育机构的活动在2年内的评价结果多次为否定性评价。

（3）高等教育机构或外国高等教育机构的分支机构从事法律禁止的活动。

（4）高等教育机构破产，或其活动对学生的利益构成威胁。

（5）高等教育机构或外国高等教育机构的分支机构从法律实体名册中除名。

2.在下列情况下，教育科学部将有权撤销已颁发的开展教学和其他相关教学活动的授权书：

（1）高等教育机构或外国高等教育机构的分支机构的开展教学和其他相关教学活

动的授权被暂时撤销且在规定的时限内未能消除其违反立陶宛关于开展教学和其他相关教学活动的法律法规的记录。

(2)高等教育机构或外国高等教育机构的分支机构在获得授权的12个月内尚未开展教学和其他相关教学活动。

(3)高等教育机构或外国高等教育机构的分支机构开展的教学活动不足6个月。

(4)高等教育机构进入清算程序。

(5)立陶宛法律规定的其他情况。

3. 如果高等教育机构或外国高等教育机构分支机构违反了立陶宛关于开展教学和其他相关教学活动的法律法规,教育科学部可以考虑根据违法行为的类型,暂时停止对其开展教学和其他相关教学活动的授权。

4. 教育科学部应当将撤销或暂停授权开展教学和其他相关教学活动的决定告知法律实体登记部门。

5. 教育机构开展教学和其他相关教学活动的授权被撤销后,即丧失了在立陶宛开展教学和其他相关教学活动的权利。

第三十八条　开展相关教学活动的授权

1. 教育科学部应当根据政府规定的程序,对立陶宛内开展相关教学活动进行授权。

2. 外国高等教育机构提交《关于开展教学和相关教学活动授权说明》规定的文件后,教育科学部应当在20个日历日内向国家安全部提出申请,以便国家安全部确定外国高等教育机构的计划活动是否对国家安全构成威胁。在收到国家安全部门的证书证明外国高等教育机构的计划活动对国家安全不构成威胁后,教育科学部必须在2个月内对提交的文件进行评估,并决定是否授权其开展相关教学活动。

3. 如果存在下列情况,教育科学部不得颁发开展相关教学活动的授权书:

(1)提交的文件和数据不符合政府要求或者不正确。

(2)设有代表处的外国高等教育机构不符合政府规定的要求。

(3)外国高等教育机构管辖下的外国主管机构反对在立陶宛设立代表机构。

(4)国家安全部门的结论指出,申请的计划活动可能对国家安全构成威胁。

4. 关于是否颁发开展相关教学活动的授权,教育科学部应当告知法律实体注册部门和申请人。

5. 未获授权进行相关教学活动的高等教育机构的,可以根据政府规定的程序,多次重复申请。

6. 在下列情况下,教育科学部可以撤销发出的开展相关教学活动的授权:

(1)开展相关教学活动的授权书是通过欺诈或以其他违反法律的方式获得的。

(2)授权的机构从事违法活动。

(3)机构开展相关教学活动的授权被中止,且在规定的时限内未能消除违反立陶宛相关教学活动管理法规的记录。

（4）高等教育机构不复存在或外国高等教育机构的分支机构或代表从法律实体名册中除名。

（5）立陶宛法律规定的其他情况。

7.如果获得授权的机构违反了立陶宛相关教学活动管理法规的要求，教育科学部可以暂停授权该机构开展相关教学活动。根据违规行为的性质，由教育科学部规定暂停执照的期限。

8.如果开展相关教学活动的授权已被暂停，该教育机构即无权开展相关教学活动。

9.教育科学部应将撤销或暂停开展相关教学活动的授权决定告知外国高等教育机构和法律实体登记处。

10.开展相关教学活动的授权一旦被撤销，该机构便丧失了在立陶宛开展相关教学活动的权利。

11.外国高等教育机构的代表无权开展相关教学活动。

12.获得开展相关教学活动授权的机构无权开展教学活动。

第五章 研究（艺术）活动和教学活动

第三十九条 科学、人文（艺术）和教学的协调发展

1.高等教育机构必须确保研究（艺术）活动和教学活动相结合。

2.大学可以采取使教学人员和学生参与研究和实验（社会、文化）开发及艺术活动、研究人员（艺术工作者）参与教学过程、在培养方案的第二周期和博士研究项目阶段传授科学知识和研究（艺术）工作技能等形式，保障研究（艺术）活动和教学的有机结合。大学同时开展委托研究和实验（社会、文化）开发及艺术活动，为企业、公共和私人领域服务。培养方案第二阶段的学习应与研究（艺术）活动及其结果相结合。研究（艺术）活动应当是第三阶段学习的必选环节。学院可以通过让教学人员和学生参加工商业和其他组织委托的应用研究和实验（社会、文化）开发、地区开发项目和咨询活动，保证教学和科研的有机结合。

第四十条 高等教育与研究的质量保证

1.高等教育和研究机构应负责研究（艺术）活动、研究和其他活动的质量保证。它们必须公布其活动的质量指数并与评估机构一起树立保障高等教育和研究活动质量的文化意识。

2.高等教育与研究机构通过高等教育与研究机构质量保障的内部体系、对学习计划的外部评估和认证、对研究活动的外部评估以及高等教育与研究机构的外部评估和认证，确保教学研究质量。

3.外部评估的目的是评价高等教育与研究机构的教学研究质量，提出提高质量的建议，增强高等教育和研究质量保障的意识。

4.认证的目的是根据外部评估结果评价教育项目计划或新成立的高等教育机构是

否符合法律的要求。

5.高等教育与研究机构应当根据自我评估和外部评估的结果不断完善高等教育与研究机构的工作。

第四十一条　高等教育与研究机构的内部质量保证

1.各高等教育与研究机构必须根据欧洲高等教育领域研究质量保证的规定和高等教育机构提高教学研究质量的战略,建立内部质量保证体系;制定能够保证高等教育质量的措施和实施方案。

2.高等教育研究机构必须在其网站或通过其他方式公开并更新质量信息和数量信息,此类信息包括:教育项目计划、获准实施的高等教育学历资格,研究(艺术)活动,评估结果,在校学生、毕业生和其他有关方面对学习质量的评价,由认证机构实施的高等教育机构审核评估,毕业生职业索引等;同时也可以公布在学习方面公众有必要了解的其他信息。

3.高等教育与研究机构对于研究(艺术)活动应当经常进行自我评估。

第四十二条　教育项目计划的外部评估和认证

1.教育项目计划经认证后方可实施。外国高等教育机构的分支机构可以实施的教育项目计划必须是按照所属国家评估认证程序进行认证、按照教育项目计划外部评估认定程序进行认证且评估结果为肯定性的教育项目计划。对高等教育机构教育项目计划的外部评估应由高等教育质量评估中心或其他在欧洲高等教育质量保证协会登记处注册的高等教育质量评估机构进行。教育项目计划由教育科学部根据其制定的程序进行认证。已认证的教育项目计划应在规定的时限内录入学习和培训项目计划注册中心。

2.教育项目计划在6年内必须至少获得一次认证。未经认可的教育项目计划或认证期满的计划应从学习和培训项目计划注册中心注销。对于已经进入注销程序的教育项目计划,如果有尚未完成项目的在读学习,教育科学部将制订方案以便尽可能让这部分学生完成该教育项目计划的学习。

3.教育项目计划的外部评价和认证程序的规定说明应由教育科学部批准。

第四十三条　高等教育与研究机构活动的外部评估

1.为了提高高等教育与研究机构的教学科研质量,落实责任,教育科学部每6年对上述机构进行一次评估,包括对涉外专家活动的外部评估。对高等教育与研究机构的活动的外部评估应当包括其章程、条例中规定的所有活动领域。评估标准是其章程、管理规定确定的标准是否符合高等教育和研究的国际水准、教学结果是否符合设置要求、是否实施学术道德规范要求,以及国家资金使用效率等。

2.对高等教育机构活动的外部评估应由教育科学部授权的机构组织实施。高等教育机构外部评估的结果,可以在上述机构认证时采用,也可用于创办人(法人成员会议)所规定的其他方面。

3. 如果高等教育机构得到否定性评估结果，该机构应当在 2 年内再次接受评估。如果第二次评估依然得到了否定性结果，教育科学部将在 1 个月内做出本法第三十七条第 1 款规定的决定。

4. 对高等教育机构外部评估的说明应由政府批准。

5. 国家研究机构的外部评估由立陶宛研究委员会组织进行。国家研究机构外部评估程序的说明应经政府批准。若国家研究机构得到否定性评估结果，政府应当依照本法第三十四条第 2 款的规定做出决定。

6. 非国家研究机构应当倡导实施外部评估并落实资金。

7. 为了提高高等教育和研究的质量，由公共行政机构、科学家协会或高等教育与研究机构对高等教育与研究机构开展的有针对性的评估可由国家出资。

8. 本法规定的研究质量保证的外部评估等措施，也适用于外国高等教育机构的分支机构。

第四十四条　高等教育机构的认证

1. 高等教育机构应根据外部评估结果定期进行认证。

2. 新建高等教育机构必须在成立后 2 年内办理认证。在对新建高等教育机构认证时，应当对其活动是否符合成立期间所设立的要求情况进行追加评估。

3. 如果高等教育机构未经认证，教育科学部应当在 1 个月内做出本法第三十七条第 1 款规定的决定。

4. 对高等教育机构认证程序的说明应由政府批准。

第四十五条　研究活动的透明度

1. 为了确保利用国家预算经费进行的研究活动的质量、国家预算经费使用的透明度，推动科学进步，国家高等教育与研究机构开展的所有研究成果必须公开（通过互联网或任何其他方式），但需符合关于保护知识产权、商业秘密及国家和官方机密的法律规定。

2. 非国家高等教育与研究机构利用国家预算经费进行的研究的结果应公开（通过互联网或任何其他方式），但需符合关于保护知识产权、商业秘密及国家和官方机密的法律规定。

第四十六条　学习体系结构

1. 高等教育机构应当根据学位授予教育项目计划和非学位授予的教育项目计划开展教学科研活动。教育项目计划的实施机构包括：大学和学院。

2. 学习可以分为三个阶段：

(1) 第一阶段——专业学士学位学习、学术学士学位学习。

(2) 第二阶段——硕士学位学习。

(3) 第三阶段——博士学位学习。

3.第一阶段的专业学位的学习方案可以由学院开展实施,第一阶段的学术学位的学习方案可由大学开展实施。第二阶段授予学位的学习方案由大学开展实施。博士学位学习方案可由大学或大学与研究机构共同实施。

4.如果其他法律另有规定,则授予学位的大学学习方案可以进行整合,包括第一阶段和第二阶段的学习。

5.对于旨在进行再培训的非授予学位的学习方案,可由大学和学院按照法律规定的程序实施。

第四十七条　学制和形式,教育项目计划学分

1.学年分为学期和休假期。高等教育机构参议会(学术委员会)应确定学年、学期和假期的起止时间。教育机构在夏季必须为学生提供不少于连续1个月的休假。

2.学习的形式分为连续型和阶段型。连续型和阶段型学习的说明应当由教育科学部批准。完成不同学习形式的教育项目计划后,应视为获得相应教育。

3.连续型学习计划一般为60学分,不少于45学分。一年期的阶段型学习不得超过45学分,且此类形式的学习总持续时间不得超过60学分的连续型学习时长的1.5倍。

4.学院和大学第一阶段的教育项目计划学分不得少于180学分,但不得超过240学分。

5.综合教育项目计划学分应不少于300学分,但不得超过360学分。综合教育项目计划的第一部分(240学分)应归于第一阶段的学习,其余部分应归于第二阶段的学习。

6.硕士学位教育项目计划学分应当不少于90学分,但不得超过120学分。

7.政府应当确定博士学位学习的学制(学习时长)。

8.教育科学部应当确定双学位授予的教育项目计划学制(学习时长)。

9.非学位教育项目计划,应当按照政府或政府授权机构规定的方式,使学员能够获得某种职业资格或为学员独立开展实际工作做好准备。非学位教育项目计划的学分(不包括住院医生学习)应当不少于30学分,但不得超过120学分。住院医师的学分(时长)由政府确定。

第四十八条　学位教育项目计划和博士教育项目计划的要求

1.第一阶段的教育项目计划应当是通识教育、提供学习领域的理论基础和培养独立工作所需的专业技能。大学教育项目计划应当更倾向于大学通识教育、理论准备和最高级别专业能力的培养和提高,而学院教育项目计划应当更面向专业活动。完成第一阶段的大学教育项目计划的学员应当获得某个学习领域(多个学习领域)的学士学位或学士学位和专业资格(本法第五十一条第3款记载);完成学院教育项目计划的学员应当获得相应学科领域的学士学位或专业学士学位和职业资格(本法第五十一条第3款记载)。

2.硕士学位教育项目计划的目的是为学员未来职业在科学知识和分析能力方面打下良好的基础,使其具备独立开展研究(艺术)工作或其他工作的能力。硕士学位教育项目计划应当在开展相应研究(艺术)活动的大学实施。完成硕士学位教育项目计划后,应当授予其相应领域的硕士学位。完成第二阶段神学学习方案的人,可以根据天主教教会等级制度,获得神学硕士学位。

3.教育科学部将核准第一阶段教育项目计划、综合教育项目计划和硕士学位教育项目计划的一般性要求和特殊要求(某一或全部学习领域的说明)。

4.第三阶段的学习应为科学、人文和艺术领域的博士学位学习。

5.科学和人文学科博士学位教育项目计划的目的是培养能独立进行研究和实验(社会、文化)开发、解决科学问题的科学家。教育科学部应当保障大学、研究机构、外国高等教育或研究机构在某一学科和人文领域开展高水平研究的权利。根据《博士项目条例》的规定,申请科学和人文领域博士学位教育项目计划的机构,在接受相应学科水平评估的基础上,可以授予上述权利。政府根据立陶宛研究委员会的建议,审批《博士项目条例》。通过论文答辩的学生可以授予其科学博士学位。

6.在艺术领域开展博士学位教育项目计划的目的是给学员打好基础,以便通过实践使其具备创新能力,诠释和推动艺术研究。教育科学部根据《艺术领域博士研究条例》规定的程序,对申请博士学位教育项目计划的机构进行相应领域的审核评估后,可以授予其实施博士学位教育项目计划的权利。政府根据立陶宛研究委员会的建议审核批准《艺术领域博士研究条例》。学员通过博士艺术项目答辩后,可以被授予相应艺术领域的博士学位。

7.高等教育机构获得联合培养项目的学位授予资格以及获得双学位授予资格后,可以实施联合教育项目计划。如果教育项目计划由两个以上的教育机构——通常来自不同国家——实施时,应授予联合学位。教育项目计划的学员同时满足主要学习领域的要求和其他学科领域的最低要求时,可以授予其双学位。此类项目计划的一般要求由教育科学部制定。

8.教育项目计划为学生提供实习机会时,实习企业、设立机构或组织,应当和学生及其所属的高等教育机构签订实习培训合同。合同的形式由教育科学部批准。高等教育机构负责学生实习的组织工作。

9.对于2000年1月1日前在立陶宛获得的学历、完成某一阶段学习后取得的学历,以及完成根据单阶段高等教育系统和某一阶段学习后取得的学历,教育科学部应当规定和本法规定相当的同等学历。

第四十九条 教学语言

国家高等教育机构的教学语言应当为立陶宛语。在下列情况下,在教学中可以使用其他语言:

1.教育项目计划的内容与另一种语言相联系。

2.授课或其他学术活动由外籍教师指导。

3.根据联合教育项目计划和双学位授予计划,其中的某一部分使用非立陶宛语教学并由外国非国立高等教育机构实施,或符合本条第1款或第2款所述的情况。

4.为外国侨民实施的教育项目或国际交流项目。

第五十条　分模块学习及其成绩认定

1.学生可以学习培养方案的一个模块,掌握培养方案所载的知识和技能,经过评测后可以获得证书。

2.高等教育机构应当承认下列各项:

(1)如果外国高等教育机构按照该国法律规定的程序取得认证,学生完成该机构培养方案部分模块的学习成绩。

(2)立陶宛高等教育机构学生在同一或不同类型的立陶宛高等教育机构完成培养方案模块学习的成绩。

(3)立陶宛高等教育机构的学生根据同一高等教育机构的任何其他培养方案进行模块学习的成绩。

3.高等教育机构培养方案的分模块学习成绩应当按照教育科学部规定的程序予以确认。

第五十一条　高等教育学历资格、文凭、文凭补充说明(附录)、证书

1.完成第一阶段培养方案的内容、第二阶段和综合内容学习的培养方案后,可以获得相应文凭及其说明以证明其学历;完成博士学习方案和论文答辩后,可以获得文凭证明其科学(艺术)学位;文凭随附的文凭补充说明(附录)是提供所获高等教育内容的信息文件,是文凭的组成部分。

2.学员完成非学位教育项目计划后,应当为其出具证明已完成学业的证书。

3.高等教育机构经过相关法规的授权,可以颁发学历证明文件。

4.文凭的规定形式、文凭补充说明(附件)和资格证书的编制、核算、登记及发放程序由政府规定。

5.具有学位授予资格的高等教育机构及其学科领域的目录由政府批准。立陶宛高等教育机构与外国高等教育机构共同开展联合培养项目计划时,可以颁发名单所列之外的学历资格证书。根据教育科学部的建议,政府应授予高等教育机构颁发此类资格证书的权利。

6.在外国高等教育机构获得的教育、高等教育资格应按照政府规定的程序进行评估和认定。

第五十二条　高等教育机构的录取

1.具有中等教育以上学历的学生有资格进入高等教育机构参与第一阶段培养方案和综合教育培养方案的学习。高等教育机构依据学习成绩、入学考试成绩或高等教育机构规定的其他标准,采取择优录取的原则录取学生。根据学科领域和考试成绩、最低及格入学成绩和其他标准制定的择优录取的科目应当有学生代表参与评价,由高等教育机构确定,并且在学年开始前2年公布。

2.高等教育机构在确定总体招生名额时应当充分考虑保证教学质量。

3.具有高等教育学历的学员,可以根据高等教育机构制定的程序,参加第二阶段培养方案的学习。具有专业学士学位的人员,若符合教育科学部规定的最低要求,可以参加第二阶段培养方案的学习。

4.非正规教育项目计划或个性化科目(课程设置)的录取工作应当按照高等教育机构规定的程序进行。

第六章　高等教育机构学术社区

第五十三条　高等教育机构学术社区相关规定

1.学生、教学研究人员、其他研究人员、高等教育机构的名誉教授共同构成学术社区。

2.学术社区成员的学术自由应当得到保证,包括:

(1)思想自由、言论自由。

(2)在符合公认的伦理原则的前提下,选择研究(艺术)方法和教学活动的自由。

(3)公开自己的研究成果和学术信念,不受限制和制裁,但所公开的信息涉及国家或官方秘密并且/或违反立陶宛法律的情况除外。

3.学术社区成员的以下活动应当得到保障:

(1)立陶宛法律和国际协议规定的创造性劳动和脑力劳动的权利。

(2)平等参加竞赛的权利。

(3)客观公开评论科学成果的权利。

4.学术社区可以充分利用学术自由和开展学术活动的权利,但须符合《学术道德规范》的规定。高等教育机构根据学术道德规范监督部门的建议拟定和通过《学术道德规范》。

第五十四条　学生及无类别学生的身份

1.高等教育机构应当为学生签发学生证。学生证的格式及颁发程序由教育科学部制定。学生证的制作和签发由立陶宛高等教育机构学生代表大会组织进行。

2.学生与高等教育机构之间的关系应当以学习协议的形式确立。教育科学部在评估学生代表机构的建议后确定学习协议的条款及样例。

3.无类别学生与高等教育机构之间的关系应当按照高等教育机构规定的程序登记备案。

第五十五条　学生的权利和义务

1.学生享有以下权利:

(1)根据选定的教育项目计划进行学习。

(2)按照高等教育机构规定的程序,根据个人学习计划进行学习。

(3)根据同一或不同高等教育机构的若干教育项目计划或其他学习科目进行学习。

(4)评估教学质量及学习的物质条件。

(5)如果同一科目由多名教师授课,选择一名教师授课。

(6)自主拟定论文题目或在提议的题目中进行选择。

(7)采用其他方式完成培养方案的学习任务,如果因为残疾无法实施,学生可以按照既定的程序或其他解决方式完成学习任务、实现培养目标。

(8)参与高等教育机构的管理,以便认定立陶宛或外国高等教育机构的学习成绩。

(9)参与高等教育机构的管理,处理侵犯学生利益的争议。

(10)按照高等学校章程规定的程序进行休学和续学。

(11)在保留学生身份的情况下,取得学术休假。

(12)自由表达自己的思想和观点。

(13)加入高等教育机构的管理机构。

(14)学生代表机构的选举权和被选举权,自由加入其他社团。

(15)行使法律、高等教育机构章程和其他法律规定的其他权利。

2.考试未通过或所修学分不足的学生有权依照高等教育机构规定的程序参加重考或者重修。该程序的制定需要分析和采纳学生代表机构提出的建议。

3.学生必须:

(1)努力学习。

(2)遵守高等教育机构采纳的学术道德规范。

(3)遵守本法、高等教育机构章程、其他法律和内部管理规定。

4.对学生进行奖励和采取惩戒措施的程序,应当由高等教育机构在对学生代表机构的提案进行评估后予以规定。

5.国家应当为在居住地以外学习的学生根据《卫生系统法》规定的程序选择个人医疗机构和医生创造条件。

6.在高等教育机构学习的立陶宛公民,可以按照《兵役法》规定的程序履行初级强制性兵役义务。

7.高等教育机构的负责人或其授权人,在收到有关违反本法或其他法律规定的权利以及其他合法利益受到侵犯的书面申请、申诉或通知后,必须在15个日历日内进行审查和书面答复。

8.高等教育机构应当设立解决争端的委员会。该委员会解决学生和管理方或其他与研究和学习活动有关的雇员之间的纠纷。高等教育机构的行政机构和学生代表机构(若没有学生代表机构,则为学生代表大会)应当各自指定同等数量的授权人员加入解决争端的委员会。高等教育机构章程应当规定设立解决争端委员会、解决争议和执行决定的程序。

第五十六条　学生自治

1. 学生代表机构代表高等教育机构的学生利益。学生代表机构成员由学生代表大会选举产生。除本法另有规定外,学生代表机构应当由学生代表大会批准,依照《社团法》、其他法律规定和高等教育机构章程以及学生代表机构的章程开展工作。

2. 如果高等教育机构未设立学生代表机构,高等教育机构的学生代表应当在学生代表大会中选举产生,获得多数选票通过即可接受委任代表学生利益。

3. 若全体学生(全体学生代表)参会人数超过半数,则学生代表大会有效。会议决议获得半数以上的参会学生代表投票赞成,即可通过。

4. 学生代表机构的章程必须明确规定高等教育机构管理机构的学生委任程序。学生代表应拥有对管理机构活动的决定性表决权。

5. 学生代表机构有权从高等教育机构及其单位获得所有有关学习问题的信息和说明。

6. 高等教育机构应当按照高等教育机构委员会规定的程序,资助学生代表机构和其他学生组织,提供活动场所和资金以支持其活动,以及为学生的文化、体育和公共活动提供资金。

7. 学生代表机构有权就学生感兴趣的所有问题发表意见,并根据高等教育机构章程规定的程序,要求重新考虑由高等教育机构的管理机构通过的决定。

8. 学生代表机构应当按照高等教育机构章程和学生代表机构章程规定的程序,对高等教育机构拨付经费的使用情况进行解释说明。

第五十七条　立陶宛高等教育机构学生代表机构联盟

1. 高等教育机构的学生代表机构可以按照法律规定的方式联合组成协会或其他联盟。

2. 立陶宛学生代表机构及其联盟可参加国际组织的学生活动。

3. 立陶宛高等教育机构学生代表机构联盟可以向议会和政府提出建议,组织全国学生的联合活动,协调高等教育机构的学生代表机构的活动。

4. 立陶宛高等教育机构学生代表机构联盟的活动经费应由国家预算拨付。

第五十八条　教学人员

1. 高等教育机构教学人员的职务包括:教授、副教授、讲师、助教。

2. 科学家或成名艺术家可以担任教授的职位。拥有教授职位的科学家必须培训科学家、教授学生、指导和开展研究和实验(社会、文化)开发、公布研究结果。拥有教授职位的成名艺术家必须培训专业艺术家、教授学生、参与艺术活动和指导及开拓艺术研究领域、公布研究结果。

3. 科学家或成名艺术家可以担任副教授的职位。经学术委员会同意,在具体学科(各学科)领域实践经验丰富的人员和具有硕士学历/学位或者与其相当的高等教育学历的人员,可以在一所大学中担任任期为1年的学院副教授职位。担任副教授的科学家必须教授学生、开展研究和实验(社会、文化)开发、公布研究结果。拥有副教授职位的成名艺术家必须培训专业艺术家、教授学生、参与艺术活动。

4.拥有硕士或以上学位的科学家或者具有同等学力的人员可以担任讲师的职务。讲师必须讲授课程、进行教学方法研究工作。

5.拥有硕士或以上学位,或具有同等学力的人员可以担任助教的职务。助教必须指导学生的实践训练(实践工作、实践培训、实习等)、协助开展研究和实验(社会、文化)开发。对于大学艺术研究助教以及学院助教开展研究和实验活动,本法不做强制性要求。

6.高等教育机构应当制定不低于本条第2款～第5款规定的教职人员任职要求,并制定招聘上述职位的竞争性组织程序和教学人员的绩效评估程序。

第五十九条　研究人员

1.高等教育机构的研究人员可以担任首席研究员、高级研究员、研究员、初级研究员和博士后研究人员等职务。

2.首席研究员的职位可以由科学家担任。首席研究员必须培养科学家、指导研究和实验(社会、文化)开发、公布研究成果。

3.高级研究员的职位可以由科学家担任。高级研究员必须指导研究和实验(社会、文化)开发、公布研究成果。

4.研究员的职位可以由科学家担任。研究员必须开展研究和实验(社会、文化)开发,并公布研究结果。

5.初级研究员的职位可以由拥有硕士及以上学位或拥有同等学力的人员担任。初级研究员必须开展或协助开展研究和实验(社会、文化)开发,准备进入博士学习阶段。

6.立陶宛研究委员会应当制定研究人员职位的最低任职要求,但此条要求不适用于博士后研究人员职位。

7.博士在其博士论文答辩后5年内,可以在自己母校以外的其他机构担任博士后研究人员职位。

8.高等教育的研究机构应制定研究人员任职资格要求,以及招聘上述职位的竞争性组织程序;要求不得低于本条第2款～第6款规定的职位资格要求,博士后研究人员职位除外。

9.政府应当规定博士后研究人员的任职资格要求,制定任命该职位以及资助博士后研究资金的程序。

第六十条　行政机构和其他职工

1.高等教育机构必须设立自己的管理机构,以履行对本单位、所属部门以及行政部门职员和其他员工的管理职能。上述部门和员工应完成教学研究目标、开展研究和实验(社会、文化)开发以及开展其他经济活动。

2.管理机构人员由高等教育机构的雇员组成,但任高等教育机构的科研单位的主管并同时承担其他科研单位工作的领导除外,有权在其职权范围内向下属员工下达命令的研究机构的科研部门领导除外。除履行行政职责外,管理机构人员还应当从事教学和研究工作。高等教育机构的科研部门的主要工作是开展研究和实验(社会、文化)开发。

3.高等教育机构的其他员工人数、职责应由高等教育机构规定。

第六十一条　访问学者充实教学科研队伍

1.高等教育机构可以通过固定期限的合同形式聘用教学人员和研究人员,聘期不超过2年。

2.本法规定的职位任用程序不适用于访问学者形式的教学人员和研究人员。

第六十二条　准科学家

1.根据立陶宛高等教育机构参议会(学术委员会)或立陶宛研究机构科学委员会的决定,对于在该机构工作、和机构保持科研关系但暂时在其他机构工作(不超过任期届满)的科学家,可以授予准科学家身份。

2.经立陶宛高等教育机构参议会(学术委员会)或立陶宛研究机构科学委员会同意,准科学家可以不经竞争性程序而返回原岗位,并保留该职位直到任期届满。准科学家在其他机构工作的时间应计算在任期内。

第六十三条　荣誉教授

1.高等教育机构参议会(学术委员会)可以为在高等教育机构积极从事研究和教学工作的教授授予荣誉教授头衔,以纪念其为科学、人文或艺术等领域做出的特殊贡献。

2.根据高等学校章程规定的程序,荣誉教授可以享有参加高等教育机构研究和其他活动的机会。

3.按照高等教育机构规定的程序,荣誉教授的工资从高等教育机构经费中安排,按月支付。

第六十四条　高等教育机构工作人员的权利和义务

1.根据法律规定的程序,高等教育机构的工作人员享有以下权利:

(1)在参与执行研究方案和获得高等教育和研究基金的权限范围内,可以利用取得的资源。

(2)参加立陶宛和国外博士后奖学金的竞争性分配。

(3)从国家机构获得研究工作所需的信息。如果此类信息属于国家或者官方机密,应当按照法律规定的程序获取和使用。

(4)参与审议其机构的章程(条例)和活动计划。

(5)参加各种联盟和社团,包括在国外运行的联盟和社团。

(6)独立工作或加入创新团体。

(7)独立发表科学著作。

2.教学人员每5年可在其教学工作期间进行为期1年的教学研究并提高其科学和教学资历。在此期间内,教育机构应当支付教师平均工资。

3.与研究和研究相关活动有关的高等教育和研究机构的工作人员必须:

(1)遵守学术道德规范。

(2)履行本机构章程(条例、法规)和聘用合同中规定的其他职责。

第六十五条 高等教育机构教学人员和研究人员的职位聘任

1.高等教育机构的教学人员和研究人员的职位通过公开竞争上岗,任期5年;接受博士后资助人员和第六十一条第4款规定的人员除外。高等教育机构的教学和研究职位的招聘组织程序由高等教育机构规定;研究机构的教学和研究职位的招聘组织程序由研究机构规定。

2.博士后资助人员职位可以根据政府规定的程序选聘,任期不超过2年,也可以根据政府规定的程序,将任期延长1年。

3.高等教育和研究机构应当在其教学人员和研究人员任期届满至少3个月前,公布此类职位的招聘公告。高等教育和研究机构在岗教学人员和研究人员任期结束时,也可以参加上述招聘。高等教育和研究机构教学和研究岗位招聘公告必须在该机构和立陶宛研究委员会的网站以及立陶宛大众传播媒体上公布;在适当情况下也应当在国际大众媒体上刊登此类招聘公告。

4.应聘人员连续两次赢得同一教学或研究职位时,应当赋予其签订长期聘用合同的权利。高等教育和研究机构按照规定的程序,每5年对此类员工进行一次绩效考核;如果绩效考核未获通过,高等教育和研究机构有权解聘该员工。更高层次的教学人员或研究人员可以由公开竞聘的方式决定是否录用。

5.高等教育和研究机构根据规定的程序,设立招聘委员会,评估教学人员和研究人员职位的候选人,博士后资助人员除外。招聘委员会必须至少有三分之一的成员是非本高等教育和研究机构工作人员。在组织首席研究人员或教授职位招聘工作时,招聘委员会中必须至少有一名国际专家。

6.高等教育机构委员会可以根据其制定的程序对高等教育和研究机构教学人员和科研人员进行非常规性考评。

第六十六条 学生组织、教学人员、科学家和其他研究人员

1.学生、教学人员、科学家和研究人员应当有权按照《社团法》规定的程序加入联合会和其他社团。

2.立陶宛科学院是国家预算机构。对于外国科学家,由于他们的活动与立陶宛有关,所以由立陶宛最杰出的人士和外国科学家联合起来设立陶宛科学院。立陶宛科学院应当遵照其章程开展活动。立陶宛科学院章程由议会批准。

3.立陶宛天主教科学院应当联合最杰出的有天主教倾向的立陶宛科学家、居住在国外的立陶宛科学家和参与立陶宛相关活动的外国科学家。立陶宛天主教科学院应当遵照其章程开展活动。

4.学生联合会或其他形式的学生组织、教学人员组织、科学家和其他研究人员组织、科学协会和其他学生社团,根据法律和其章程开展活动,也可以按照立陶宛研究委员会规定的程序,接受国家预算经费,用于完成与高等教育和研究系统的目标有关的活动。

第七章 高等教育和研究经费

第六十七条 高等教育与研究机构的经费

1.高等教育与研究机构的经费包括:
(1)国家预算基本经费中用于安排国家高等教育与研究机构的经费。
(2)按照本法对高等教育与研究机构规定的程序拨付的国家预算经费。
(3)国家投资方案和国家投资项目资金用于高等教育与研究机构的经费。
(4)教学收入,从事经济、研究活动和提供服务所获收入。
(5)按照竞争性程序获得的研究经费。
(6)来自国家基金的经费。
(7)国际、外国基金和组织划拨的资金。
(8)根据《慈善和赞助法》获得的慈善基金。
(9)以合法形式收到的其他资金。

2.各国立大学和国家高等教育与研究机构的国家预算拨款应当单独分配。国家财政对国家机构和执行其创始人职责的机构安排资金,国立学院的经费从中取得。

第六十八条 国家预算基本经费

1.国家预算基本经费拨给国家高等教育与研究机构,用于:
(1)研究和实验(社会、文化)开发及推动艺术活动发展。
(2)行政与经济。
(3)其他需求。

2.研究和实验(社会、文化)开发及发展艺术所需的国家预算基金,应根据国家高等教育与研究机构的研究(艺术)活动评估结果,按照政府规定的程序分配给国家高等教育与研究机构。

第六十九条 国家预算教学经费

1.国家预算教学经费用于:
(1)国家资助学生的学费。
(2)按照本法第七十一条规定的形式,补偿学习成绩最优异的非国家资助学生的学费。

(3)教学目标资金。

(4)国家贷款或者国家助学贷款。

(5)社会奖学金和其他资助。

2.国家预算教学经费不会分配给在立陶宛设立的外国高等教育机构的分支机构。

3.科学家或专家培养相关经费,应当按照政府规定的程序,分配给研究机构和其他与国立大学一起培养或协助培养此类科学家和专家的机构。

第七十条　国家资助学生的学费缴纳

1.根据第一阶段教育项目计划和综合教育项目计划,综合考虑会考成绩、学习成绩、其他成绩和特殊才能,决定国家资助学生名额的优先权。由教育科学部确定完成中等教育项目计划并取得最佳成绩人员的助学金发放顺序。

2.国家对于在高等教育机构第一阶段教育项目计划和综合教育项目计划中的学生资助名额,在完成中等教育项目计划并取得优秀成绩的学生中择优确定,但资助金额不得超过国家对该学习领域的资助总金额。根据国家经济、社会和文化发展的需要和国家财政情况,政府应当设立各学习领域的资金分配比例。

3.对于每个学习领域的第一阶段和综合学习阶段,教育科学部最晚应当在每年2月16日前公布国家拟资助学生的名额。

4.只有学习成绩不低于教育科学部规定的最低标准的学生才可能占用第一阶段和综合教育项目计划的国家资助学生名额。

5.在高等教育机构第一阶段和综合学习阶段录取的学生中,国家资助学生的最终名额,应当在高等教育机构录取结果公布并签署教学协议后,由教育科学部批准。

6.高等教育机构常规学制录取的学生名额,由教育科学部批准。被批准按照常规学制录取的学生,如果根据本法的规定由国家财政资助,则资助学生数量在整个学习过程中应当保持不变。高等教育机构延长学制录取的学生名额,由教育科学部批准。被批准按照延长学制录取的学生,如果根据本法的规定由国家财政资助,则资助学生人数在常规学制1.5倍的学习过程中应当保持不变,本条第8款规定的情况除外。学生被高等教育机构除名、失去国家资助或终止学业,而且高等教育机构没有按照本条第14款规定的程序获得国家资助其他学生名额的情况下,国家资助学生名额只保留至预算年度结束。

7.第一阶段或综合学习阶段的国家资助的学生,在学习过程的前2年和延长学制时已完成教育项目计划一半的过程中,若学习成绩低于相应学习年限教育项目计划的标准或低于同年度高等教育机构学生学习成绩20个百分点,则失去国家资助的权利。失去国家资助权利的学生必须缴纳高等教育机构规定的学费,并且将其国家资助学生名额转移给非国家资助学生中学习成绩最优异者。

8.根据政府规定的程序由国家资助学习的学生有权在同一学习领域内变更教育项

目计划，同时保留国家继续资助的权利，但资助金额不超过变更后的教育项目计划的标准学费。

9.政府于每年3月11日之前根据具体学习领域、国家经济、社会和文化发展需要以及国家财政情况，在第二阶段、博士项目和非学位教育项目计划学习的学生中，确定国家资助的学生名额。第二阶段和非学位教育项目计划中接受资助学生的名额，应由教育部科学部根据高等教育机构的研究（艺术）活动成果或根据不同研究领域的第一阶段和综合教育项目计划的注册学生人数，在不同高等教育机构进行分配。高等教育机构的博士生资助名额应由教育科学部按照研究（艺术）活动和博士学习的成果进行分配。

10.对于获得国家资助的学生，国家将按照本法第七十六条规定的程序资助其学费。

11.对于获得国家资助的学生的学费，政府按照规定的程序安排分配国家预算经费进行支付。

12.获得国家资助的学生被高等教育机构除名或已终止学业，按照政府规定的程序，学员的资助额度须全部（或部分）归还至国家预算中。

13.对于在外国高等教育机构接受教育的学生，教育科学部将规定其通过竞争性程序获得国家资助的办法。

14.在非国家资助的教育项目计划学习的学生（本法第七十二条所提及人员除外），被高等教育机构除名或本人终止学业（本条第8款规定的情况除外）后，按照高等教育机构规定的方式，可以变更为同年相同教育项目计划中国家资助的学生继续学习。

第七十一条　学费补偿

1.第一阶段或综合性学习阶段的非国家资助学生中，如果其前两个学年（在延长学制情况下教育项目计划的一半课程）学习成绩优异，应当为他们补偿在相应学期缴纳的学费（补偿费用不超过标准学费）。在前两年的学习后（在延长学制情况下完成教育项目计划的一半学业），补偿费用用来支付相应学期的学费（补偿费用不超过标准学费）。学习完成后，补偿费用（补偿费用不超过标准学费）用来支付第三学年至第一阶段学习或综合阶段学习结束时所支付的学费（在延长学制情况下完成教育项目计划的一半学业）。获得补偿学费（补偿费用不超过标准学费）的学生人数由高等教育机构按照本条第2款规定的方式确定。第一阶段或综合性学习阶段的非国家资助学生中，前两学年（在延长学制情况下完成教育项目计划的一半学业）和其余学年学习成绩最优异的学生的学费补偿顺序应由高等教育机构根据相关学习领域规定的方式确定。

2.高等教育机构的特定学习领域的前两个学年（在延长学制情况下完成教育项目计划的一半学业）和其余学年学习成绩最优异的学生人数和根据本条第1款的规定获得学费补偿（补偿费用不超过标准学费）的人数，应当与在相应学年相关学习领域学习录取的国家资助学生人数成比例，不得超过总人数的10%。

第七十二条　国家资金不予提供和学费不予补偿的情况

1. 无权获得本法第七十条和第七十一条规定的国家资助学生名额或学费补偿名额的人员包括：

(1) 多次学习同一或更低阶段的教育项目计划，利用国家预算经费获得了该教育项目计划一半以上的学分的学生，但政府规定的情况除外。

(2) 同时学习两个或两个以上授予同一阶段学位的教育项目计划或学习非学位教育项目计划的学生，其中至少一个教育项目计划获得国家预算资助（他们自己支付第二个或其他教育项目计划的费用）。

(3) 外国公民、除本法第七十三条第2款规定的人员外以及欧洲联盟成员国公民和其他欧洲经济区国家成员；除非国际协定或立陶宛的其他法律另有规定。

(4) 政府规定的其他情况。

2. 下列人员应当按照学科（模块）总额的比例支付学费：

(1) 参加非正规教育项目计划学习的学生。

(2) 多次学习教育项目计划个别科目的学生。

第七十三条　学习目标资金

1. 如果高等教育机构不符合本法规定的要求，根据教育科学部规定的程序，为了满足国家经济、社会和文化发展的迫切需要，国家预算经费可以通过竞争性方式拨给高等教育机构，以便执行高等教育项目计划。教育科学部应在每年4月15日前公布根据学习领域或教育项目计划提供的学习目标资助学生名额。

2. 根据教育科学部规定的程序，国家资金还可以资助居住在国外的立陶宛人的子女、孙辈、曾孙辈和拥有立陶宛血统的外国人的学习。在国外居住三年以上的立陶宛公民或丧失了立陶宛公民资格的外国公民应被视为在国外居住的立陶宛人。如果外国人的父母或祖父母中至少有一人是或曾是立陶宛人并承认自己立陶宛人的身份，则可以认定其为立陶宛裔的外国人。

第七十四条　国家贷款和国家扶持贷款

1. 学生可以申请获得国家贷款或国家扶持贷款，用于：

(1) 缴纳学费。

(2) 支付生活费用。

(3) 根据国际（部门间）协议支付部分学习费用。

2. 拨给国家研究基金的国家预算经费、偿还贷款累计的资金、利息和逾期付款利息、资助以及私营经济实体和其他资金，都可以用于偿还国家贷款或国家扶持贷款，以及行政相关费用。政府应制定支付、管理和偿还国家贷款或国家扶持贷款的程序。

3. 国家扶持贷款的限额应在相应年份由《立陶宛国家预算和市政预算财务指标批准法》进行规定。

第七十五条　奖学金和其支持计划

1. 学生可以获得社会奖学金和奖励金。

2. 国家预算基金安排的社会奖学金可以按照政府规定的形式发放给高等教育机构第一阶段、第二阶段和综合阶段学习的学生。

3. 高等教育机构基金或其他基金安排的奖学金，可以根据学习成绩或其他学术成就颁发给最优秀的学生。根据国家高等教育机构参议会（学术委员会）制定的程序，经与学生代表机构协商后，高等教育机构可以设立并颁发国家奖学金。

4. 根据政府规定的程序，高等教育机构可以从国家预算中安排资金向学生提供其他类型的支持。

5. 高等教育机构的学生也有权获得其他类型的经济支持。

6. 国家预算经费支持出国留学、博士生和非学位教育项目计划学习的程序说明由政府批准。

第七十六条　学费

1. 学费由高等教育机构确定。学费在高等教育机构入学规定中予以说明。

2. 确定高等教育机构学费，应考虑本条第3款规定的学习相关费用。对于非国家资助的学生，为了保证学习质量，学费可以包括本条第3款未规定的费用。

3. 学习所需的下列资金应列入学习费用：

(1) 教学人员、研究人员和其他从事与学习有关活动的员工工资和酬金。

(2) 购买与学习有关的物品和服务。

(3) 给予学生奖励。

4. 学习领域或教育项目计划的标准学费，应当按照政府规定的程序进行计算，学费包括本条第3款规定的全部费用。高等教育机构录取学生相应年度的标准学费，由教育科学部在每年1月15日之前批准。高等教育机构规定的学费低于标准学费时，由国家预算经费支付高等教育机构的学费。高等教育机构规定的学费超过标准学费时，国家预算经费支付标准学费。

5. 国家高等教育机构中国家资助的学生，无须向高等教育机构支付与执行教育项目计划有关的任何费用，本法第七十二条第2款规定的情况除外。

6. 非国家资助生的学费或部分学费，可以由用人单位、高等教育机构、其他自然人和法人承担。

第七十七条　国家对研究和实验（社会、文化）开发及艺术活动的资助

1. 研究和实验（社会、文化）开发及艺术活动将通过以下方式得到资助：

(1) 国家预算的基本资金指定用于研究和实验（社会、文化）开发及艺术活动。

(2) 根据国家研究项目和国家综合项目获得资助。

(3) 根据其他竞争性项目选择资助。

2. 通过竞争性程序获批的项目成果包括新科学知识和技术、研究和实验（社会、文化)开发的基础设施、更高的研究能力以及解决国家和社会紧迫问题所必需的其他研究项目。此类项目应当以资助项目的形式通过竞争性程序决定实施细则。

3.国家研究项目是为了解决对国家和社会至关重要的问题创造条件、提升立陶宛科学的国际竞争力而设立的。国家研究项目应当通过竞争性程序确定。国家研究项目的初衷是集中立陶宛的科学研究潜力和财政资源、启动新的研究项目和协调在研项目以解决具体问题。国家研究项目的设立和实施规定应由政府批准。

4.国家综合项目应当以竞争性程序选择资助,其宗旨和任务是培养顶级专家、开展研究、推进实验(社会、文化)开发、建立一般性研究的基础设施、在具体经济(业务部门)领域加强科学技术和企业的联合。

5.其他基于竞争性项目应当根据管理项目的机构的程序予以启动和实施。

6.项目申请人可以提出申请,取得对竞争性项目的资助。项目的评估依据是申请的研究项目是否符合研究和实验(社会、文化)开发的目的,项目的现实意义,项目开展的条件、质量及其他评估标准。

7.竞争性程序确定的研究项目经费应当由立陶宛研究委员会和政府授权的机构或教育科学部管理。

8.在立陶宛经济、文化、社会保护、保健、国防和环境保护等领域,以及实验(社会、文化)开发、专家培训和其他活动领域通过竞争性程序确定的项目开展研究的经费,应当在项目批准时得到资助;资助经费应当由相关部委、基金会、高等教育与研究机构、商业实体支配。

9.教学科研人员和其他研究人员可以取得国家支持开展博士后研究、参加国外学术会议、在外国高等教育与研究机构教学等。国家对此类活动的支持应当由立陶宛研究委员会根据其规定的程序进行管理。国外机构也可以为开展此类活动提供支持。对于按照国际协定在国外获得博士后研究资助的教学人员、研究人员和其他研究人员,政府按照规定的程序提供国家支持。

第七十八条　高等教育与研究机构的核算、财务报表和审计

1.高等教育与研究机构的核算、组织和管理、财务报表的编制和预算执行情况报告应当由法律和其他条例规定。

2.国家预算研究机构开展科学、经济活动和提供服务获得的收入应列入国家预算收入,但须按照法律规定的程序用于实现国家研究机构章程中规定的目的和任务而开展的特殊项目中。

3.根据财产信托协议转让的国家资产必须与国家高等教育机构的其他资产分别单独记账。

4.国家高等教育与研究机构应当每年(不晚于3月)公布创办人年度活动报告,并公布年度收入和支出预算以及执行情况报告,同时提交给教育科学部。

5.审计署应当按照法律规定的程序对国家高等教育与研究机构进行审计。必要时教育科学部或创办人也可以对国家高等教育与研究机构的财务报表进行审计。

第八章　国家高等教育机构资产的管理、使用和处置

第七十九条　国家高等教育机构资产的管理、使用和处置原则；国家高等教育机构土地区域和建筑物的不可侵犯性

1.高等教育机构在管理、使用和处置资产时，应遵守以下原则：

（1）公共利益。这一原则规定必须谨慎地管理、使用和处置资产，目的是培养受过良好教育的个人和社会群体，接受科学和人文科学、文化价值和最新技术、自由创造、积累和交流科学知识和文化价值观，培养立陶宛文明的认同感。

（2）效率。这一原则表明，国家高等教育机构在管理、使用和处置资产的同时，必须为社会谋取最大利益。

（3）合理性。这项原则规定了必须以合理的、有目的的和适当的方式处理和管理资产。

（4）对公众负责。这一原则规定了国家高等教育机构在实行自治、保障由《立陶宛宪法》所规定的文化、科学、研究、教学自由，以及独立管理受托资产时，在财产的数量和质量方面对公众负责。

（5）经济活动的自主性。这一原则规定了国家高等教育机构履行责任时享有开展相关经济活动的自由。

2.国家高等教育机构充分享有其土地区域和建筑物不可侵犯的权利。只有通过对国家高等教育机构的意见进行评估后，政府才能改变其土地区域界限或者变更国家建筑物的管理人。若国立大学委员会予以否决，则该土地区域界线或国家建筑物的管理人可以由议会变更。

第八十条　根据信托协议向国家高等教育机构转让国有资产

1.国家可以根据信托权和财产信托协议、所有者的权利和《国有资产管理使用和处置法》中规定的程序向国家高等教育机构转让国家所属的固定有形资产，但本章规定的情况除外。

2.国家财产信托协议的期限不得超过20年。财产信托协议的范本由政府批准。

3.国家财产信托协议在《民法典》第6、第7、第9条规定的情况和在改组的情况下视为到期。

4.除了《民法典》规定的其他条款和条件外，国家财产信托协议还规定国家高等教育机构必须在次年5月1日前，在其网页上公布高等教育机构上一财政年度国有资产管理、使用和处置情况的报告。

5.为了保障高等教育机构开展活动，国家高等教育机构可以根据财产信托协议将受让的国家资产出租给第三方，也可以通过借贷合同转让使用权。

6.按照国家高等教育机构义务，包括在管理、使用和处置上述资产时的义务，依据财产信托协议转让的国家资产不能要求恢复原状。

第八十一条　高等教育机构所属资产的管理、使用和处置

1. 下列各项构成高等教育机构所有的、供其管理、使用和处置的资产：

(1)国家投资的资产。

(2)学费，以及从事经济活动、研究活动和提供服务所得。

(3)根据《慈善和赞助法》获得的慈善基金和其他资产。

(4)国家预算经费以外的其他资金。

(5)利用国家预算经费和本款第(2)项～第(4)项所述的资金购置的资产，但不包括从欧盟援助获得的不动产、国家预算和国家基金会资金。

(6)馈赠财产。

(7)继承财产。

(8)科研活动(科学或艺术作品和工业产权载体-半导体产品的专利、设计、商标和外形，其他知识产权载体)产生的经济权益。

(9)在管理、使用和处置资金或本款第(1)项～第(8)项所列其他资产时所得的收入、资产或其他收益。

2. 在管理、使用和处置本条第1款所述资产时，国家高等教育机构只能从事符合其创始文件和活动目的的民事交易。

第八十二条　科研成果收益的权利

1. 根据合同或者依照法律规定的程序从科研活动(科学或艺术作品和工业产权载体—半导体产品的专利、设计、商标和外形，其他知识产权载体)的成果取得的经济权益应当属于国家高等教育机构。

2. 按照高等教育机构规定的程序，个人通过使用其经验或技术、设备在该国高等教育机构中所取得的科研活动成果，必须通知国家高等教育机构。向高等教育机构转让个人经济权利或使用权的事宜，应当按照法律或合同规定的程序加以规范。

3. 高等教育机构员工完成工作任务时进行的研究成果以及博士生的研究成果应用于商业活动取得的利润的三分之一以上必须分配给成果完成人(合作完成人)，聘用合同或国家高等教育机构与员工(攻读博士学位的学者)签订的合同中另有规定的除外。

4. 国家高等教育机构在与其他机构、企业和组织进行研究和实验(社会、文化)开发领域的合作时，应在合同中规定知识产权的管理、使用和处置。

第八十三条　国家高等教育机构所属资产管理、使用和处置的权利限制

1. 高等教育机构的国有资产转让给第三方的交易，根据政府规定的程序取得政府或其授权机构的同意后，应按照由《财产和商业估价基础法》确定的市场价格交易。

2. 国家高等教育机构无权建立和投资具有无限民事责任的法人。国家高等教育机构组织学习活动或本机构的研究活动必要且为实现相关目标所必需时，国家高等教育机构可以通过高等教育机构委员会规定的条件和方式，创立和投资有限民事责任的法人。

3. 国家高等教育机构不得利用自身管理的资产为第三方履行责任义务提供担保。

4.国家高等教育机构有借、贷款的权利,即签订贷款协议、租赁(融资租赁)协议和其他债务票据,但额度须符合《国家预算和市政预算财务指标核准法》规定的国家高等教育机构相关年份借款的总体限额。教育科学部应当将借款额度分配给各国家高等教育机构。国家高等教育机构应当按照规定的程序向教育科学部承担债务责任。为了保证偿还责任的履行,国家高等教育机构抵押具有所有权的有形资产时,抵押额度不得超过总有形资产的20%。在签订不动产抵押合同之前,应当按照政府规定的方式获得政府或其授权机构的同意。

第九章　过渡时期研究机构活动的管理

第八十四条　研究机构的类型及其活动基础

1.国家研究机构包括下列类型:

(1)国家研究院。

(2)大学研究所。

(3)国家科研机构(国家研究机关之一)。

2.应当在创始人(法人成员会议)界定的范围内,在对国家和社会有重要意义的领域开展长期的研究和实验(社会、文化)开发活动。

3.研究机构可以分为国家和非国家研究机构。国家研究机构的创始人应当为政府。非国家研究机构的创办人是自然人或法人,不包括国家和市级机构、在欧洲联盟成员国或《欧洲经济区协定》的其他成员国家设立的企业在立陶宛开设的分支机构。

4.国家研究机构应当是预算机构或公共机构运作的公共法人。

5.非国家研究机构可以是公共法人或私人法人。非国家研究机构设立的目的是实现其创始人(法人成员)的科学目标。

第八十五条　研究机构的权利和义务

1.研究机构享有下列权利:

(1)依照法律和其他法规,确定其组织结构、内部工作安排、员工人数及其权利和义务、薪资条件。

(2)与企业、其他机构和组织合作,完成任务。

(3)出版科学文献和其他著作,并选择科学出版物,公布研究和实验(社会、文化)开发成果。

(4)与高等教育机构合作,培养科学家,协助培养专家。

(5)促进研究和实验(社会、文化)开发的成果转化,并应用于经济、社会和文化生活领域。

(6)按照法律规定的程序管理、使用和处置资产。

(7)在科学技术领域开展专家审核工作,提供科学咨询和其他服务。

(8)依照法律规定的程序获取其他权利和义务。

2.研究机构必须：

(1)保障学术界人士的学术自由。

(2)根据创办人或其授权的机构规定的程序，将研究活动的质量保证措施、金融和经济活动以及资金的使用情况向创始人(法人成员)和公众通报。

(3)及时向政府授权机构提供官方信息(统计数据和专题信息)，此类信息对于高等教育和研究系统的管理和监测具有重要作用。

(4)履行法律规定的其他义务。

第八十六条　国家研究院

1.国家研究院应是一个研究机构，其主要活动是在基础科学和应用科学领域长期从事国际高水平的研究，此类研究需要邀请专门科学家小组参与。

2.国家研究院的主要目标如下：

(1)在对国民经济、文化和社会的发展有重要意义的一个(或几个)领域开展长期的研究和实验(社会、文化)开发活动。

(2)与商界、政府和公众代表合作，接受委托开展研究和实验(社会、文化)开发活动，提供方法和其他援助。

(3)与高等教育机构一起培训科学家，协助培训专家，确保国际水平的科学研究能力。

(4)向公众传播科学知识，将其应用于文化教育、社会经济活动中，为建立创新型和知识型经济、促进知识社会的发展做出贡献。

第八十七条　大学研究所

1.大学研究所应当是一个研究机构，该机构在一个(或几个)领域开展与大学规定的目标与任务相符的研究和实验(社会、文化)开发活动，为大学生学习和科学家的培训、提高教学人员的科学素质提供科学基地。

2.大学研究所的主要目标如下：

(1)在对国民经济、文化和社会发展有重要意义的领域开展长期研究和实验(社会、文化)开发。

(2)充分考虑最新的科学成就和国民经济的发展需要，与大学合作培训科学家、协助培训专家。

(3)为学生学习创造条件，提高教学人员和其他专业人员的素质。

第八十八条　国家研究机构

1.国家研究机构应当是研究机构，在对经济或文化发展起重要作用的领域开展应用研究和实验(社会、文化)开发，同时开展实验性生产。

2.国家研究机构的主要目标如下：

(1)开展应用研究和实验(社会、文化)开发活动、培训，在研究和实验(社会、文化)开发活动的具体领域创造新方法，这也是创始人(法人成员)或其职能履行机构的重要任务。

(2)交流研究成果和实验(社会、文化)开发成果,为建立创新型和知识型经济、知识社会的发展做出贡献。

第八十九条 研究机构的管理机构

1.国家研究机构的管理机构(除国家研究机构外)应为研究机构委员会和研究机构的主管。

2.国家研究机构和非国家研究机构的管理应由创始文件加以规范。

第九十条 国家研究院和大学研究所委员会

1.国家研究院和大学研究所的管理机构应为各自机构的委员会。

2.委员会应履行下列职能:

(1)批准研究院所的未来研究计划。

(2)批准研究院所内部组织结构及调整方案。

(3)批准研究院所年度工作报告,组织工作质量分析,评估所在机构在国内的研究目标、任务和履行职责的形式。

(4)制定组织研究人员绩效考核和招聘的程序。

(5)审核所在机构的收支预算、工作报告、其他管理研究活动和内部程序的文件。

(6)履行章程规定的其他职能。

3.委员会三分之二的成员由国家研究院的科学家选出,三分之一的成员由其创始人或其授权机构选出;政府也可以另行设定二者的比例。政府也可以决定国家研究院委员会成员包含有关机构、机关和组织的代表。

4.大学研究所的委员会三分之二的成员由大学研究所科学家选出,三分之一的委员会成员由大学参议会任命;政府也可以另行设定二者的比例。政府也可以决定大学研究所委员会成员包含有关机构、机关和组织的代表。

5.国家研究院院长和大学研究所所长应是委员会的当然成员,但不得担任委员会主席。

第九十一条 国家研究院院长

1.国家研究院院长应当是国家研究院的唯一管理岗位,并代表该机构,以该机构的名义开展工作。院长应当履行章程和机构负责人的法定职责。

2.国家研究院院长应当通过公开竞争性程序、以无记名投票的方式选举产生。教育科学部根据国家研究院委员会的建议,任免国家研究院院长。

3.大学研究所所长由科学家委员会无记名投票选出,任期不超过5年,连任不得超过两届;委员会中大学研究所的代表名额应当和大学参议会的代表名额相等;委员会还应当包括一名教育科学部代表。教育科学部制定通过竞争性措施设立委员会的程序。大学校长应当与当选的大学研究院院长签订定期聘用合同。

4.担任国家研究院院长须具有科学学位和管理经验。

5.国家研究院院长的任期为5年,连任不得超过两届;国家研究院院长连续任期的第二届期满后 5 年内不得再次担任该职。

第九十二条　研究机构的经费

国家研究院和大学研究所的国家预算拨款应单独安排。国家研究机构的经费从国家研究院或国家研究机构的国家预算中安排,国家研究机构履行其创始人的职能。

第十章　附　则

第九十三条　本法的实施

1.政府或者其授权的机构、本法规定的其他机构应当制定和批准实施本法的细则。

2.本法生效后,大学不得开展学院培养方案并接收学生,学院不得开展大学培养方案并接收学生。

3.本法生效前设立的国家高等教育机构有权实施有关的教育项目和教育活动。国家高等教育机构应当在本法生效之日起 6 个月内,获得授权以便开展教学及相关活动。

4.政府或者其授权的机构应当在 2010 年 1 月 1 日前组织对研究机构进行结构调整。

5.完成非大学教育项目计划后获得的资格证书,应等同于完成学院教育项目计划后获得的资格证书。对于特殊专业学习是否等同于本法批准的培养方案体系的一个部分,由政府确定。

6.2010 年 1 月 1 日前,大学与国家研究所或大学研究所有权合作开展博士项目。

7.本法第五十二条规定的根据学习领域、入学成绩构成原则、最低入学成绩及其他标准设立和公开通过竞争性措施确定学科目录的程序,不适用于根据法律规定的程序在本法生效之前协调并公布的高等教育机构的入学条件。

8.国家高等教育机构必须在 2011 年 12 月 31 日前进行改制,由预算机构过渡为公共机构。

9.在本法生效之前在学习和培训计划登记处评估和登记的教育项目计划必须在 2009 年 8 月 31 日之前由高等教育质量评估中心进行认证。没有经过外部评估但已在学习和培训计划登记处评估和登记的教育项目计划必须在 2010 年 12 月 31 日之前进行评估。

10.本法生效前已经在高等教育机构就读的人员,高等教育机构应当为其提供完成学业的条件。

11.本法生效前在学习和培训计划登记处登记的旨在获得教师资格的特殊专业学习计划,应当等同于旨在获得教师资格的非授予学位教育项目计划。

12.国立学院委员会应当在政府规定期限前,起草执行本法规定的学院章程修订草案,并将其提交至政府。

13.国家高等教育机构法律形式的变更不影响国家高等教育机构从预算机构改组为公共机构之前签订的国家土地使用贷款合同。

14. 自本法生效之日起六个月内应当依照本法第十七条第 2 款规定的程序成立高等教育质量评估中心委员会。

15.《高等教育机构委员会条例》应当在本法生效之日起六个月内接受评估,必要时予以修改。

16.《立陶宛科学院条例》应在本法生效之日起十个月内接受评估,必要时予以修改。

第九十四条　本法第八章所列条款的生效和适用原则

1. 本法第六十七条第 2 款、第六十九条第 2 款自 2010 年 1 月 1 日起生效。

2. 本法第六十九条第 1 款第(1)项和第(2)项,第七十条第 6 款、第 7 款、第 8 款、第 10 款、第 11 款、第 12 款和第 14 款,第七十一条、第七十二条和第七十六条的第 1～第 5 款不适用于本法生效前已经在高等教育机构就读的人员。

3. 本法生效前用于资助高等教育机构在读生学习的国家预算经费,应当依据学生人数、本法生效前法律规定的程序、国家高等教育机构中由国家预算经费承担全部或部分学习费用的学生名额,按照政府规定的程序拨出。

4. 在本法生效之前已在国家高等教育机构就读的本科生、综合性学习阶段的学生和第二阶段各类学习形式的学生,如果他们的学习水平不符合本条第 5 款规定的良好学习标准,则他们应每学期向高等教育机构支付总金额相当于四项基础社会福利的学费,本条第 8 款和第 9 款规定的学生除外。

5. 对本法生效前已在国家高等教育机构就读的成绩良好的学生,实行免费教育,本条第 8 款和第 9 款规定的学生除外。成绩良好的学生是指无不及格记录,且根据政府或其授权机构批准的学习成果评价制度,在十分制等级中每学期的平均学习成绩不低于八分的学生。

6. 本法生效前已在高等教育机构就读的学生,按照高等教育机构制定的程序,成绩不达标的学生应从高等教育机构学生注册名单中除名。

在本法生效前已在国家高等教育机构同一学年学习同一高等教育项目计划的下列人员[本条第 8 款第(1)～第(3)项所指的学生除外]应有资格按步骤和优先顺序填补受资助学生名额的空缺:

(1)学习形式相同的学生。

(2)其他学习形式的学生。

7. 根据本条第 6 款规定的程序不能填补空缺时,用于免费资助学生名额的国家预算经费可用于资助同年在本法生效之前已就读于国家高等教育机构且根据同等最低学费标准的教育项目计划学习的学生。

8. 下列就读于国家高等教育机构的人员应当按照规定缴纳在国家高等教育机构学习的学费:

(1)根据在国家高等教育机构完成同一或更低级阶段的教育项目计划学习的学生,如果他们支付的全部学费不超过教育项目计划的一半学分的所需费用,政府规定的情况除外。

(2)同时学习两个或两个以上教育项目计划的学生,如果其学习是按照其中至少一个教育项目计划全部或部分由国家预算经费资助(学生本人支付第二个或其他教育项目计划费用)。

(3)立陶宛的国际协定或其他法律没有规定为其提供费用的外籍学生;没有被列入国家预算经费资助全部或部分费用的学生名单。

9. 本法生效之前已就读于国家高等教育机构的下列学生,应当根据其在高等教育机构学习的学科数目按照比例缴纳学费:

(1)不参加连续学习的学生。

(2)重修连续教育项目计划中独立科目的学生。

10. 本法生效之前就读于高等教育机构的学生,可以获得国家贷款或者国家补助贷款用以支付本条第4款所述的学习费用。政府应当规定给予、管理和偿还此类贷款的程序。

11. 本法第七十五条第2款仅适用于2009年度就读于国家高等教育机构的学生。本法生效前用于此类高等教育机构支付奖学金和用于支付其他经济支持计划的国家预算经费,根据政府规定的程序进行拨付。

第九十五条 本法的生效和适用原则

1. 本法规定大学仅开展大学教学的第八条第1款,规定学院仅开展学院教学的第九条第1款和第九十三条第2款自2010年1月1日起生效。

2. 本法第四条第21款和第四十七条第3款、第4款、第5款和第6款自2011年9月1日起生效。2011年9月1日前的"学分"定义:衡量学习范围的单位,等于40个有条件的学生工作(学术、实验室、独立的工作等)时长,即一周的学生工作时长。

3. 艺术硕士学位资格应颁发给在2012年9月1日前完成艺术类研究生教育项目计划的学生。艺术类研究生的学习应遵照政府批准的艺术类研究生学习规定进行。艺术类研究生可以按照政府规定的程序获得奖学金。艺术类研究生的学习和本法批准的学习体系的成绩转换方法由政府确定。

4. 本法第九章的有效期至2010年1月1日。

5. 本法第二十条第2款和第12款,第二十一条第2款和第3款,第二十二条第2款和第7款的规定适用于法定形式为预算机构的国家高等教育机构的管理机构,管理机构按照本法规定的程序组成。在本法生效前选举或组建的法定形式为预算机构的国家高等教育机构的管理机构应依照高等教育机构章程规定的程序履行职责;如果符合本款的规定,该机构履行职责直至其届满为止,但不得超过国家高等教育机构改组为公共机构的时间;国立学院的管理机构在2007年前,或在新的管理机构组建(选举)前,或在2011年12月31日前成立的情况除外。由科学家、教学人员、行政人员指定、依照本法规定的程序设立的第一届高等教育机构委员会成员,依照教育科学部规定的程序经选举产生。本法生效后,国家高等教育机构的校长(院长)应由按照本规定程序设立的国家高等教育机构的委员会选举(任命)。按照本法规定的程序设立的国家高等教育机构委员会缺失时,国家高等教育机构的校长(院长)职权应当得到延期直至选出该国家高等教育机构的新校长(院长),但不超过6个月。

6.本法第八章关于国家高等教育机构资产管理、使用和处置的规定,适用于已经改组为公共机构或已拥有依照本法的规定成立(选举)、任命的管理机构的国家高等教育机构。

7.本法第四章中有关高等教育与研究机构的设立、终止和改组,授权进行研究和开展相关活动的规定应适用于在本法生效后的高等教育与研究机构的设立、终止和改组,授权进行研究和开展相关活动程序。若高等教育与研究机构的设立、终止和改组,授权进行研究和开展相关活动的规定在本法生效之前已经开始实施,则此程序应按照当时有效的法律完成。

8.连续两次获得教学或研究职位的员工应当可以签订长期劳动合同。本法管辖此项内容的第六十五条第4款仅适用于本法生效后实施上述程序的情形和在同一高等教育机构已经赢得两次职位招聘的人员再次赢得此职位招聘的情形。

9.2009~2010年间根据独立教育项目计划确定的高等教育机构国家资助学生名额的增长数量不得超过教育科学部规定的学生名额数量。

第九十六条　国家高等教育机构将预算机构到公共机构的结构调整

1.国家高等教育机构应根据《民法典》的规定,将预算机构改组为公共机构。

2.对于国家高等教育机构所属的国家资产的投资,政府应当做出决定。在国家高等教育机构改组为公共机构时,不得将不动产投资于这些机构。

3.国家高等教育机构改组为公共机构后,国家高等教育机构作为预算机构所获得的所有权利和义务均应移至公共机构。

4.在本法生效后12个月内,国立大学应向教育科学部申请设立本法所规定的高等教育机构委员会,并应提交高等教育机构提名的成员名单。

第九十七条　非国立高等教育机构的改组

本法生效前设立的非国立高等教育机构,经创办人(法人成员)决定,有权将非国立高等教育机构的法律形式改为私人法人选择的法律形式。

附　录

附录一

推动共建丝绸之路经济带
和21世纪海上丝绸之路的愿景与行动

国家发展改革委　外交部　商务部
（经国务院授权发布）
2015年3月28日

前　言

2000多年前,亚欧大陆上勤劳勇敢的人民,探索出多条连接亚欧非几大文明的贸易和人文交流通路,后人将其统称为"丝绸之路"。千百年来,"和平合作、开放包容、互学互鉴、互利共赢"的丝绸之路精神薪火相传,推进了人类文明进步,是促进沿线各国繁荣发展的重要纽带,是东西方交流合作的象征,是世界各国共有的历史文化遗产。

进入21世纪,在以和平、发展、合作、共赢为主题的新时代,面对复苏乏力的全球经济形势,纷繁复杂的国际和地区局面,传承和弘扬丝绸之路精神更显重要和珍贵。

2013年9月和10月,中国国家主席习近平在出访中亚和东南亚国家期间,先后提出共建"丝绸之路经济带"和"21世纪海上丝绸之路"（以下简称"一带一路"）的重大倡议,得到国际社会高度关注。中国国务院总理李克强参加2013年中国-东盟博览会时强调,铺就面向东盟的海上丝绸之路,打造带动腹地发展的战略支点。加快"一带一路"建设,有利于促进沿线各国经济繁荣与区域经济合作,加强不同文明交流互鉴,促进世界和平发展,是一项造福世界各国人民的伟大事业。

"一带一路"建设是一项系统工程,要坚持共商、共建、共享原则,积极推进沿线国家发展战略的相互对接。为推进实施"一带一路"重大倡议,让古丝绸之路焕发新的生机活力,以新的形式使亚欧非各国联系更加紧密,互利合作迈向新的历史高度,中国政府特制定并发布《推动共建丝绸之路经济带和21世纪海上丝绸之路的愿景与行动》。

一、时代背景

当今世界正发生复杂深刻的变化,国际金融危机深层次影响继续显现,世界经济缓慢复苏、发展分化,国际投资贸易格局和多边投资贸易规则酝酿深刻调整,各国面临的发展问题依然严峻。共建"一带一路"顺应世界多极化、经济全球化、文化多样化、社会信息化的潮流，秉持开放的区域合作精神，致力于维护全球自由贸易体系和开放型世界经济。共建"一带一路"旨在促进经济要素有序自由流动、资源高效配置和市场深度融合，推动沿线各国实现经济政策协调，开展更大范围、更高水平、更深层次的区域合作，共同打造开放、包容、均衡、普惠的区域经济合作架构。共建"一带一路"符合国际社会的根本利益，彰显人类社会共同理想和美好追求，是国际合作以及全球治理新模式的积极探索，将为世界和平发展增添新的正能量。

共建"一带一路"致力于亚欧非大陆及附近海洋的互联互通，建立和加强沿线各国互联互通伙伴关系，构建全方位、多层次、复合型的互联互通网络，实现沿线各国多元、自主、平衡、可持续的发展。"一带一路"的互联互通项目将推动沿线各国发展战略的对接与耦合，发掘区域内市场的潜力，促进投资和消费，创造需求和就业，增进沿线各国人民的人文交流与文明互鉴，让各国人民相逢相知、互信互敬，共享和谐、安宁、富裕的生活。

当前，中国经济和世界经济高度关联。中国将一以贯之地坚持对外开放的基本国策，构建全方位开放新格局，深度融入世界经济体系。推进"一带一路"建设既是中国扩大和深化对外开放的需要，也是加强和亚欧非及世界各国互利合作的需要，中国愿意在力所能及的范围内承担更多责任义务，为人类和平发展做出更大的贡献。

二、共建原则

恪守联合国宪章的宗旨和原则。遵守和平共处五项原则，即尊重各国主权和领土完整、互不侵犯、互不干涉内政、和平共处、平等互利。

坚持开放合作。"一带一路"相关的国家基于但不限于古代丝绸之路的范围，各国和国际、地区组织均可参与，让共建成果惠及更广泛的区域。

坚持和谐包容。倡导文明宽容，尊重各国发展道路和模式的选择，加强不同文明之间的对话，求同存异、兼容并蓄、和平共处、共生共荣。

坚持市场运作。遵循市场规律和国际通行规则，充分发挥市场在资源配置中的决定性作用和各类企业的主体作用，同时发挥好政府的作用。

坚持互利共赢。兼顾各方利益和关切，寻求利益契合点和合作最大公约数，体现各方智慧和创意，各施所长，各尽所能，把各方优势和潜力充分发挥出来。

三、框架思路

"一带一路"是促进共同发展、实现共同繁荣的合作共赢之路，是增进理解信任、加强全方位交流的和平友谊之路。中国政府倡议，秉持和平合作、开放包容、互学互鉴、互利共赢的理念，全方位推进务实合作，打造政治互信、经济融合、文化包容的利益共同体、命运共同体和责任共同体。

"一带一路"贯穿亚欧非大陆，一头是活跃的东亚经济圈，一头是发达的欧洲经济圈，中间广大腹地国家经济发展潜力巨大。丝绸之路经济带重点畅通中国经中亚、俄罗斯至欧洲(波罗的海);中国经中亚、西亚至波斯湾、地中海;中国至东南亚、南亚、印度洋。21世纪海上丝绸之路重点方向是从中国沿海港口过南海到印度洋,延伸至欧洲;从中国沿海港口过南海到南太平洋。

根据"一带一路"走向,陆上依托国际大通道,以沿线中心城市为支撑,以重点经贸产业园区为合作平台,共同打造新亚欧大陆桥、中蒙俄、中国-中亚-西亚、中国-中南半岛等国际经济合作走廊;海上以重点港口为节点,共同建设通畅安全高效的运输大通道。中巴、孟中印缅两个经济走廊与推进"一带一路"建设关联紧密,要进一步推动合作,取得更大进展。

"一带一路"建设是沿线各国开放合作的宏大经济愿景,需各国携手努力,朝着互利互惠、共同安全的目标相向而行。努力实现区域基础设施更加完善,安全高效的陆海空通道网络基本形成,互联互通达到新水平;投资贸易便利化水平进一步提升,高标准自由贸易区网络基本形成,经济联系更加紧密,政治互信更加深入;人文交流更加广泛深入,不同文明互鉴共荣,各国人民相知相交、和平友好。

四、合作重点

沿线各国资源禀赋各异,经济互补性较强,彼此合作潜力和空间很大。以政策沟通、设施联通、贸易畅通、资金融通、民心相通为主要内容,重点在以下方面加强合作。

政策沟通。加强政策沟通是"一带一路"建设的重要保障。加强政府间合作,积极构建多层次政府间宏观政策沟通交流机制,深化利益融合,促进政治互信,达成合作新共识。沿线各国可以就经济发展战略和对策进行充分交流对接,共同制定推进区域合作的规划和措施,协商解决合作中的问题,共同为务实合作及大型项目实施提供政策支持。

设施联通。基础设施互联互通是"一带一路"建设的优先领域。在尊重相关国家主权和安全关切的基础上,沿线国家宜加强基础设施建设规划、技术标准体系的对接,共同推进国际骨干通道建设,逐步形成连接亚洲各次区域以及亚欧非之间的基础设施网络。强化基础设施绿色低碳化建设和运营管理,在建设中充分考虑气候变化影响。

抓住交通基础设施的关键通道、关键节点和重点工程,优先打通缺失路段,畅通瓶颈路段,配套完善道路安全防护设施和交通管理设施设备,提升道路通达水平。推进建立统一的全程运输协调机制,促进国际通关、换装、多式联运有机衔接,逐步形成兼容规范的运输规则,实现国际运输便利化。推动口岸基础设施建设,畅通陆水联运通道,推进港口合作建设,增加海上航线和班次,加强海上物流信息化合作。拓展建立民航全面合作的平台和机制,加快提升航空基础设施水平。

加强能源基础设施互联互通合作,共同维护输油、输气管道等运输通道安全,推进跨境电力与输电通道建设,积极开展区域电网升级改造合作。

共同推进跨境光缆等通信干线网络建设,提高国际通信互联互通水平,畅通信息丝绸之路。加快推进双边跨境光缆等建设,规划建设洲际海底光缆项目,完善空中(卫星)

信息通道,扩大信息交流与合作。

贸易畅通。投资贸易合作是"一带一路"建设的重点内容。宜着力研究解决投资贸易便利化问题,消除投资和贸易壁垒,构建区域内和各国良好的营商环境,积极同沿线国家和地区共同商建自由贸易区,激发释放合作潜力,做大做好合作"蛋糕"。

沿线国家宜加强信息互换、监管互认、执法互助的海关合作,以及检验检疫、认证认可、标准计量、统计信息等方面的双多边合作,推动世界贸易组织《贸易便利化协定》生效和实施。改善边境口岸通关设施条件,加快边境口岸"单一窗口"建设,降低通关成本,提升通关能力。加强供应链安全与便利化合作,推进跨境监管程序协调,推动检验检疫证书国际互联网核查,开展"经认证的经营者"(AEO)互认。降低非关税壁垒,共同提高技术性贸易措施透明度,提高贸易自由化便利化水平。

拓宽贸易领域,优化贸易结构,挖掘贸易新增长点,促进贸易平衡。创新贸易方式,发展跨境电子商务等新的商业业态。建立健全服务贸易促进体系,巩固和扩大传统贸易,大力发展现代服务贸易。把投资和贸易有机结合起来,以投资带动贸易发展。

加快投资便利化进程,消除投资壁垒。加强双边投资保护协定、避免双重征税协定磋商,保护投资者的合法权益。

拓展相互投资领域,开展农林牧渔业、农机及农产品生产加工等领域深度合作,积极推进海水养殖、远洋渔业、水产品加工、海水淡化、海洋生物制药、海洋工程技术、环保产业和海上旅游等领域合作。加大煤炭、油气、金属矿产等传统能源资源勘探开发合作,积极推动水电、核电、风电、太阳能等清洁、可再生能源合作,推进能源资源就地就近加工转化合作,形成能源资源合作上下游一体化产业链。加强能源资源深加工技术、装备与工程服务合作。

推动新兴产业合作,按照优势互补、互利共赢的原则,促进沿线国家加强在新一代信息技术、生物、新能源、新材料等新兴产业领域的深入合作,推动建立创业投资合作机制。

优化产业链分工布局,推动上下游产业链和关联产业协同发展,鼓励建立研发、生产和营销体系,提升区域产业配套能力和综合竞争力。扩大服务业相互开放,推动区域服务业加快发展。探索投资合作新模式,鼓励合作建设境外经贸合作区、跨境经济合作区等各类产业园区,促进产业集群发展。在投资贸易中突出生态文明理念,加强生态环境、生物多样性和应对气候变化合作,共建绿色丝绸之路。

中国欢迎各国企业来华投资。鼓励本国企业参与沿线国家基础设施建设和产业投资。促进企业按属地化原则经营管理,积极帮助当地发展经济、增加就业、改善民生,主动承担社会责任,严格保护生物多样性和生态环境。

资金融通。资金融通是"一带一路"建设的重要支撑。深化金融合作,推进亚洲货币稳定体系、投融资体系和信用体系建设。扩大沿线国家双边本币互换、结算的范围和规模。推动亚洲债券市场的开放和发展。共同推进亚洲基础设施投资银行、金砖国家开发银行筹建,有关各方就建立上海合作组织融资机构开展磋商。加快丝路基金组建运营。深化中国-东盟银行联合体、上合组织银行联合体务实合作，以银团贷款、银行授信等方式开展多边金融合作。支持沿线国家政府和信用等级较高的企业以及金融机构在中国境内发行人民币债券。符合条件的中国境内金融机构和企业可以在境外发行人民币债券和外币债券，鼓励在沿线国家使用所筹资金。

加强金融监管合作，推动签署双边监管合作谅解备忘录，逐步在区域内建立高效监管协调机制。完善风险应对和危机处置制度安排，构建区域性金融风险预警系统，形成应对跨境风险和危机处置的交流合作机制。加强征信管理部门、征信机构和评级机构之间的跨境交流与合作。充分发挥丝路基金以及各国主权基金作用，引导商业性股权投资基金和社会资金共同参与"一带一路"重点项目建设。

民心相通。民心相通是"一带一路"建设的社会根基。传承和弘扬丝绸之路友好合作精神，广泛开展文化交流、学术往来、人才交流合作、媒体合作、青年和妇女交往、志愿者服务等，为深化双多边合作奠定坚实的民意基础。

扩大相互间留学生规模，开展合作办学，中国每年向沿线国家提供1万个政府奖学金名额。沿线国家间互办文化年、艺术节、电影节、电视周和图书展等活动，合作开展广播影视剧精品创作及翻译，联合申请世界文化遗产，共同开展世界遗产的联合保护工作。深化沿线国家间人才交流合作。

加强旅游合作，扩大旅游规模，互办旅游推广周、宣传月等活动，联合打造具有丝绸之路特色的国际精品旅游线路和旅游产品，提高沿线各国游客签证便利化水平。推动21世纪海上丝绸之路邮轮旅游合作。积极开展体育交流活动，支持沿线国家申办重大国际体育赛事。

强化与周边国家在传染病疫情信息沟通、防治技术交流、专业人才培养等方面的合作，提高合作处理突发公共卫生事件的能力。为有关国家提供医疗援助和应急医疗救助，在妇幼健康、残疾人康复以及艾滋病、结核、疟疾等主要传染病领域开展务实合作，扩大在传统医药领域的合作。

加强科技合作，共建联合实验室（研究中心）、国际技术转移中心、海上合作中心，促进科技人员交流，合作开展重大科技攻关，共同提升科技创新能力。

整合现有资源，积极开拓和推进与沿线国家在青年就业、创业培训、职业技能开发、社会保障管理服务、公共行政管理等共同关心领域的务实合作。

充分发挥政党、议会交往的桥梁作用，加强沿线国家之间立法机构、主要党派和政治组织的友好往来。开展城市交流合作，欢迎沿线国家重要城市之间互结友好城市，以人文交流为重点，突出务实合作，形成更多鲜活的合作范例。欢迎沿线国家智库之间开展联合研究、合作举办论坛等。

加强沿线国家民间组织的交流合作，重点面向基层民众，广泛开展教育医疗、减贫开发、生物多样性和生态环保等各类公益慈善活动，促进沿线贫困地区生产生活条件改善。加强文化传媒的国际交流合作，积极利用网络平台，运用新媒体工具，塑造和谐友好的文化生态和舆论环境。

五、合作机制

当前,世界经济融合加速发展,区域合作方兴未艾。积极利用现有双多边合作机制,推动"一带一路"建设,促进区域合作蓬勃发展。

加强双边合作,开展多层次、多渠道沟通磋商,推动双边关系全面发展。推动签署合作备忘录或合作规划,建设一批双边合作示范。建立完善双边联合工作机制,研究推进"一带一路"建设的实施方案、行动路线图。充分发挥现有联委会、混委会、协委会、指导委员会、管理委员会等双边机制作用,协调推动合作项目实施。

强化多边合作机制作用,发挥上海合作组织(SCO)、中国-东盟"10+1"、亚太经合组织(APEC)、亚欧会议(ASEM)、亚洲合作对话(ACD)、亚信会议(CICA)、中阿合作论坛、中国-海合会战略对话、大湄公河次区域(GMS)经济合作、中亚区域经济合作(CAREC)等现有多边合作机制作用,相关国家加强沟通,让更多国家和地区参与"一带一路"建设。

继续发挥沿线各国区域、次区域相关国际论坛、展会以及博鳌亚洲论坛、中国-东盟博览会、中国-亚欧博览会、欧亚经济论坛、中国国际投资贸易洽谈会,以及中国-南亚博览会、中国-阿拉伯博览会、中国西部国际博览会、中国-俄罗斯博览会、前海合作论坛等平台的建设性作用。支持沿线国家地方、民间挖掘"一带一路"历史文化遗产,联合举办专项投资、贸易、文化交流活动,办好丝绸之路(敦煌)国际文化博览会、丝绸之路国际电影节和图书展。倡议建立"一带一路"国际高峰论坛。

六、中国各地方开放态势

推进"一带一路"建设,中国将充分发挥国内各地区比较优势,实行更加积极主动的开放战略,加强东中西互动合作,全面提升开放型经济水平。

西北、东北地区。发挥新疆独特的区位优势和向西开放重要窗口作用,深化与中亚、南亚、西亚等国家交流合作,形成丝绸之路经济带上重要的交通枢纽、商贸物流和文化科教中心,打造丝绸之路经济带核心区。发挥陕西、甘肃综合经济文化和宁夏、青海民族人文优势,打造西安内陆型改革开放新高地,加快兰州、西宁开发开放,推进宁夏内陆开放型经济试验区建设,形成面向中亚、南亚、西亚国家的通道、商贸物流枢纽、重要产业和人文交流基地。发挥内蒙古联通俄蒙的区位优势,完善黑龙江对俄铁路通道和区域铁路网,以及黑龙江、吉林、辽宁与俄远东地区陆海联运合作,推进构建北京—莫斯科欧亚高速运输走廊,建设向北开放的重要窗口。

西南地区。发挥广西与东盟国家陆海相邻的独特优势,加快北部湾经济区和珠江—西江经济带开放发展,构建面向东盟区域的国际通道,打造西南、中南地区开放发展新的战略支点,形成21世纪海上丝绸之路与丝绸之路经济带有机衔接的重要门户。发挥云南区位优势,推进与周边国家的国际运输通道建设,打造大湄公河次区域经济合作新高地,建设成为面向南亚、东南亚的辐射中心。推进西藏与尼泊尔等国家边境贸易和旅游文化合作。

沿海和港澳台地区。利用长三角、珠三角、海峡西岸、环渤海等经济区开放程度高、经济实力强、辐射带动作用大的优势,加快推进中国(上海)自由贸易试验区建设,支持福建建设21世纪海上丝绸之路核心区。充分发挥深圳前海、广州南沙、珠海横琴、福建平潭等开放合作区作用,深化与港澳台合作,打造粤港澳大湾区。推进浙江海洋经济发展示范区、福建海峡蓝色经济试验区和舟山群岛新区建设,加大海南国际旅游岛开发开放力度。加强上海、天津、宁波-舟山、广州、深圳、湛江、汕头、青岛、烟台、大连、福州、厦门、泉州、海口、三亚等沿海城市港口建设,强化上海、广州等国际枢纽机场功能。以扩大开放倒逼深层次改革,创新开放型经济体制机制,加大科技创新力度,形成参与和引领国际合作竞争新优势,成为"一带一路"特别是21世纪海上丝绸之路建设的排头兵和主力军。发挥海外侨胞以及香港、澳门特别行政区独特优势作用,积极参与和助力"一带一路"建设。为台湾地区参与"一带一路"建设做出妥善安排。

内陆地区。利用内陆纵深广阔、人力资源丰富、产业基础较好优势,依托长江中游城市群、成渝城市群、中原城市群、呼包鄂榆城市群、哈长城市群等重点区域,推动区域互动合作和产业集聚发展,打造重庆西部开发开放重要支撑和成都、郑州、武汉、长沙、南昌、合肥等内陆开放型经济高地。加快推动长江中上游地区和俄罗斯伏尔加河沿岸联邦区的合作。建立中欧通道铁路运输、口岸通关协调机制,打造"中欧班列"品牌,建设沟通境内外、连接东中西的运输通道。支持郑州、西安等内陆城市建设航空港、国际陆港,加强内陆口岸与沿海、沿边口岸通关合作,开展跨境贸易电子商务服务试点。优化海关特殊监管区域布局,创新加工贸易模式,深化与沿线国家的产业合作。

七、中国积极行动

一年多来,中国政府积极推动"一带一路"建设,加强与沿线国家的沟通磋商,推动与沿线国家的务实合作,实施了一系列政策措施,努力收获早期成果。

高层引领推动。习近平主席、李克强总理等国家领导人先后出访20多个国家,出席加强互联互通伙伴关系对话会、中阿合作论坛第六届部长级会议,就双边关系和地区发展问题,多次与有关国家元首和政府首脑进行会晤,深入阐释"一带一路"的深刻内涵和积极意义,就共建"一带一路"达成广泛共识。

签署合作框架。与部分国家签署了共建"一带一路"合作备忘录,与一些毗邻国家签署了地区合作和边境合作的备忘录以及经贸合作中长期发展规划。研究编制与一些毗邻国家的地区合作规划纲要。

推动项目建设。加强与沿线有关国家的沟通磋商,在基础设施互联互通、产业投资、资源开发、经贸合作、金融合作、人文交流、生态保护、海上合作等领域,推进了一批条件成熟的重点合作项目。

完善政策措施。中国政府统筹国内各种资源,强化政策支持。推动亚洲基础设施投资银行筹建,发起设立丝路基金,强化中国-欧亚经济合作基金投资功能。推动银行卡清算机构开展跨境清算业务和支付机构开展跨境支付业务。积极推进投资贸易便利化,推进区域通关一体化改革。

发挥平台作用。各地成功举办了一系列以"一带一路"为主题的国际峰会、论坛、研讨会、博览会,对增进理解、凝聚共识、深化合作发挥了重要作用。

八、共创美好未来

共建"一带一路"是中国的倡议,也是中国与沿线国家的共同愿望。站在新的起点上,中国愿与沿线国家一道,以共建"一带一路"为契机,平等协商,兼顾各方利益,反映各方诉求,携手推动更大范围、更高水平、更深层次的大开放、大交流、大融合。"一带一路"建设是开放的、包容的,欢迎世界各国和国际、地区组织积极参与。

共建"一带一路"的途径是以目标协调、政策沟通为主,不刻意追求一致性,可高度灵活,富有弹性,是多元开放的合作进程。中国愿与沿线国家一道,不断充实完善"一带一路"的合作内容和方式,共同制定时间表、路线图,积极对接沿线国家发展和区域合作规划。

中国愿与沿线国家一道,在既有双多边和区域次区域合作机制框架下,通过合作研究、论坛展会、人员培训、交流访问等多种形式,促进沿线国家对共建"一带一路"内涵、目标、任务等方面的进一步理解和认同。

中国愿与沿线国家一道,稳步推进示范项目建设,共同确定一批能够照顾双多边利益的项目,对各方认可、条件成熟的项目抓紧启动实施,争取早日开花结果。

"一带一路"是一条互尊互信之路,一条合作共赢之路,一条文明互鉴之路。只要沿线各国和衷共济、相向而行,就一定能够谱写建设丝绸之路经济带和 21 世纪海上丝绸之路的新篇章,让沿线各国人民共享"一带一路"共建成果。

附录二

教育部关于印发
《推进共建"一带一路"教育行动》的通知

教外〔2016〕46号

各省、自治区、直辖市教育厅(教委),各计划单列市教育局,新疆生产建设兵团教育局,部属各高等学校,部内各司局、各直属单位:

为贯彻落实中办、国办《关于做好新时期教育对外开放工作的若干意见》和国家发展改革委、外交部、商务部经国务院授权发布的《推动共建丝绸之路经济带和21世纪海上丝绸之路的愿景与行动》,我部牵头制订了《推进共建"一带一路"教育行动》,并已经国家教育体制改革领导小组会议审议通过。现印发给你们,请结合实际认真贯彻执行。

教育部
2016年7月13日

推进共建"一带一路"教育行动

推进共建"丝绸之路经济带"和"21世纪海上丝绸之路"(以下简称"一带一路"),为推动区域教育大开放、大交流、大融合提供了大契机。"一带一路"沿线国家教育加强合作、共同行动,既是共建"一带一路"的重要组成部分,又为共建"一带一路"提供人才支撑。中国愿与沿线国家一道,扩大人文交流,加强人才培养,共同开创教育美好明天。

一、教育使命

教育为国家富强、民族繁荣、人民幸福之本,在共建"一带一路"中具有基础性和先导性作用。教育交流为沿线各国民心相通架设桥梁,人才培养为沿线各国政策沟通、设施联通、贸易畅通、资金融通提供支撑。沿线各国唇齿相依,教育交流源远流长,教育合作前景广阔,大家携手发展教育,合力推进共建"一带一路",是造福沿线各国人民的伟大事业。

中国将一以贯之地坚持教育对外开放,深度融入世界教育改革发展潮流。推进"一带一路"教育共同繁荣,既是加强与沿线各国教育互利合作的需要,也是推进中国教育改革发展的需要,中国愿意在力所能及的范围内承担更多责任义务,为区域教育大发展做出更大的贡献。

二、合作愿景

沿线各国携起手来,增进理解、扩大开放、加强合作、互学互鉴,谋求共同利益、直面共同命运、勇担共同责任,聚力构建"一带一路"教育共同体,形成平等、包容、互惠、活跃的教育合作态势,促进区域教育发展,全面支撑共建"一带一路",共同致力于:

推进民心相通。开展更大范围、更高水平、更深层次的人文交流,不断推进沿线各国人民相知相亲。

提供人才支撑。培养大批共建"一带一路"急需人才,支持沿线各国实现政策互通、设施联通、贸易畅通、资金融通。

实现共同发展。推动教育深度合作、互学互鉴,携手促进沿线各国教育发展,全面提升区域教育影响力。

三、合作原则

育人为本,人文先行。加强合作育人,提高区域人口素质,为共建"一带一路"提供人才支撑。坚持人文交流先行,建立区域人文交流机制,搭建民心相通桥梁。

政府引导,民间主体。沿线国家政府加强沟通协调,整合多种资源,引导教育融合发展。发挥学校、企业及其他社会力量的主体作用,活跃教育合作局面,丰富教育交流内涵。

共商共建,开放合作。坚持沿线国家共商、共建、共享,推进各国教育发展规划相互衔接,实现沿线各国教育融通发展、互动发展。

和谐包容,互利共赢。加强不同文明之间的对话,寻求教育发展最佳契合点和教育合作最大公约数,促进沿线各国在教育领域互利互惠。

四、合作重点

沿线各国教育特色鲜明、资源丰富、互补性强、合作空间巨大。中国将以基础性、支撑性、引领性三方面举措为建议框架,开展三方面重点合作,对接沿线各国意愿,互鉴先进教育经验,共享优质教育资源,全面推动各国教育提速发展。

(一)开展教育互联互通合作

加强教育政策沟通。开展"一带一路"教育法律、政策协同研究,构建沿线各国教育政策信息交流通报机制,为沿线各国政府推进教育政策互通提供决策建议,为沿线各国学校和社会力量开展教育合作交流提供政策咨询。积极签署双边、多边和次区域教育合作框架协议,制定沿线各国教育合作交流国际公约,逐步疏通教育合作交流政策性瓶颈,实现学分互认、学位互授联授,协力推进教育共同体建设。

助力教育合作渠道畅通。推进"一带一路"国家间签证便利化,扩大教育领域合作交流,形成往来频繁、合作众多、交流活跃、关系密切的携手发展局面。鼓励有合作基础、相同研究课题和发展目标的学校缔结姊妹关系,逐步深化拓展教育合作交流。举办沿线国家校长论坛,推进学校间开展多层次多领域的务实合作。支持高等学校依托学科优势专业,建立产学研用结合的国际合作联合实验室(研究中心)、国际技术转移中心,共同应对经济发展、资源利用、生态保护等沿线各国面临的重大挑战与机遇。打造"一带一路"学术交流平台,吸引各国专家学者、青年学生开展研究和学术交流。推进"一带一路"优质教育资源共享。

促进沿线国家语言互通。研究构建语言互通协调机制,共同开发语言互通开放课程,逐步将沿线国家语言课程纳入各国学校教育课程体系。拓展政府间语言学习交换项目,联合培养、相互培养高层次语言人才。发挥外国语院校人才培养优势,推进基础教育多语种师资队伍建设和外语教育教学工作。扩大语言学习国家公派留学人员规模,倡导沿线各国与中国院校合作在华开办本国语言专业。支持更多社会力量助力孔子学院和孔子课堂建设,加强汉语教师和汉语教学志愿者队伍建设,全力满足沿线国家汉语学习需求。

推进沿线国家民心相通。鼓励沿线国家学者开展或合作开展中国课题研究,增进沿线各国对中国发展模式、国家政策、教育文化等各方面的理解。建设国别和区域研究基地,与对象国合作开展经济、政治、教育、文化等领域研究。逐步将理解教育课程、丝路文化遗产保护纳入沿线各国中小学教育课程体系,加强青少年对不同国家文化的理解。加强"丝绸之路"青少年交流,注重利用社会实践和志愿服务、文化体验、体育竞赛、创新创业活动和新媒体社交等途径,增进不同国家青少年对其他国家文化的理解。

推动学历学位认证标准连通。推动落实联合国教科文组织《亚太地区承认高等教育资历公约》,支持教科文组织建立世界范围学历互认机制,实现区域内双边多边学历学位关联互认。呼吁各国完善教育质量保障体系和认证机制,加快推进本国教育资历框架开发,助力各国学习者在不同种类和不同阶段教育之间进行转换,促进终身学习社会建设。共商共建区域性职业教育资历框架,逐步实现就业市场的从业标准一体化。探索建立沿线各国教师专业发展标准,促进教师流动。

(二)开展人才培养培训合作

实施"丝绸之路"留学推进计划。设立"丝绸之路"中国政府奖学金,为沿线各国专项培养行业领军人才和优秀技能人才。全面提升来华留学人才培养质量,把中国打造成为深受沿线各国学子欢迎的留学目的地国。以国家公派留学为引领,推动更多中国学生到沿线国家留学。坚持"出国留学和来华留学并重、公费留学和自费留学并重、扩大规模和提高质量并重、依法管理和完善服务并重、人才培养和发挥作用并重",完善全链条的留学人员管理服务体系,保障平安留学、健康留学、成功留学。

实施"丝绸之路"合作办学推进计划。有条件的中国高等学校开展境外办学要集中优势学科,选好合作契合点,做好前期论证工作,构建人才培养模式、运行管理模式、服务当地模式、公共关系模式,使学校顺利落地生根、开花结果。发挥政府引领、行业主导作用,促进高等学校、职业院校与行业企业深化产教融合。鼓励中国优质职业教育配合高铁、电信运营等行业企业走出去,探索开展多种形式的境外合作办学,合作设立职业院校、培训中心,合作开发教学资源和项目,开展多层次职业教育和培训,培养当地急需的各类"一带一路"建设者。整合资源,积极推进与沿线各国在青年就业培训等共同关心领域的务实合作。倡议沿线国家之间开展高水平合作办学。

实施"丝绸之路"师资培训推进计划。开展"丝绸之路"教师培训,加强先进教育经验交流,提升区域教育质量。加强"丝绸之路"教师交流,推动沿线各国校长交流访问、教师及管理人员交流研修,推进优质教育模式在沿线各国互学互鉴。大力推进沿线各国优质教学仪器设备、教材课件和整体教学解决方案输出,跟进教师培训工作,促进沿线各国教育资源和教学水平均衡发展。

实施"丝绸之路"人才联合培养推进计划。推进沿线国家间的研修访学活动。鼓励沿线各国高等学校在语言、交通运输、建筑、医学、能源、环境工程、水利工程、生物科学、海洋科学、生态保护、文化遗产保护等沿线国家发展急需的专业领域联合培养学生,推动联盟内或校际教育资源共享。

(三)共建丝路合作机制

加强"丝绸之路"人文交流高层磋商。开展沿线国家双边多边人文交流高层磋商,商定"一带一路"教育合作交流总体布局,协调推动沿线各国建立教育双边多边合作机制、教育质量保障协作机制和跨境教育市场监管协作机制,统筹推进"一带一路"教育共同行动。

充分发挥国际合作平台作用。发挥上海合作组织、东亚峰会、亚太经合组织、亚欧会议、亚洲相互协作与信任措施会议、中阿合作论坛、东南亚教育部长组织、中非合作论坛、中巴经济走廊、孟中印缅经济走廊、中蒙俄经济走廊等现有双边多边合作机制作用,增加教育合作的新内涵。借助联合国教科文组织等国际组织力量,推动沿线各国围绕实现世界教育发展目标形成协作机制。充分利用中国-东盟教育交流周、中日韩大学交流合作促进委员会、中阿大学校长论坛、中非高校20+20合作计划、中日大学校长论坛、中韩大学校长论坛、中俄大学联盟等已有平台,开展务实教育合作交流。支持在共同区域、有合作基础、具备相同专业背景的学校组建联盟,不断延展教育务实合作平台。

实施"丝绸之路"教育援助计划。发挥教育援助在"一带一路"教育共同行动中的重要作用,逐步加大教育援助力度,重点投资于人、援助于人、惠及于人。发挥教育援助在"南南合作"中的重要作用,加大对沿线国家尤其是最不发达国家的支持力度。统筹利用国家、教育系统和民间资源,为沿线国家培养培训教师、学者和各类技能人才。积极开展优质教学仪器设备、整体教学方案、配套师资培训一体化援助。加强中国教育培训中心和教育援外基地建设。倡议各国建立政府引导、社会参与的多元化经费筹措机制，通过国家资助、社会融资、民间捐赠等渠道，拓宽教育经费来源，做大教育援助格局，实现教育共同发展。

开展"丝路金驼金帆"表彰工作。对于在"一带一路"教育合作交流和区域教育共同发展中做出杰出贡献、产生重要影响的国际人士、团队和组织给予表彰。

五、中国教育行动起来

中国倡导沿线各国建立教育共同体，聚力推进共建"一带一路"，首先需要中国教育领域和社会各界率先垂范、积极行动。

加强协调推动。加强国内各部门各地方的统筹协调工作，有序开展"一带一路"教育合作交流。推动中国教育治理体系完善、相关法律法规修订和教育综合改革，提升中国开展"一带一路"教育行动的质量和水平。教育部与国家发展改革委、外交部、商务部等部门和全国性行业组织紧密配合，围绕共建"一带一路"大局，寻找合作重点，建立运行保障机制，畅通教育国际合作交流渠道，对接沿线各国教育发展战略规划。

地方重点推进。突出地方推进共建"一带一路"的主体性、支撑性和落地性，要求各地发挥区位优势和地方特色，抓紧制订本地教育和经济携手走出去行动计划，紧密对接国家总体布局。有序与沿线国家地方政府建立"友好省州""姊妹城市"关系，做好做实彼此间人文交流。充分利用地方调配资源优势，积极搭建海内外平台，促进校企优势互补、良性合作、共同发展。多措并举，支持指导本地教育系统与"一带一路"沿线国家广泛开展合作交流，打造教育合作交流区域高地，助力做强本地教育。

各级学校有序前行。各级各类学校秉承"己欲立而立人"的中国传统，有序与沿线各国学校扩大合作交流，整合优质资源走出去，选择优质资源引进来，兼容并包、互学互鉴，共同提升教育国际化水平和服务共建"一带一路"能力。中小学校要广泛建立校际合作交流关系，重点开展师生交流、教师培训和国际理解教育。高等学校、职业院校要立足各自发展战略和本地区参与共建"一带一路"规划，与沿线各国开展形式多样的合作交流，重点做好完善现代大学制度、创新人才培养模式、提升来华留学质量、优化境外合作办学、助推企业成长等各项工作的协同发展。

社会力量顺势而行。开展更大范围、更深层次、更高水平的"一带一路"教育民间合作交流，吸纳更多民间智慧、民间力量、民间方案、民间行动。大力培育和发展我国非营利组织，通过购买服务、市场调配等举措，大力支持社会机构和专业组织投身教育对外开放事业，活跃民间教育国际合作交流。加快推动教学仪器和中医诊疗服务走出去步伐，支持企业和个人按照市场规则依法参与中外合作办学、合作科研、涉外服务等教育对外开放活动。企业要积极与学校合作走出去，联合开展人才培养、科技创新和成果转化，积极服务"一带一路"国家经贸发展。

助力形成早期成果。实施高度灵活、富有弹性的合作机制，优先启动各方认可度高、条件成熟的项目,明确时间节点,争取短期内开花结果。2016年,各省市制订并呈报本地"一带一路"教育行动计划,有序推进教育互联互通、人才培养培训及丝路合作机制建设。2017年,基于三方面重点合作的沿线各国教育共同行动深入开展。未来3年,中国每年面向沿线国家公派留学生2500人;未来5年,建成10个海外科教基地,每年资助1万名沿线国家新生来华学习或研修。

六、共创教育美好明天

独行快,众行远。合作交流是沿线各国共建"一带一路"教育共同体的主要方式。通过教育合作交流,培养高素质人才,推进经济社会发展,提高沿线各国人民生活福祉,是我们共同的愿望。通过教育合作交流,扩大人文往来,筑牢地区和平基础,是我们共同的责任。

中国愿与沿线各国一道,秉持开放合作、互利共赢理念,共同构建多元化教育合作机制,制订时间表和路线图,推动弹性化合作进程,打造示范性合作项目,满足各方发展需要,促进共同发展。

中国教育部倡议沿线各国积极行动起来,加强战略规划对接和政策磋商,探索教育合作交流的机制与模式,增进教育合作交流的广度和深度,追求教育合作交流的质量和效益,互知互信、互帮互助、互学互鉴,携手推动教育发展,促进民心相通,构建"一带一路"教育共同体,共创人类美好生活新篇章。

后　记

本书是张德祥教授主持的中国高等教育学会高等教育科学研究"十三五"规划重大攻关课题"'一带一路'国家高等教育政策法规研究"(16ZG003)的研究成果。

本书由张德祥教授和李枭鹰教授负责总体规划、设计和架构,确定编译的主旨与核心,组织人员搜集、选取、翻译和整理这些国家的相关教育政策法规,最后审阅书稿。其中,《拉脱维亚教育法》《拉脱维亚高等教育法》的初译工作由大连理工大学外国语学院翻译专业2017级硕士生刘勉完成;《爱沙尼亚教育法》《立陶宛教育法(修订)》的初译工作由北京交通大学语言与传播学院英语笔译专业2017级硕士生刘玥完成;《爱沙尼亚高等教育发展战略(2006—2015年)》《立陶宛高等教育与研究法》的初译工作由黑龙江大学西语学院英语口译专业2017级硕士生李彤完成。这些政策法规文本的语言为英语。全书由大连理工大学人文与社会科学学部教育管理专业2018级博士生耿宁荷校译,大连民族大学外国语学院王玉平副教授统稿。

本书的出版得到了中国高等教育学会、大连理工大学出版社的大力支持,课题组在此深表感谢!

课题组